Gregor Gysi
Friedrich Schorlemmer
Was bleiben wird

atb aufbau taschenbuch

Gregor Gysi, geb. 1948, Rechtsanwalt und Politiker. Sohn des DDR-Kulturministers Klaus Gysi und Neffe der Literaturnobelpreisträgerin Doris Lessing. 1967 Eintritt in die SED. Vertrat als Rechtsanwalt u. a. Robert Havemann, Rudolf Bahro und Bärbel Bohley. 1989–1993 Parteivorsitzender der SED–PDS. 1990–2002 MdB. 2005–2015 Fraktionsvorsitzender der Partei Die Linke.

Friedrich Schorlemmer, geb. 1944 in Wittenberge/Elbe, aufgewachsen in der Altmark, Publizist und Theologe. 1978–1992 Dozent am Evangelischen Predigerseminar und Prediger an der Schlosskirche in der Lutherstadt Wittenberg, 1992–2007 Studienleiter an der Evangelischen Akademie Sachsen-Anhalt in Wittenberg. Mitbegründer des »Demokratischen Aufbruchs« 1989. Seit 1990 Mitglied der SPD. 1993 Friedenspreis des Deutschen Buchhandels. Veröffentlichte im Aufbau Verlag zuletzt seine Autobiographie »Klar sehen und doch hoffen«.

Hans-Dieter Schütt, 1948 in Ohrdruf geboren, Studium der Theaterwissenschaften in Leipzig, war in der DDR Redakteur und Chefredakteur der Tageszeitung »Junge Welt«. 1992 bis 2012 Redakteur der Tageszeitung »neues deutschland«. Veröffentlichte Essays, Biographien und zahlreiche Interviewbücher.

Gregor Gysi, Sohn des Widerstandskämpfers und späteren Kulturministers der DDR Klaus Gysi, gehörte zu den eher systemnahen, wenn auch von der Nomenklatura beäugten Persönlichkeiten der DDR. Friedrich Schorlemmer, Pfarrer, Oppositioneller, Mitinitiator der Bürgerrechtsbewegung »Schwerter zu Pflugscharen«, stand der DDR und ihren Oberen immer kritisch gegenüber. Beide erinnern sich an ein schwieriges Land, das sie geprägt hat wie 17 Millionen andere auch. Ohne Scheuklappen und falsche Ressentiments unternehmen sie im Gespräch mit dem Journalisten Hans-Dieter Schütt den Versuch, über das zu sprechen, was bedenkenswert bleibt an dem gesellschaftlichen Projekt, das die DDR gewesen ist. Gerade angesichts eines entfesselten Kapitalismus, der seine Menschen ebenso wie Natur und Umwelt zur Ressource macht, statt sich in deren Dienst zu stellen, ist dieses Buch das notwendige Unterfangen, Alternativen zu beschreiben.

Exlusiv für Sie!
Einen Videomitschnitt der Gespräche finden Sie unter
http://www.zeitzeugen-tv.com/GysiSchorlemmer

Gregor Gysi
Friedrich Schorlemmer
Was bleiben wird

Ein Gespräch über Herkunft und Zukunft

Herausgegeben von Hans-Dieter Schütt

aufbau taschenbuch

MIX
Papier aus verantwortungsvollen Quellen
FSC® C083411

ISBN 978-3-7466-3209-4

Aufbau Taschenbuch ist eine Marke der Aufbau Verlag GmbH & Co. KG

3. Auflage 2020

Die Originalausgabe erschien 2015 bei Aufbau,
einer Marke der Aufbau Verlag GmbH & Co. KG
Umschlaggestaltung Originalcover hißmann, heilmann, hamburg
unter Verwendung zweier Motive von © Milena Schlösser
grafische Adaption www.buerosued.de, München
Satz LVD GmbH, Berlin
Druck und Binden CPI books GmbH, Leck, Germany
Printed in Germany

www.aufbau-verlag.de

Frag nicht, was war. Frag, was ist.

Martin Walser

Allmählich aber lagert sich die Täuschung über die Gewissheit, und wir alle tun unser Bestes, die Täuschung in ihr und in uns zu nähren.
Und das würden wir wieder tun, wenn Täuschung ein anderes Wort für Hoffnung ist.
Merkwürdigerweise müssen wir nicht glauben, was wir wissen.

Christa Wolf

wir sollten unsere irrtümer schätzen und bekennen.
sie haben das werk ermöglicht.

Volker Braun

Zuvor

Gregor Gysi und Friedrich Schorlemmer. Der Politiker und der Pfarrer. Der Parteifunktionär und der Pastor. Der Jurist und der Botschafter Jesu. Als Anwälte verstehen sich beide – und zwar all derer, die in der Hierarchie-Hatz, in den Karriere-Kämpfen und im Geldgeltungs-Gerangel dieser Zeit so zynisch als Geringe gehandelt und behandelt werden. Gysi und Schorlemmer: zwei Linke also. Zwei sehr Öffentliche mit jeweils sehr eigener Stimme. Wo sie das Wort ergreifen, entsteht Argumentation immer auch durch die Verbesserung eines Satzes aus Gründen pointierter Klangkultur.

Das folgende Gespräch fand im August 2014 in Berlin statt. Noch gingen nicht Tausende wegen angeblicher Überfremdungsgefahren in Deutschland auf die Straße. Noch hatte Thüringen keinen linken Ministerpräsidenten. Noch war, im Vorfeld dieser Wahl, nicht jener Streit neu aufgeflammt, ob die DDR ein Unrechtsstaat gewesen sei. Noch stand die Veröffentlichung des Berichts über eine ausdauernde CIA-Folterpraxis aus, der diesen Kampfbegriff des staatlichen Unrechts auf so andere Weise unterfüttern würde. Noch war die Krise zwischen Russland und dem Westen nicht um eine weitere Stufe, hin zum Klippenrand eines neuen Kalten Krieges, eskaliert.

Ein Gespräch über die DDR? Die Fakten sind bekannt, Legendenverfasser und Enthüller gingen beizeiten an ihr Werk, das Heulen der Reißwölfe haben wir gehört, die Tagebücher der wahren und falschen Helden sind veröffentlicht, die Kommissionen gaben Bericht, einige Gräben von damals konnten zugeschüttet werden, andere ziehen sich als Zeichen der Unversöhnlichkeit noch immer durch die deutsche Landschaft. Im geschichtlichen Fluss, der ungerührt strömt, bleiben: sehr unterschiedliche, kontrastierende Erinnerungen an vierzig Jahre Staat, die sich auflösten in einer Zehntelsekunde Aufruhr. Sie stürzte das System. Da wurde etwas weggewischt, das freilich zum Zeitpunkt seines Verschwindens längst nicht mehr existent war. Alles ging sehr rasch. Zu rasch? Nun dauert all das, was damals der neuen Freiheit an Fragen nicht zugemutet worden war. Die Freiheit kam rücksichtslos. Im wahren Sinn des Wortes: Sie schnitt Rück-Sicht vielfach ab, dort, wo ein ruhiger Blick über die Schulter einer rasend schnellen Verwestlichung der Weltsicht im Wege gestanden hätte. Also nicht gewünscht war.

Wahre Freiheit ist mehr, als man darf; es ist auch die Freiheit einer persönlichen Erinnerung, die im eigenen Leben mehr sieht als nur den individuellen Beleg eines geschichtlichen Urteils. Solches Erinnern muss freilich auch dort, wo es sich verteidigt, Frage bleiben. Es muss die Spannung aushalten wollen zwischen Selbstbehauptung und Selbstzweifel. Erinnerung lässt sich nicht fesseln und möge doch aber Verstrickung nicht leugnen. Erinnerung ist Sand im Getriebe, es geht um diese harten Körner der Vergangenheit, die es uns notwendig machen, innezuhalten, verärgert oder verwundert darüber nachzudenken, ob das Dasein vielleicht anders geordnet werden könnte. Immer ist das Leben, sagt der Philosoph Niklas Luhmann, eine Reihe von Wendepunkten, an denen etwas geschah, was so nicht unbedingt hätte geschehen müssen. Aber wir sind nun einmal das, was mit uns, in uns, durch uns geschah – wie steht dies im Verhältnis zu dem, was nicht hätte geschehen müssen, und wie wird angesichts dessen unser Leben wirklich so erzählbar, dass sich Selbstgestaltung behaupten und möglicherweise sogar Logik belegen lässt?

Jetzt, da sie nicht mehr existiert, kann die DDR ausgemalt werden in allen nur verfügbaren Farben. Hell und dunkel. Zu hell, zu dunkel. Nicht hell genug, nicht dunkel genug. Je nachdem, wie man selber gelebt haben möchte. Erfahrungsgemäß möchte man immer lohnender gelebt haben, als es der Fall war. An alten Wohnhäusern studieren wir bisweilen jene abgeschabten Buchstaben, die an Kolonialwarenläden und Kohlenhandlungen erinnern. Wir lassen uns von der falschen Vermutung überwältigen, diese Signale kündeten von »guter alter Zeit«. In der Tilgung solcher Inschriften erkennen wir eine Ahnung von der groben Art, mit der auch unser eigenes Dasein eines Tages betrachtet wird: als eine mehr und mehr verblassende Spur auf bröckelndem Untergrund. Mit Wehmut setzen wir uns gegen das verletzende Urteil zur Wehr, das jede Gegenwart über jedes Gestern spricht. Leider wächst aus dem Anspruch, unserer Geschichte möge doch ein wenig Gerechtigkeit widerfahren, meist nur eine neue Anmaßung – die nicht weniger unangenehm ist als die Kälte von Abrissexperten. Diese Anmaßung, wahrscheinlich in jedem Leben zu beobachten, sucht nach wetterfesten, unangefochten prangenden Schrift- und Bildzeichen, und wer mit neuen Zeichen auftritt, auf den wird aggressiv oder beleidigt reagiert: Wir haben eine schönere Vergangenheit verdient!

Gysi und Schorlemmer. Jahrgänge 1948 und 1944. Der Sohn eines SED-Mannes, eines ehemaligen Kulturministers und Staatssekretärs, und der Sohn eines Pfarrers, dem Staat ein Dorn im Auge. Die eine Existenz führte – grob gesagt – in die diktatorische Partei, die andere Existenz wurde gegen diese Partei geführt. Plötzlich aber, infolge wuchtigster Weltveränderung, begegnen Lebens-Läufe einander. Aus Distanz wird Nähe. Beide reden über das Widerspruchsbündel, das sich aus Festlegungen der Herkunft, Energien der Ankunft und Vorstellungen von Zukunft ergibt. Ein Gespräch. Keine Biographie zu zweit. Eher eine gemeinsam suchende Bewegung – auf diesem skizzierten Gelände noch immer aufgeladener Empfindungen. Erbe lebt und klebt. Der Osten blieb in gewisser Weise geteilt. Er ist offenbar noch immer eine Gegend von vielen Ungleichen – da sind Opfer und Täter; da sind Opfer, die überall nur Täter sehen, da sind Täter, die noch immer keinen augensenkenden Blick für Opfer haben; da sind bezüglich des untergegangenen Systems kritisch Erklärende und unkritisch Verklärende; es gibt schwermütig Unbewegliche und leichtfüßig Flexible; die Zukunftsoffenen treffen auf die Vergangenheitsverhärteten. Den einen wurde mit dem Verlust des Arbeiter-und-Mauern-Staates die Geschichte zum Sturzfeld, während andere frei und frech und ideologielos (nicht identisch mit ideen- und charakterlos!) übers Feld ihrer Möglichkeiten jagen oder flanieren. Ja, Teilung in Gewinner und Verlierer, in Abwartende und Aufbrechende, und statt biographischen Erzählens oft nur Schweigen oder Gleichgültigkeit, auch das Gefühl der Demütigung, weil DDR-Geschichte regelmäßig reduziert wird auf Helden- oder Stasigeschichten, Widerstand oder Mitläuferschaft. Dazwischen nichts? Die Waagschalen, die das eine wie das andere öffentlich ausstellen, kommen nicht zur Ruhe, nicht zur Balance. Wie gelingt es, den eigenen Lebensfaden in die große Geschichte einzuflechten? Was hätte das freilich für einen Sinn, wenn die DDR, wie Stefan Heym meinte, irgendwann sowieso nur noch als Fußnote der Geschichte bezeichnet werden wird? Oder bleibt doch mehr von diesem Land, das sein historisches Bleiberecht verspielte? Hinterlässt die Leere Lehrstoff? Steckt in erledigter Provinz mehr Welt als vermutet, mehr Gleichnis als gewünscht?

Gregor Gysi und Friedrich Schorlemmer redeten miteinander, an zwei Tagen, jeweils tagelang. Das Motto gleichsam: Man darf an allem sparen wollen, an Problemen nicht. Dieses Buch ist das Dokument dieser Begegnung, aber zugleich das Protokoll einer fortgesetzten Unterhaltung. Beide meldeten nach der Niederschrift Korrektur, denn wo ein Originalton zur Schrift wird, dort erhebt das Regime der Einwürfe und Ergänzungen, der Verdeutlichungen und Zuspitzungen seine verfeinernden Ansprüche. Mitunter aus der schönen Empfindlichkeit gegenüber missglückten, weil spontanen Wendungen. Das Gespräch als eine literarische Produktionsform, eine Untergattung des Essays oder des Zweipersonenstücks.

Ich danke Franziska Günther vom Aufbau Verlag sowie Thomas Grimm und seinem Team von »Zeitzeugen TV« für Inspiration und Unterstützung.

Hans-Dieter Schütt
Berlin, Dezember 2014

I.

Zentner Papier – und dann nur Zettel
Bergrettung und Bergpredigt
In jedem System ein bisschen DDR
Nur fünfundsiebzig Volksfeinde?

Schorlemmer: Ich bin demokratischer Sozialist. SPD.
Gysi: Ich bin demokratischer Sozialist. Linkspartei.

HANS-DIETER SCHÜTT: Herr Gysi, was sagt Ihnen die Tatsache, dass Friedrich Schorlemmer sich für dieses Gespräch einen Schlips umgebunden hat? Sie dagegen tragen ein Hemd mit offenem Kragen.

GREGOR GYSI: Tja, er dachte sich wohl, für ein Treffen mit Gysi gehört sich das. Warum auch immer. Ich wiederum dachte: Wenn ich zu Schorlemmer gehe, verzichte ich lieber auf Krawatte. Genau begründen kann ich das aber auch nicht. So kommen Missverständnisse in die Welt.

FRIEDRICH SCHORLEMMER: Ich wollte von Anfang an etwas Farbe reinbringen.

SCHÜTT: Ausgerechnet Rot? Ihr Schlips ist rot.

SCHORLEMMER: Ich liebe Rot! Bei dieser Farbe wie bei vielem anderen: Ich lasse mir eine Sache nicht vergällen, nur weil sie von anderen missbraucht wurde.

GYSI: Da kommt ja schon der heimliche Sozialist durch.

SCHORLEMMER: Der demokratische Sozialist. So hat sich Willy Brandt bezeichnet. Ich bin SPD-Mitglied.

GYSI: Demokratischer Sozialist bin ich auch.

SCHÜTT: Das geht ja gut los … Seit wann eigentlich kennen Sie einander?

GYSI: Kennengelernt haben wir uns erst nach der Wende.

SCHORLEMMER: Das erste Mal die Hand gaben wir uns am 4. November 1989.

SCHÜTT: Bei der Demonstration auf dem Berliner Alexanderplatz, der ersten freien, offiziell erlaubten Massenkundgebung in der Geschichte der DDR.

SCHORLEMMER: Ja. Und Anfang Dezember 1989 dann waren wir beide Teilnehmer eines Podiumsgesprächs über SED-Schande und DDR-Erneuerung im Berliner Haus der jungen Talente. Das war die Zeit, da sich Gregor Gysi schon sehr bald konkret mit der Frage plagen musste, ob und wie er diesen Verein übernehmen solle.

GYSI: Die Partei.

SCHORLEMMER: Ach. Es war ein Verein! Nämlich mit allen negativen Merkmalen, die man landläufig einem deutschen Verein zuschreibt: Hermetik, dumpfe Abgeschlossenheit, stickig gewordene Treuedogmen. Mir war es damals wichtig, mit Gysi einen der Menschen kennenzulernen, mit denen man vielleicht entscheidend was würde ändern können im Land.

SCHÜTT: Obwohl es sich um einen Genossen handelte?

SCHORLEMMER: Dieses System und seine Einheitspartei habe ich bekämpft, wirklich bekämpft, denn die SED war nie eine Partei, von der man sich hätte leiten lassen wollen – sie wollte ja nur immer führen, anführen, nicht leiten, nicht geleiten, schon gar nicht in Tuchfühlung mit anderen. Führen oder leiten, das ist ein großer Unterschied. Am Ende war das nur noch ein Schutthaufen, der Blech redete und Schrott zu bieten hatte. Aber …

SCHÜTT: Hieß ändern für Sie: stürzen?

SCHORLEMMER: Nein. Wir, also die Bürgerrechtler, zu denen ich mich zählte – wir wollten das schier Unmögliche: Wir wollten die Wahrheit sagen, wir wollten in der Wahrheit sein – ohne die Machtfrage zu stellen. Also jedenfalls meine Freunde und ich. Noch während härtester Konfrontation oder dann in finsterer, bleierner Agonie habe ich immer auch das Gespräch mit SED-Leuten gesucht – erstens weil ich Zuversicht nie aufgebe, und zweitens damit die Starren sich einmal mehr kenntlich machten in ihrer Geistlosigkeit und ihrer Angst vor der Wahrheit. Und drittens hofften wir, die Reformwilligen des Systems würden in ihrem Mut zum Zweifel bestärkt und wagten endlich mehr und mehr Öffentlichkeit. Leider war am Ende alles zu spät. Aber Gysi war einer der Glaubwürdigen, die den Bestand dieser Partei wagten – bei gleichzeitiger Zerschlagung der alten hierarchischen Strukturen und des verknöcherten Programms.

GYSI: Hinter der Situation damals, Parteivorsitzender zu werden, steckte für mich ganz entscheidend die Frage: Wie kann ich so eine überraschende Aufgabe überhaupt angehen, ohne mich in meinem Wesen zu beschädigen? Wie weit knie ich mich in eine »Sache« hinein und bleibe gleichzeitig mir selber treu?

SCHÜTT: Kohl soll Ihnen 1990 geraten haben, unbedingt Ihre Zulassung als Anwalt zu behalten.

GYSI: Ja, das hat er bei einer eher flüchtigen Begegnung in einem Fernsehstudio zu mir gesagt, am Wahlabend 1990. Damit wollte er mir wohl durch die Blume mitteilen, dass meine Tage in der Politik gezählt seien.

SCHORLEMMER: Mit den blühenden Landschaften irrte er sich auch.

GYSI: Vielleicht hat er sich mit diesem Satz nur falsch ausgedrückt, er wollte den Ostdeutschen mitteilen, was ihnen noch blühen wird.

SCHORLEMMER: Wie wurden Sie eigentlich Parteivorsitzender?

GYSI: Begonnen hatte alles Anfang Dezember 1989 auf der SED-Kreisdelegiertenkonferenz Berlin-Mitte. Ich wurde per Zettel …

SCHORLEMMER: Zettel? Seit Schabowskis Notizblatt, das den Mauerfall brachte, war die SED offenbar die reine Zettelwirtschaft. Ist ja witzig: Es gab in der deutschen Geschichte wahrscheinlich keine Ideologie, keine Theorie, die mit Broschüren und Abrissen und Zeitschriften und dicken Redenwälzern und Instruktionen im Laufe von Jahrzehnten so unmäßig viel Belehrungs- und Programmpapier über die Leute gekippt hat wie der Marxismus-Leninismus – aber am Ende wird dann nur noch mit bekritzelten Handzetteln Geschichte gemacht. Befreiende Geschichte.

GYSI: Na ja, so einen Zettel jedenfalls bekam ich hingeschoben, da stand drauf, ich solle sofort ins ZK-Gebäude kommen.

SCHÜTT: Den Generalsekretär Krenz und das Politbüro gab's nicht mehr.

SCHORLEMMER: Ausgemustert von den eigenen Leuten.

GYSI: Das erfuhr ich erst dort. So nahm dann alles seinen Lauf. Ich fühlte eine Lawine auf mich zukommen. Kurz darauf fand der Sonderparteitag statt, und ich schien bereits unter dieser Lawine zu liegen. Darüber habe ich dann auch mit Schorlemmer geredet, sehr intensiv.

SCHÜTT: Warum mit ihm? War da jener Sog, der von einem Pfarrer ausgeht, wenn es um existenzielle Fragen geht?

GYSI: Wahrscheinlich ja. Lawine – Bergrettung – Bergpredigt. Pfarrer sind gewissermaßen ein Rettungsdienst der besonderen Art. Was ich von Schorlemmer wusste und was ich ganz stark fand: diese Wittenberger Aktion von 1983, ein Schwert zu einer Pflugschar umzuschmieden.

SCHORLEMMER: Es war uns damals wirklich gelungen, das Ganze vor der Stasi zu verheimlichen. Eigentlich ein Unding. Der Kirchenverantwortliche vom Rat des Bezirkes sagte später: »Herr Schorlemmer, das vergessen wir Ihnen nie!« Ich erwiderte: »Herr Voigt, ich werde es auch nie vergessen.« Auf den Satz war ich richtig stolz.

GYSI: Schorlemmers Stärke zeigte sich darin, dass der Staat es nicht wagte, ihn einzusperren – das musstest du dir erst mal erarbeiten.

SCHORLEMMER: Ach, Bahro haben die doch 1977 auch verhaftet, ohne mit der Wimper zu zucken.

Gysi: Ich denke, bei Bahro gab es einen sehr speziellen Aspekt: Inzwischen war nämlich nicht mehr zu überhören, dass Künstler in der DDR immer aufmüpfiger wurden. Die Biermann-Ausbürgerung war geschehen, und besonders Schriftsteller nahmen kein Blatt mehr vor den Mund.

Schorlemmer: Zum Teil war das auch bei den Pfarrern so.

Gysi: Einige systemkritische Ventile waren also nicht mehr zu schließen. Aber dann auch noch unerbittlich kritische Töne ausgerechnet von Leuten aus der Wirtschaft? Das war doch das Signal, das von Bahro ausging. Ausgeschlossen für die Parteispitze! Da musste ein Exempel statuiert werden.

Schorlemmer: Ich war zu der Zeit Studentenpfarrer in Merseburg an der Technischen Hochschule »Carl Schorlemmer« – ich heiße ja auch Friedrich-Wilhelm Karl Christian Schorlemmer. Schorlemmer war einer der wenigen Trauergäste am Grab von Karl Marx gewesen, und das Besondere an ihm war nicht so sehr seine Leistung als Forscher, sondern das Credo, man könne nur als guter Marxist ein guter Naturwissenschaftler sein. Die Staatswächter in der DDR hielten das für einen fiesen Trick der Kirche: an eine Hochschule mit einem solch seltenen Namen ausgerechnet einen Pfarrer zu schicken, der genauso heißt. Aber damit nicht genug der Kuriositäten: Mein katholischer Studentenpfarrerkollege hieß Engels, und der Professor für Gesellschaftswissenschaften an der sogenannten »Roten Hochschule« trug den schönen Namen Heiland.

Schütt: War Bahro für Sie ein solches Signal, wie Gysi eben sagte?

Schorlemmer: Er war für die Oppositionsbewegung, die sich damals nicht so nannte, äußerst wichtig. Wir merkten: Endlich! Endlich sind auch Marxisten am Werk, die Marx ernst nehmen, die den denkenden Bürger ernst nehmen und die auf diese verfluchte organisierte Verantwortungslosigkeit hinweisen, die sich Planwirtschaft nannte – eine Wirtschaft, die zusammenging mit der wohl entscheidendsten Devise in der DDR: »Privat geht vor Katastrophe«. Und genau in dieser Liaison bestand sie auch schon, die Katastrophe. Wir trafen immer mal wieder auf einzelne Genossen, die das Gespräch über dieses leidige Thema wollten, auch mit uns, aber natürlich hatten sie Angst, dass diese Kontakte ruchbar würden. Es war seltsam: Ich arbeitete mit Studenten die Ökonomisch-Philosophischen Manuskripte von Marx durch – das hat die Stasi in ihren Berichten derart giftig vermerkt, als hätten wir dissidentische Literatur aus dem Westen behandelt. Die hatten selber nie Marx gelesen, und jetzt nahmen sie ihn ausgerechnet durch uns wahr – nach dem Prinzip: Wenn die von der Kirche Marx lesen, dann muss selbst dieser geliebte und geehrte Klassiker an bestimmten Punkten ein gefährlicher Autor sein.

SCHÜTT: Es gibt von Ihnen, Herr Schorlemmer, eine Notiz vom August 1989: Sie hätten Ihrer Tochter einen Zettel mit den Namen zweier Anwälte gegeben, Gregor Gysi und Lothar de Maizière.

SCHORLEMMER: Ja. Ich hatte Angst zu jener Zeit. Die Stasi machte überall mobil. Es kursierten die Befürchtungen, Oppositionelle könnten in Speziallager verfrachtet werden.

SCHÜTT: Warum Gysi?

SCHORLEMMER: Das »Neue Deutschland« hatte einen Text oder ein Interview veröffentlicht, das waren Bemerkungen Gysis zur Schaffung einer neuen Verwaltungsgerichtsbarkeit. Er war ja Chef der Anwaltsgilde, ein Vorsitzender also ...

GYSI: Das hieß exakt: Vorsitzender des Rates der Vorsitzenden der Kollegien der Rechtsanwälte in der DDR. In solchen Titeln war die DDR Weltmeister.

SCHORLEMMER: Ich las die Äußerungen von Gysi und dachte, aha, es gibt also bei den Genossen Leute, die sich endlich um Elemente von Rechtsstaatlichkeit sorgen.

GYSI: Wobei das ND wichtige Passagen aus dem Text strich, ohne mit mir zu reden. Kurz darauf gab Lothar de Maizière der »Berliner Zeitung« ein Interview, und dorthinein montierten wir die zensierten Stellen meines Gesprächs im Zentralorgan. Natürlich freuten wir uns.

SCHORLEMMER: Der Name Gysi war mir auch durch Klaus Gysi vertraut, der Staatssekretär für Kirchenfragen gewesen war und mit dem ich mal eine aufschlussreiche Begegnung hatte, 1984 – darüber können wir nachher noch reden.

SCHÜTT: Und der zweite Anwalt, Lothar de Maizière?

SCHORLEMMER: Ihn kannte ich aus der Synode der evangelischen Kirche. Er hat mich oft unterstützt, wenn mich die Kirchenleitung ein bisschen beiseitedrängen wollte, weil ich angeblich zu sehr provozierte und so das gute Verhältnis zum Staat belasten würde. Ich dachte: Ich muss mir in dieser drückenden Zeit unbedingt solche Anwälte nehmen, die Zugang zu denen haben, die über mich befinden können; der stalinistischen Willkür bei der Staatssicherheit wollte ich nicht pur ausgeliefert sein, auch in anwaltlichen Fragen nicht. Im Übrigen war die Reihenfolge der Namen auf dem Zettel an meine Tochter: de Maizière, Gysi.

SCHÜTT: Bitte beschreiben Sie genauer, warum Sie Angst hatten.

SCHORLEMMER: Im Juni 1989 war ich in West-Berlin. Zum Kirchentag. Das erste Mal, dass ich hinfahren durfte. Ich gab der »Frankfurter Rundschau« ein Interview, in dem ich mich auf eine Aussage des DDR-Außenministers bezog, der gesagt hatte, die Mauer sei eine tragende Wand des europäischen Hauses. Ich sagte im Interview: »Ich würde ungern das europäische Haus auf eine so brüchige Wand bauen wollen.« Der Journalist stockte und fragte, ob er das wirklich schreiben und veröffentlichen solle.

Gysi: So einfühlsam würden heute wahrscheinlich nicht mehr allzu viele Journalisten reagieren.

Schorlemmer: Ich willigte ein, das so zu publizieren. Natürlich wurde in der nachrichtlichen Kurzfassung daraus: Pfarrer Schorlemmer fordert den Abriss der Mauer! Diese Methode zieht sich durch meine gesamte öffentliche Laufbahn: Ich sage etwas – und am Ende wird eine radikale Forderung daraus. Dieser elende Verkürzungsdrang der Medien: Zwecks gut verkäuflicher Zuspitzung verwandelt man eine ruhige Überlegung ins radikale Reizwort.

Gysi: Das hängt dir dann an, und du bekommst natürlich Angst. Das verstehe ich.

Schorlemmer: Ich hatte Angst, mit psychosomatischen Herzschmerzen. Angst, dass ich urplötzlich verschwinde, einfach von der Straße weggefangen werde. Wegen angeblich öffentlich geäußerter Sätze wie »Die DDR muss man knacken wie eine hohle Nuss.« Und: »Kommunisten aufzuhängen«, hätte ich aufgefordert. Wer noch weiß, was solche Vorwürfe bedeuteten, der kann verstehen, welche Ängste mich ankrochen. Da war es eine merkwürdige Stütze für mich, geradezu eine Aufhellung meines depressiven Seelenzustandes, dass mir Mitte September 1989 von einem Vertreter der West-Berliner Jury angekündigt wurde, man wolle mir am Tag der Menschenrechte, am 10. Dezember 1989, die »Carl-von-Ossietzky-Medaille der Internationalen Liga für Menschenrechte« verleihen. Eine vielleicht vermessene Gedankenverbindung, für mich aber durchaus stärkend: Wenn ich ins Gefängnis käme, wäre ich dort »im Geiste von Ossietzky», wenngleich nur mit seiner Medaille ausgezeichnet, aber im geschwisterlichen Kampf um die Freiheit. Denn die Ossietzky-Medaille wird jährlich verliehen für die Menschenrechte im Geiste von Carl von Ossietzky, was immer auch hieß, sowohl für politische Freiheit wie für soziale Gerechtigkeit einzustehen. 2014 ist sie Edward Snowden und seinen Unterstützern zuerkannt worden.

Nach wie vor bin ich geradezu stolz, dass ich im Juni 1989 jenen Mauer-Satz von der brüchigen Wand, die von innen platzt, der »Westpresse« gegenüber gesagt hatte. Das wurde mir im Übrigen selbst von Freunden angekreidet. Dann gab ich auch noch Mitte August Siggi Schefke im Luthergarten »konspirativ« ein Fernsehinterview für den SFB. Wir gründeten in Dresden in der Wohnung eines Pfarrers am 21. August 1989, am Jahrestag des Einmarsches der Russen 1968 in Prag, den Demokratischen Aufbruch. Da griffen die anderen mich an: »Wie konntest du nur, du wirst die Stasi auf uns hetzen.«

SCHÜTT: Dabei war doch die Stasi längst da, etwa in Gestalt des Vorsitzenden des Demokratischen Aufbruchs Wolfgang Schnur.

SCHORLEMMER: Ein Rechtsanwalt, Herr Gysi.

GYSI: Ich warne Sie. Wenn Sie meinen ganzen Berufsstand angreifen, da kann ich Ihnen auch Pfarrer nennen, die sich als geparkte Politiker gefühlt haben müssen und heute nicht unbedingt die Ehre Ihrer Profession hochhalten.

SCHORLEMMER: War nicht so gemeint.

SCHÜTT: Herr Gysi, Sie waren, wie Schnur auch, ein Anwalt speziell in politischen Fällen, Sie vertraten Dissidenten, die das von sich aus sein wollten, aber auch Menschen, die durch die Rigidität des Staates erst dazu gemacht wurden, wie etwa Rudolf Bahro 1977/78. Andererseits waren Sie, aus Überzeugung, SED-Genosse. Sie setzten sich anwaltlich also für Leute ein, die der Führung Ihrer Partei als Staatsfeinde galten. Spürten Sie so was wie Bewusstseinsspaltung? War auch Friedrich Schorlemmer ein Feind für Sie?

GYSI: Zunächst will ich relativieren: Die prominenten Fälle, die Sie ansprechen, machten nur einen geringen Anteil meiner Tätigkeit aus. Ich hatte schon sieben Jahre als Anwalt gearbeitet, bevor ich Bahro verteidigte.

SCHÜTT: Sie waren der jüngste Rechtsanwalt der DDR.

GYSI: Ich muss sagen, die Verfahren waren keine prononcierten Auseinandersetzungen um geistige oder politische Auffassungen. Als Verteidiger war ich nicht der Koreferent der liberalen Positionen meines oder meiner Mandanten – es ging um strafrechtliche oder vermeintlich strafrechtliche Dinge. Ich war, indem ich einen Bürgerrechtler oder Systemkritiker vertrat, nicht automatisch auch Bürgerrechtler und Systemkritiker.

SCHORLEMMER: Machen Sie sich nicht kleiner als nötig.

GYSI: Das hat mit klein nichts zu tun, es verweist nur auf die Strategie des Staates, der doch die wirkliche geistige Auseinandersetzung scheute, ablehnte – und deshalb zur Methode irgendwelcher staatsrechtlicher Anwürfe griff, gegen die ich meine Mandanten verteidigte. Es gab bekanntlich Leute, die veröffentlichten im Westen ein Buch, aber dann ging es gar nicht um die Freiheit des Geistes oder des Wortes, nein, offiziell hatte man dagegen angeblich nichts – also suchte man nach irgendwelchen Devisen- oder anderen Vergehen, um strafend einzugreifen. Stefan Heym hat das auch durchmachen müssen. Nun zu Ihrer Frage: Es hieß offiziell meist nicht »feindlich«, sondern »negativ«.

SCHORLEMMER: Steigerung: »feindlich negativ«.

GYSI: Aber grundsätzlich: So eng, wie Ihre Fragestellung vermutet, war ich nie. So borniert konnte ich gar nicht denken. Die Kategorie »Feind« spielte in meinem Denken keine Rolle. Robert Havemann, den ich auch vertrat, habe ich sehr respektiert, Rudolf Bahro sogar gemocht – also, ich mache da einen kleinen Unterschied zwischen beiden. Aber Feinde!? Nein.

SCHÜTT: Was war denn das Schwerste bei der Verteidigung etwa von Bahro?

GYSI: Wenn ich wegen meines Mandanten in der Abteilung Staat und Recht beim Zentralkomitee der SED vorsprach, bestand die große Schwierigkeit darin, denen zu erklären: Leute, es geht hier nicht nur darum, einen Menschen bitte schön anders, nämlich menschlicher zu behandeln und zu bewerten, nein, es liegt in eurem eigenen Interesse, weniger feindbestimmt und strafend und hasserfüllt mit ihm umzugehen. Dass also diese Funktionäre sich selber kritisch im Visier sahen bei dem, was der Fall öffentlich auslöste, und zwar nicht nur im Westen, dass sie also begriffen, dass sie selber dem Sozialismus schadeten, weit mehr als Bahro – das war eine fast vergebliche Mühe. Trotzdem musste ich versuchen, sie davon zu überzeugen, dass eine bessere Behandlung, eine Entlassung in ihrem Interesse lag. Bei allen Mandanten. Immer wollten diese Funktionäre irgendwelchen Schaden abwenden, und zwar durch größeren Schaden, den sie selber anrichteten.

SCHORLEMMER: Das erinnert an den Herakles bei Heiner Müller, der sich hart rudernd durch den Wald schlägt auf der Suche nach der Hydra, nach dem tödlichen Tier, nach dem Feind – bis er erkennen muss: Der Wald selber ist das Tier. Immer greifen wir zu irgendwelchen Waffen gegen irgendeinen Feind und erkennen zu spät: Wir selber sind uns ein Feind. Volker Braun hat als eigentliche Utopie formuliert: »Wahrzunehmen, was in der eigenen Haut los ist.« Immer stehen wir uns selber im Wege. So schier unbesiegbar ist das, unser Kleben an Verhältnissen, die in uns selber ihre Giftquelle haben.

GYSI: Bei Bahro, der wegen angeblichen Geheimnisverrats, wegen der Übermittlung seiner Dissertation in den Westen und wegen seines fundamental kritischen philosophisch-ökonomischen Manuskripts »Die Alternative« verurteilt wurde, kam mir zu Hilfe, dass der Druck von außen zunahm. Und also wollten sie ihn schnell loswerden. 1978 stellte Bahro den Antrag, in die Bundesrepublik auszureisen. Sie wussten freilich nicht, wie sie das nun zügig regeln sollten. Im Gesetz stand: Bei einer Freiheitsstrafe von über sechs Jahren darf die vorzeitige Entlassung frühestens nach Verbüßung der Hälfte der Strafe erfolgen. Das hätte bei ihm, da er zu acht Jahren verurteilt worden war, vier Jahre bedeutet. Sie wollten das Urteil nicht revidieren, konnten jedoch nicht so lange warten – aber wie ihn schnell loswerden, ohne selber gesetzesbrüchig zu werden? Also hab ich die Idee einer Amnestie aufgebracht, unter die Bahro dann auch fallen würde. Für den Staat eine Lösung ohne Gesichtsverlust. Werden wir prüfen, hieß es. Mehr sagten sie natürlich nicht, und selbstredend erfuhr ich nichts über den Fortgang der Dinge. Und dann plötzlich kam diese Amnestie. So viel zu meinem Feinddenken.

SCHÜTT: Sie waren Genosse.

GYSI: Natürlich saß er sehr, sehr tief, der von Ihnen angesprochene Widerspruch, den ich empfand und den ich trotzdem ganz anders mit mir herumtrug als der konsequente, scharf fragende und aufstörende Schorlemmer. Einerseits war da die Idee, die ständig in einem arbeitete, nämlich: man könne und müsse den Sozialismus reformieren, denn ringsum gab es diese wachsende Verkrustung, die man mit Händen greifen konnte. Andererseits stand man da und war mit Rücksichtnahme beschäftigt, mit Einsicht, mit Disziplin. Also: Ich war weder auf der Seite der Mächtigen, noch war ich Opposition.

SCHÜTT: Sie haben aber eine Strafanzeige gestellt wegen Wahlfälschung.

GYSI: 1989. Rainer Eppelmann kam zu mir wegen einer diesbezüglichen Anzeige, ich habe sie an den Generalstaatsanwalt in seinem Namen gerichtet. Ich wurde hinbestellt zu ihm, denn ich wollte Einsicht nehmen in die Wahlunterlagen. Mir wurde mitgeteilt, die seien bereits vernichtet worden, das sei so üblich. Außerdem habe Pfarrer Eppelmann mit seinen Auszählungsbeschwerden einen Fehler gemacht – natürlich habe die Auszählung bei ihm nicht eine so hohe Stimmenzahl ergeben können wie am Ende verkündet wurde, aber der Pfarrer habe die Stimmen der Briefwahl nicht berücksichtigen und einbeziehen können. Ich war baff und beleidigt. Dass die mich für so blöd hielten und mir das auftischten! Als seien mäßige Wahlergebnisse zunächst durchaus möglich, jedoch die Briefwahlstimmen, die würden das Ergebnis bis nahezu an die hundert Prozent hochschnellen lassen! Aber so wurde das abgelehnt. Dann erstattete ich ein weiteres Mal Anzeige – Eppelmann hatte in seiner Wohnung eine Wanze gefunden. Peinlich. Denn das verstieß gegen das Rundfunkgesetz der DDR – nach diesem Gesetz war es eine Straftat, eine Funkeinrichtung, welcher Art auch immer, so zu installieren. Also: Anzeige gegen unbekannt. Natürlich fand man den Täter nie, obwohl man beteuerte, sehr, sehr akribisch gefahndet zu haben.

SCHORLEMMER: Das Gerät, mit dem Rainer Eppelmann seine Wanze fand, habe ich mir mal von ihm ausgeborgt. Es schlug aber in meiner Wohnung nicht an. Der für mich verantwortliche Offizier bei der Stasi, mit dem ich nach dem Ende der DDR ein langes Gespräch geführt hatte, lachte und sagte: »Aber lieber Herr Schorlemmer, bei Ihnen haben wir doch selbstverständlich die modernste Technik installiert – die war mit so einem alten Gerät nicht auffindbar.« Ich habe mitgelacht, etwas gequält.

SCHÜTT: Aber lieber Herr Schorlemmer … Es gibt bestimmt Menschen, die über so etwas noch heute nicht lachen können. Nicht mal gequält.

SCHORLEMMER: Da sind wir ja schon beim neuralgischen Punkt. Es ist über alle Maßen richtig und nötig, dass alle, die unter der politischen Strafjustiz des stasiistischen Systems in der DDR gelitten haben, materiell entschädigt und menschlich begleitet werden. Aber was ich ablehne, ist die publizistische Kasse, die man damit noch immer machen kann, indem man nach Herzenslust dämonisiert und vereinfacht.

SCHÜTT: Eine Relativitätstheorie der öffentlichen Meinung wird nie geschrieben werden. Die politische Verständigung vor Publikum ist und bleibt wohl, im guten wie im schlechten Sinne, Grobianismus.

GYSI: Das rechtfertigt den Grobianismus nicht. Und er geht merkwürdigerweise fast nur von West nach Ost.

SCHÜTT: Im Hinblick auf die Bewertung der DDR?

GYSI: Ja. Weder hat es, zum Beispiel, einen frühen, massenhaften Andrang zu Oppositionsgruppen gegeben, noch hat die Mehrheit in der DDR ihr Leben in Angst und Schrecken verbracht.

SCHORLEMMER: Da würde ich nun wieder sagen, wohlgemerkt, nachdem ich Ihnen zugestimmt habe: Es wäre freilich gut gewesen, wenn mehr Leute in der DDR genauer hingesehen und einen Schrecken gespürt hätten.

GYSI: Kann sein, haben sie aber nicht.

SCHÜTT: Schrecken über wen?

SCHORLEMMER: Über sich selbst. Christa Wolf bezeichnete es als eine der »schlimmsten Entwicklungen bei uns«, dass man sich »herausziehen musste aus den Apparaten, um nicht von ihnen deformiert zu werden« – das habe dazu geführt, dass viele Leute brav funktioniert haben. Sie schreibt vom »starken Deformationsprozess«, den man an sich selbst geduldet und ertragen habe. Das sei keine Schuldzuweisung – man kann bei so massenhaft ablaufenden Entwicklungen nicht einzelnen Menschen die Schuld zuweisen, aber man kann sehr wohl sich selber fragen – und kann also auch lernen, so Christa Wolf, böswillige Unterstellungen des politischen Gegners nicht immer gleich als Gelegenheit für falschen, billigen Selbstschutz zu benutzen.

SCHÜTT: Ich finde, Sie haben recht. Mit vierzehn Jahren hatte ich, im thüringischen Ohrdruf, Konfirmation und Jugendweihe; an zwei aufeinanderfolgenden Wochenenden, eine bedenkenlose Selbstverständlichkeit. Die Dankeskarten für die Geschenke zum christlichen wie zum weltlichen Fest waren in frappierend übereinstimmender Weise ausgestattet, Schrift und Text gleich, nur das eine fett gedruckte Wort machte den Unterschied zwischen beiden Karten: Konfirmation war ausgetauscht gegen Jugendweihe. Ich weiß in dem Zusammenhang nichts von Benachteiligungen derer, die sich der Jugendweihe in unserer Kleinstadt damals verweigerten, ich weiß aber auch nichts von besonderem schulischem Zuspruch für die beizeiten Strammen des Systems, und in mir selber war nichts geweckt worden, was mich zur eigenen Kenntlichmachung trieb. Ich schlurfte als Jugendlicher entspannt durch die kleinstädtische Mitte.

SCHORLEMMER: Anpassung.

SCHÜTT: Weiß ich gar nicht. Eher nicht, denn Anpassung setzt das Bewusstsein voraus, sich durchaus anders verhalten zu können, diese Distanz zum Geforderten aber aus bestimmten Gründen gezielt aufzugeben. Ich spürte zu nichts einen Gegensatz – Ausdruck vielleicht einer wahrhaft glücklichen Kindheit, unabhängig davon, welche charakterlichen Folgen solche Unberührtheit später haben kann? Der österreichische Essayist Franz Schuh schreibt von Menschen, die pflanzlich ins Leben wachsen. Diese Formulierung erschreckte mich zunächst, inzwischen erkenne ich mich in ihr. Es ist die Beschreibung jener Bewusstlosigkeit, deren Triebe in jede Form hineingedeihen und die dann überall zurande kommen, ohne dass sie von sich selber absehen müssten. Weil man selber – formlos, taub – keinen Kern ausbildet?

Jedenfalls musste ich nicht lavieren, um ein Gefühl, das quer zur Welt stand, unter den obwaltenden Umständen zu unterdrücken. Denn ich hatte solch ein Gefühl nicht. Die Christenlehre hinterließ nichts in mir, die Jugendweihestunden bewirkten kaum mehr. Ich nahm an allem teil, war aber an nichts beteiligt; wenn es freilich darauf ankam, hatte ich die richtige Antwort parat – das entscheidende, auch schulische Prinzip. Solche Absicherungstechnik ließ mit der Zeit meine Aufmerksamkeit dafür sinken, ob das vermeintlich Richtige, das ich von mir gab, nicht doch nur das war, was man von mir erwartete.

GYSI: Das Problem ist doch: Das Gemisch der Seelen, die eine Bevölkerung ausmachen, ist farbiger als jede festschreibende Tendenz. Eine Gesellschaft stirbt in einem einzelnen Gemüt sehr langsam ab. Erinnerungen und Erfahrungen möchten sich nicht einschüchtern lassen von Anherrschung durch heutiges Wissen und nachholende Bewusstseinsstände.

SCHORLEMMER: Sie meinen die Menschen, die mal DDR-Bürger waren.

GYSI: Ja.

SCHORLEMMER: Aber da sind auch noch die Gegner des stalinistischen Systems, diese Andersveranlagten, denen die Begeisterung für die DDR nicht gelingen wollte – sie dürfen sich erst seit 1990 rücksichtslos artikulieren, und das schließt offenbar deren Vorsicht bis heute ein, nicht zu früh wieder gutgläubig zu werden. Dies ist links zu berücksichtigen, will man heute für morgen gemeinsam Politik betreiben. Das große Glück ist: Linkem Gerechtfertigtsein wachsen keine Mittel mehr zu, etwas barsch abzuschneiden, fies weiterzumelden, feist abzulehnen, grinsend zu verbieten, hochnäsig zu zensieren.

GYSI: Das ist völlig in Ordnung so. Aber das große Unglück ist, dass derzeitige Geschichtsschreibung meint, man könne alles Leben in der DDR unter die Schablone einer geschlossenen Mentalität zwingen. Das ist mehr als dumm. Und weil Sie von materieller Entschädigung sprachen – darf ich zum Thema etwas Bitter-Kurioses einwerfen? Also, der Rechtsstaat kann wirklich eine atemberaubende Akkuratesse aufbringen. Zu mir kam ein Mandant, ihm stand jene Haftentschädigung zu, die bei politischer Verfolgung nach sechs Monaten im DDR-Gefängnis fällig wird. Nun war es in der DDR so: Du konntest auch sonnabends oder sonntags festgenommen werden, aber entlassen wurde man am Wochenende nicht. Der Mann war an einem Sonntag festgenommen worden, entlassen hat man ihn aber an einem Freitag, einen Tag früher, denn hätte man ihn erst am Montag entlassen, wäre das über das Strafmaß hinausgegangen und also Freiheitsberaubung gewesen. Kurzum: Die Haftentschädigung verweigerte man dem Mann, denn die sechs Monate waren nicht voll – es fehlte ja ein Tag. Das muss man sich mal vorstellen! Nur wegen dieser Strafvollzugsregelung in der DDR. Die Freiheitsstrafe von sechs Monaten galt als verbüßt.

SCHORLEMMER: Das eine so dämlich wie das andere. Was sagt uns das?

GYSI: Ein bisschen DDR steckt in jedem System.

SCHORLEMMER: Hoffentlich kommen wir diskutierend nicht zu der Erkenntnis, dass die Portion DDR in unserem jetzigen System merklich größer wird, als wir uns zugeben wollen.

SCHÜTT: Sie beide betreten regelmäßig Kanzeln oder stehen an anderen Rednerpulten. Wie kommt es, dass gerade Linke und Pastoren mitunter den Eindruck erwecken, sie hätten nicht nur die besseren Argumente, sondern seien auch gleich dazu noch die besseren Menschen? Ist das die Krux der notorischen Welterklärer?

GYSI: Lachen Sie doch mal völlig zwanglos, Herr Schorlemmer, ich finde die Fragestellung nicht nur übel.

SCHORLEMMER: Jetzt ist endgültig der Punkt erreicht, da ich mich überhaupt nicht darum reiße, als Erster von uns beiden zu antworten.

SCHÜTT: Ich ahne, Sie tun's trotzdem.

SCHORLEMMER: Man hält etwas für richtig, und man sagt es laut – daran ist nichts Ehrenrühriges. Und klar: Wenn man etwas benennt, das einen sehr bewegt und worüber andere leider schweigen, dann geht das nur mit einem gewissen Ruck, den man sich selber gibt.

SCHÜTT: Es muss einem Spaß machen, etwas zu behaupten.

SCHORLEMMER: Unbedingt. Zu sagen, des Menschen Würde sei unantastbar, ist ja nun wirklich eine steile Behauptung. Die sitzt! Ohne Behauptung bewegt sich im Geistigen nichts. Mag schon sein, dass dies manchmal den Anschein einer pädagogischen Selbstermächtigung hat. Aber ich empfinde mich wirklich nicht als Besseren, nur weil ich vielleicht besser als andere mit dem Wort umgehen kann. Und wer die christliche Botschaft verbreitet, ist von vornherein keiner, der sich auf eine höhere Warte berufen darf. Wer so etwas denkt, hat die Heilige Schrift nicht verstanden. Die Botschaft des Jesus von Nazareth lautet nicht: Du bist gut, und sag es allen, nein, sie sagt: Du bist ein gerecht Gesprochener, du bist ein armer Sünder, um nicht zu sagen, ein armes Schwein; du bist einer, der den Versuchungen des Lebens laufend erliegt; du bist ein Irrender. Aber dennoch kannst du neu anfangen – du bist geliebt, nicht weil du so gut bist, sondern: Du bist gut, weil du geliebt bist. Martin Luther formulierte es in seinen Heidelberger Thesen 1518 so: »Wir sind nicht geliebt, weil wir schön sind, sondern wir sind schön, weil wir geliebt sind.«

GYSI: Das ist doch ein großartiger Satz, nicht nur im theologischen Sinne.

SCHORLEMMER: Also, ich kann nicht zu anderen Menschen predigen ohne gleichzeitige Selbstprüfung. Und ich weiß doch sehr wohl, wie schnell man sich, öffentlich redend, vom Beifall, von Selbstgewissheit mitreißen lässt.

GYSI: Da stimme ich Ihnen unbedingt zu. Es ist nicht immer einfach, sich wieder einzufangen.

SCHORLEMMER: Der Apostel Paulus äußert den schönen Gedanken: »Sie ermangeln alle des Ruhmes. Es ist nicht einer, der da von sich sagen könnte, er sei gerecht.« Also: Der Mensch ist klein, er ist gering. Und jetzt kommt wieder das Aber: Steh trotzdem auf, denn du bist frei! Erlebe es mit allen Sinnen, von inneren Bedrängungen frei zu sein – ohne je in falsch verstandener Kühnheit zu behaupten, dass diese Freiheit eine Ewigkeitsgarantie hätte.

SCHÜTT: Gott ist sozusagen ein Tätigkeitswort, es steht für die Arbeit, mit sich ins Reine zu kommen – ohne Säuberungsgedanken gegen andere.

GYSI: Ich weiß nicht, ob man dazu Gott braucht. Obwohl … Erinnern Sie mich nachher noch mal, zu Gott hätte ich noch eine Bemerkung … Ich möchte nur einwerfen, dass es wirklich entscheidend ist, an einem Rednerpult relativ zu bleiben.

SCHÜTT: Was heißt das?

GYSI: Natürlich weiß ich, dass viel mehr Erfahrungen in einen Standpunkt passen, den ich etwa bei einer Rede im Bundestag oder in einer Fernsehsendung vertrete. Aber im Dienste der politischen Interessen, die ich vertrete, muss ich vieles wegschneiden.

SCHORLEMMER: Sich an jemanden wenden und zugleich im lauten, öffentlichen Selbstgespräch bleiben, das wär's.

GYSI: Das ist fast unmöglich – in einer Kultur der Schlagworte und prasselnden Wortfolgen.

SCHÜTT: Aber gefragt war speziell nach den Linken, warum die mitunter wirken, als seien sie propagierend und agitierend die besseren Menschen.

GYSI: Das lässt sich ganz leicht geschichtsgenetisch begründen. Die Linken glaubten, im Besitz der einzigen Wahrheit zu sein – das war der Grundfehler ihrer Macht. Sie waren im Besitz wichtiger Wahrheiten und wurden dafür verfolgt – das war der Grundschmerz ihrer vorausgehenden Ohnmacht. Mit beidem hat die politische Psyche der Linken noch heute zu tun und zu kämpfen. Ich finde, es ist kein einziges Argument, kein einziges Programm im politischen, ethischen, moralischen Streit aller Parteien derart, dass sich Parteigänger unanfechtbar fühlen dürfen.

SCHÜTT: Stellen Sie sich vor, Herr Gysi, Sie gründeten eine neue Partei.

GYSI: Kategorisch: Nein!

SCHÜTT: Doch.

GYSI: Dann wäre es eine Partei der Leute, die nicht sicher sind, recht zu haben.

SCHORLEMMER: Ich würde sofort das erste Mitglied.

SCHÜTT: Eine solche Partei überspränge keine Fünf-Prozent-Hürde.

SCHORLEMMER: Zur Unanfechtbarkeit: Es gibt in der Theologie den alten Streit, ob im Römerbrief Kapitel sieben oder Römerbrief Kapitel acht das wichtigere sei. Im Kapitel sieben sagt Paulus, der Mensch wolle Gutes tun, versage aber, also: Er wisse, was gut ist, aber er handele nicht danach. »Das Wollen hab ich wohl, nur das Vollbringen hab ich nicht.« Darin steckt diese anthropologische Grundeinsicht, dass der Mensch in Widersprüchen eingeklemmt ist, dass er um die Unlösbarkeit dieser existenziellen Widersprüche weiß und dadurch so gedankenreich wie tatenarm wird. Kapitel acht nun feiert das Dasein – trotz dieser bedrängenden Widersprüche. Da wird von der herrlichen Freiheit der Kinder Gottes geredet. Und von Erlösung! Aber nicht als Dauerzustand, sondern gewissermaßen nur für den Augenblick, für den nächsten Tag. Die Dauer der Freiheit ergibt sich aus dem Genuss, mit dem wir handeln und flüchtige Momente als lebenswert aneinanderreihen. Wir leben nicht schon in der anderen Welt, sondern hoffen gegen den Augenschein. »Die Hoffnung aber, die man sieht, ist nicht Hoffnung; denn wie kann man das hoffen, was man sieht? Der Geist hilft unserer Schwachheit auf ...«, so übersetzt Luther. Und Bach hat dazu eine Motette komponiert, die mich erhebt – in aller Angst und Sehnsucht, die ich mit der ganzen Kreatur teile. Zur Freiheit seid ihr befreit, und nun »lasst euch nicht wiederum in das knechtische Joch fangen«, ruft Paulus den Galatern zu. Oh, oh, ich muss schon sagen, das war für mich ein schwerwiegender Satz, gerade in der DDR. Ihn durchzuhalten, wenn der Staat fortwährend mit den Instrumenten klirrt – nicht so einfach. Und da stand schon die Frage, wenn du auf die Kanzel stiegest und diesen freimütigen Satz sagtest: Wie sehr beglaubigst du diesen Satz mit dem eigenen Leben? Und wie weit darfst du Menschen zu etwas aufrufen, was deren familiäre, berufliche Existenz in Gefahr bringen kann?

GYSI: Nun gibt es bei alldem doch wahrlich einen Unterschied zwischen Politiker und Pfarrer: Ein Pfarrer hat schließlich wirklich etwas zu verkünden. Schorlemmer interpretiert die Heilige Schrift, er interpretiert, sicher auch nach eigenem Gutdünken, Gottes Wort – damit ist man schon mal automatisch ein Erhöhter. Für mich stehen Prediger deshalb unter einem besonderen Druck, weil man die moralischen Maßstäbe, die sie formulieren, immer auch an sie selber stellt. Das ist ungerecht, aber unvermeidlich. Na ja, ein wenig gerecht daran ist, dass die höheren Maßstäbe wirklich nur Sinn haben, wenn sie gelebt werden. Und da sollen doch bitte schön die damit anfangen, die das erste laute Wort nehmen.

SCHORLEMMER: Beim Politiker ist das nicht so?

GYSI: Wenn ich über Mindestlohn rede, rede ich als Nichtbetroffener. Ich muss es nicht vorleben, wenn ich Sterbehilfe befürworte. Wer aber über Gott redet, redet anders. Da ist unmittelbar das eigene Handeln angesprochen, jedes Menschen. Predigen ist immer existenziell. Für mich ist ein Pfarrer jemand, zu dem man Nähe empfindet, aber zugleich auch Distanz. Er ist Seelsorger und strahlt zugleich etwas von dieser ganz anderen Dimension aus, die da noch mitschwingt in seiner Profession.

SCHÜTT: Die es bei den Linken nicht gibt?

GYSI: Die es, genau genommen, bei den Linken nicht gab. Der Ursprung des Linken war ganz klar eine soziale Aufgabe, nämlich die Abschaffung unwürdiger Verhältnisse von Ausbeutung und Armut. Da war nichts mit Metaphysik und Transzendenz. Mit der Erkenntnis, dass dies ein weltbestimmender und weltsprengender Machtkampf werden würde, kam freilich die Befeuerung durch Ideologie – deren Folgen wir kennen. Aber klar durften Linke sich berechtigt edelmütig fühlen. Wer sich für den Adel einsetzte, setzte sich für die Mächtigen ein. Wer sich für die Kapitalisten einsetzte, setzte sich ebenfalls für die Mächtigen ein. Wer aber für die niederen Stände kämpfte, der hatte doch unbestritten die wertvollere Mission. Und so kam zum Kampf für die Gerechtigkeit auch der Krampf mit der Selbstgerechtigkeit. Deshalb muss ich bekräftigen, wie wichtig mir der Begriff des »demokratischen Sozialismus« ist. Ich nehme das Tautologische in Kauf, damit der Akzent nicht verloren geht: Du kannst die besten und stimmigsten Klassenanalysen verfertigen, du kannst über sämtliche politökonomische Strukturfragen informiert sein, du kannst Marx und Engels von vorn bis hinten und wieder zurück gelesen haben – wenn dir die Leute nicht folgen, aus welchen Gründen auch immer, dann hast du das zu akzeptieren und darfst einzig mit den Mitteln der demokratischen Kultur um Gehör und Stimmen kämpfen. Es darf nie wieder der Eindruck entstehen, Linke würden, aus einer in sich logischen, aber eben geschlossenen Theorie heraus, gegen den Mehrheitswillen der Bevölkerung Macht ausüben wollen.

SCHORLEMMER: Ich hab's mit Gedichten, das werden Sie während unseres Gesprächs noch merken. Zu dem, was Gysi sagt, passen Verse von Hans Magnus Enzensberger von 1971. »Über die Schwierigkeiten der Umerziehung« heißt das Gedicht. »Ja, wenn die Leute nicht wären«, beklagt der Dichter: »Wenn es um die Befreiung der Menschheit geht / laufen sie zum Friseur. / Statt begeistert hinter der Vorhut herzutrippeln / sagen sie: Jetzt wär ein Bier gut. / Statt um die gerechte Sache / kämpfen sie mit Krampfadern und mit Masern. [...] Kleinbürgerliches Schwanken! / Konsum-Idioten! / Überreste der Vergangenheit! // Man kann sie doch nicht alle umbringen! / Man kann doch nicht den ganzen Tag auf sie einreden!«

GYSI: Da grüßt Brechts Vorschlag, die Regierung möge sich ein neues Volk wählen.

SCHORLEMMER: Wir wissen, was aus der Regierung wurde. Das Volk ist noch da.

GYSI: Sagen wir so – es meldet sich langsam wieder zurück. Jedenfalls das Volk im Osten.

SCHORLEMMER: Das stimmt. Es hat in den neunziger Jahren Ostdeutsche gegeben, die zogen in den Westen und verschwiegen sehr beflissen, dass sie aus der DDR stammten.

GYSI: Genau wegen dem, was Sie von Enzensberger vorgelesen haben, bekämpfe ich diese linke Selbstgerechtigkeit, die nicht begreifen will, dass es in einer Gesellschaft so viele unterschiedliche Interessen gibt, die irgendwie, aber unbedingt friedlich unter einen Hut kommen müssen. Mag zum Beispiel sein, dass es Konservative gibt, die am liebsten sähen, dass es keine Linkspartei im Bundestag gibt. Ich jedenfalls würde keinen Bundestag ohne Konservative wollen. Die CDU vertritt Interessen, die zu vertreten ich nicht bereit bin. Aber wenn ich nicht bereit dazu bin, dann muss sie doch ein anderer vertreten, oder? Eigentlich ganz einfach mit der Demokratie. Aber wenn unter der Flagge des Kommunismus, gipfelnd bei Stalin, ein absolutistisches Regime organisiert wird, von dem ein Zar nur träumen konnte, dann muss man konsequenterweise mit lange nachwirkenden Spuren im Gedächtnis der Völker und Menschen rechnen. Da vermeldete ein Kreis irgendwo in Russland, man habe fünfundsiebzig Volksfeinde verurteilt und hingerichtet, und als Rückantwort von Stalin kam der Rüffel: Wieso denn bloß so wenig?! Sechstausend wäre die Mindestziffer. Also wurden sechstausend Leben ausgelöscht. Diese Praxis muss man aufs ganze Land hochrechnen. Furchtbar. Das ist Teil unseres Erbes. Ich bin nicht verantwortlich, aber doch zuständig – für die Lehren daraus. Diese Zuständigkeit endet nie, wenn man die Ambivalenz des Menschen heranzieht, von der Schorlemmer so mahnend spricht.

SCHORLEMMER: Die Arbeiterbewegung hat strukturelle Fragen gestellt, das Christentum aber geht von der Veränderungsbedürftigkeit des Einzelnen aus. Verändere dich, und du veränderst die Welt – aber denke nie, du seist die Welt. Wir haben unsere existenzielle Beschaffenheit nie überwunden, aber wir können sie immer besser erkennen. Daraus resultiert der innere Auftrag radikaler Gewissenserforschung. Und ein Gewissen, das nicht überfordert wird, ist keines.

GYSI: Das ist ein radikaler Anspruch. Das Leben wird einfacher, wenn man sich einer Sache hingeben darf. Das entlastet. Für Marxisten war der Mensch in erster Linie das Ensemble der gesellschaftlichen Verhältnisse, das heißt, er wurde kaum psychologisch interpretiert.

SCHORLEMMER: Er war nicht Mensch, sondern subjektiver Faktor. Der gelenkt wurde durch die Avantgarde. Der predigende Kabarettist, der mir liebe Hanns Dieter Hüsch, hat 1968 geschrieben: »Viele wollen die Welt verbessern. Und zwar wollen sie die Welt so verbessern, dass sie, die Weltverbesserer, sich selber nicht zu verbessern brauchen. Viele wollen die Welt verändern. Und zwar wollen sie die Welt so verändern, dass sie, die Weltveränderer, sich selber nicht zu verändern brauchen.« Selbstveränderung und Weltveränderung müssen zusammenfinden, so wie individuelle Moral und politische Struktur. Das haben wir auch nach dem Ende des Sowjetkommunismus und nach dem Ende der DDR als eine unerledigte Aufgabe vor uns.

GYSI: Und deshalb sind linke Bewegungen letztlich nicht unterdrückbar. Denn der Gerechtigkeitsgedanke gehört genauso zur Menschennatur, zur existenziellen Beschaffenheit, wie Sie sagen, wie sein egoistisches Denken. Ob das eine obsiegt oder das andere – alles ist eine Frage von Bedingungen und Gelegenheiten. Und eine Frage, wie viele Leute sich dafür einsetzen. Also, ich hoffe auf Welterneuerungen von links, im Moment allerdings weniger aus Europa, eher aus Lateinamerika. Wo der linke Gedanke wieder stark an den Kampf um die Unabhängigkeit von den USA gebunden ist. Konservative kämpfen nicht für solche Unabhängigkeit.

SCHÜTT: Für einen deutschen Linken, der sich fest verankert sieht in der westlichen Demokratie, nicht?

GYSI: Was hat mein Gefühl für die Vereinigten Staaten mit dem Kampf der Lateinamerikaner um Unabhängigkeit von Washington zu tun? Ich kann doch für meine Bündnisangelegenheiten nicht andere Völker in eine Art politische Geiselhaft nehmen. Deutsche Freundschaft zu US-Amerika ist im Übrigen ein Wert, der erst wieder völlig neu gestiftet, belebt und befestigt werden muss. Angesichts der duckmäuserischen Knechtschaft, mit der eine deutsche Kanzlerin das unverschämt freche, okkupante NSA-Spionageregime erträgt.

SCHORLEMMER: Herr Gysi, Sie sprachen vom edlen Auftrag der Linken, der Arbeiterbewegung, sich für die Elenden dieser Welt einzusetzen. Das Thema Gerechtigkeit ist auch ein ganz wesentliches Kirchenthema. Es sorgte für einen tiefen Bruch in der katholischen wie evangelischen Kirche – und zwar in der Mitte des 19. Jahrhunderts, genau zur Zeit des Kommunistischen Manifests. Die Kirche gab nämlich ihren unmittelbaren Bezug zu den Erniedrigten und Beleidigten, zu den Armen und Kranken, zu den Verlorenen und Verkommenen auf und wurde Staatskirche. Da hieß es von den Kanzeln herab: »Seid untertan der Obrigkeit.« 1848 hat Johann Hinrich Wichern auf dem Kirchentag in Wittenberg, in der Schlosskirche, dagegengesprochen: »Der wahre Schatz der Kirche sind ihre Armen« und »der Glaube gehört mir wie die Liebe«. Kirche darf nie wieder Staatskirche werden. Und das Soziale gehört zum Kern des Christseins. Mir geht's wie Gysi, ich kann ohne die Hoffnung, dass Änderung möglich ist, nicht leben.

SCHÜTT: Dafür tragen Sie gern das Etikett des »Gutmenschen«.

SCHORLEMMER: Ja.

SCHÜTT: Auch links ist Hoffnung Pflicht.

GYSI: Nee, Pflicht eben nicht. Da sind wir bei einem interessanten Punkt: Linkssein kommt auch aus einer inneren Verfasstheit, es ist auch eine Gemütsfrage oder eine Notwendigkeit des Naturells. Es zieht dich im Leben entweder dorthin oder dahin, durchaus zu unwägbaren Teilen und immer auch abhängig von Erziehung und Bildung. Vor allem Herzensbildung. Ich muss akzeptieren, dass es Leute gibt, die Obdachlose am Straßenrand oder vor Kaufhaustüren wahrnehmen, ohne dabei auch nur für ein Quäntchen in innere Unordnung zu geraten.

SCHORLEMMER: Offenbar Gewohnheitssache, wenn man im Westen groß geworden ist.

GYSI: Ich kann es nach wie vor nicht sehen. Ich schäme mich. Ich will mich an so etwas nicht gewöhnen! Und ich kann mich auch nicht an diesen Zynismus gewöhnen, der bei dem Wort Hoffnung hämisch abwertend auftaucht. So wie man gegenüber anderen Menschen Anstand haben kann, so gibt es auch eine Anstandspflicht sich selbst gegenüber. Ich fände es unerträglich, nur deshalb, weil die Marktwirtschaft brutal triumphiert, öffentlich ein höheres Grinsen zu kultivieren, wenn Leute an die besseren Möglichkeiten unserer Existenz glauben. Kommunisten und Sozialisten sind am Ende des zwanzigsten Jahrhunderts aus allen Wolken höheren Sinns gefallen …

SCHORLEMMER: Na ja, eher gestoßen worden.

GYSI: … und nun gibt es überall diese Virtuosen in der schönen Kunst der Kopfhängerei. Das ist meine Lebensästhetik nicht. Natürlich bleibt es eine spezielle Lehre nach 1989, sich selber nichts mehr vorzumachen, skeptisch und vorsichtig zu sein, wenn wieder die Oberwisser anrücken – aber an Kräfte der Veränderung glaube ich schon noch.

SCHÜTT: Klar sehen und doch hoffen.

GYSI: Ich weiß, Schorlemmers Autobiographie heißt so. Ich sage ja, ein Streitgespräch wird das hier nie.

SCHORLEMMER: Schön. Denn ein Gespräch ist doch weit mehr als nur ein Streitgespräch.

II.

Zellulose fehlte – und Geist
»Vati, ich geh jetzt auch weg!«
Hündische und andere Haltungen
Lenins Brief über Stalin

Gysi: Am Telefon war Gorbatschow.
Schorlemmer: Hatte er Humor?

SCHÜTT: Und dann also dieser Sommer 1989!

SCHORLEMMER: Als wär's gestern gewesen.

GYSI: Es war aber auch eine äußerst fragile Zeit. Es gab zwei Möglichkeiten: Entweder es siegt der Rationalismus oder der Irrationalismus. Und wenn der Irrationalismus gesiegt hätte, wären Schüsse gefallen.

SCHORLEMMER: In Warschau hatte es das Kriegsrecht gegeben. Oder denken wir an die Ereignisse auf dem Platz des Himmlischen Friedens in Peking.

SCHÜTT: Als die Stacheldrähte zwischen Ungarn und Österreich per Drahtschere geöffnet wurden, als sich die Prager Botschaft der Bundesrepublik im Sommer 1989 mit DDR-Bürgern füllte und vor allem als die Mauer fiel, da durfte man an ein Gleichnis denken, es steht an einer jüdischen Synagoge in Prag und stammt aus dem 14. Jahrhundert: »Plötzlich um Mitternacht erhob sich ein entsetztes Geschrei inmitten des großen Heeres Edom – das sind die Kreuzfahrer –, das seine Zelte in einer Breite von drei Meilen neben der Stadt Zatec in Böhmen, zehn Meilen von Cheb, aufgestellt hatte. Und alle des Heeres flohen, aufgescheucht vom Geräusch eines fallenden Blattes, ohne dass ein Mensch sie verfolgt hätte. Und sie ließen all ihren Reichtum und ihr Vermögen liegen und taten dem Land keinen Schaden mehr.« Das Geräusch eines fallenden Blattes: »Wir sind das Volk!« Keine Gewalt. Und die Führenden dankten ab, zwar mit knirschenden Zähnen, aber tatsächlich: Sie taten »dem Land keinen Schaden mehr«.

SCHORLEMMER: Eine geradezu unwirkliche Situation dann, Anfang Oktober. Auf einem Balkon in Berlin hatte Liebknecht einst die deutsche Räterepublik ausgerufen, auf einem Balkon in Prag düpierte Genscher jene deutsche Republik, die sich ohnehin keinen Rat mehr wusste. Daheim zog Honecker die letzte Konsequenz: fortan lieber Wasserwerfer vorzuschicken, als Tränen nachzuweinen.

GYSI: Aber diese Wasserwerfer und die entsetzlichen Übergriffe bei den Oktoberdemonstrationen waren zum Glück kein Signal für eine entfesselte Waffengewalt, wie man sie aufgrund der sturen und straffen Feindbilderziehung in der DDR auch hätte vermuten können.

SCHORLEMMER: Die Agonie hat alles gebremst.

GYSI: Und sie saß tief! Als ich Vorsitzender der Partei wurde, interessierte ich mich für die letzten Protokolle des Politbüros; ich wollte wissen, wie die im engsten Kreis über die Botschaftsbesetzungen im Sommer und die Wut in der Bevölkerung diskutiert haben. Und wissen Sie was? Die haben gar nicht darüber diskutiert. Ich hab den Werner Eberlein …

SCHÜTT: Politbüromitglied.

GYSI: Ja, den habe ich nach der Wende angesprochen: Ihr habt im letzten Sommer der DDR doch tatsächlich über den Zellulosemangel im Lande debattiert, aber nicht ein einziges Wort über diesen wachsenden Aufruhr unter den Leuten verloren? Stimmt, sagte er und gab als Begründung an: Es hat keiner beantragt, darüber zu sprechen, und jeder war äußerst froh darüber, denn keiner hätte wirklich einen Lösungsvorschlag gehabt. Das hat mich schon sehr erstaunt, ich dachte immer, die sitzen jeden Tag fiebernd in gemeinsamer Runde und überlegen, was zu tun sei. Große Fehlanzeige.

SCHORLEMMER: Zellulosemangel? Geistmangel. Die waren intellektuell hohl und emotional arm. Letztlich waren sie menschlich schäbig. Wie die das Volk behandelten! Ein Volk, das leider lange Zeit den beruhigenden Eindruck machte, man könne es straffrei genau so behandeln. Auch die Mitglieder der SED.

SCHÜTT: Der Zusatz ist wichtig. Denn außerhalb der Parteirituale gab es in der DDR, in deren letztem Jahrzehnt vor allem, so eine Art Abkommen zwischen Regierenden und Regierten: Ihr lasst uns in Ruhe, wir euch. Ihr stört uns nicht bei der Propaganda, wir scheuchen euch nicht mehr aus euren Nischen. Und dass Oppositionsgruppen zwar mehr Demokratie verlangten, aber doch den Sozialismus nicht abschaffen wollten, dass sie also an diese Verbindung von Opposition und Sozialismus, von Reform und DDR-Bestand glaubten, das hing möglicherweise auch mit der so lange nachwirkenden Legende vom guten Anfang des Staates zusammen.

GYSI: Mit der Grundidee des Staates, mit der hing das zusammen, ja! Und was diesen antifaschistischen Anfang betrifft, das war keine Legende. Dieser Anfang hatte seine neu ordnende, alternative Kraft, und er hätte weiterwirkenden Erfolg haben können. Möglicherweise.

SCHORLEMMER: Wie denn?

GYSI: Wenn die Kommunisten gesagt hätten: Wir haben aufgrund historischer Ursachen jetzt die Macht, und wir haben auch das Recht dazu – aber: Wir werden nach einer bestimmten Übergangs- und Solidierungszeit freie Wahlen ansetzen und dann akzeptieren, wenn man unsere Macht nicht mehr will.

SCHORLEMMER: Es ist doch wohl äußerst illusorisch, von Mächtigen eine freiwillige Selbstaufgabe zu erwarten.

GYSI: Es ist dies der strukturelle Kern der Demokratie. Aber mir ist doch klar, wie leicht und kostenlos heutzutage mit Phantasien herumjongliert werden kann: Was wäre gewesen, wenn … Mann, da stehen die Kommunisten plötzlich vor der Chance, eine radikal neue Gesellschaftsordnung aufzubauen; sie mussten vor nichts mehr fliehen, der Faschismus war zerschlagen. Da wollten sie doch unter gar keinen Umständen Risiken zulassen.

SCHORLEMMER: Die Risiken wurden dann ganz schnell Staatsfeinde genannt.

SCHÜTT: Der von der SED arg schikanierte Filmregisseur Frank Beyer wird sein Leiden an der DDR, das auch ein Leiden mit der DDR war, später in die Worte fassen: »Was viele von uns daran hinderte, radikal mit dem System zu brechen: Wenn man den Stalinismus bekämpfte, bekämpfte man unweigerlich Antifaschisten.« Jedenfalls ist die Frage berechtigt: Warum wurde die Bevölkerung der DDR erst 1989, also sehr plötzlich, so mutig?

GYSI: Es gab in der Geschichte der DDR und überhaupt des Sozialismus eigentlich weit schlimmere Jahre als 1989. Denken wir nur an 1953, an 1956, an 1968, an Polen 1980. Der DDR-Bevölkerung war durch Erfahrung klar, dass keine aufrührerische Kraft so groß sein könne, sich erfolgreich gegen die Sowjetunion zu stellen. Die russischen Panzer standen doch immer abrufbereit im Land. Unerwartet aber war ausgerechnet im Kreml etwas Neues geschehen: Gorbatschow fing an, den Sozialismus zu reformieren, und die SED-Führung tat jetzt auch etwas völlig Neues – sie stemmte sich nunmehr gegen Moskau.

SCHORLEMMER: Mit einer unverschämten Arroganz.

GYSI: Und jetzt entstand in der DDR-Bevölkerung ein anderes Bewusstsein: Was denn, wir haben Moskau nicht mehr gegen uns, also nur noch die SED-Führung? Na, so das wachsende Gefühl, dieser Gegner ist ja vielleicht zu packen. Das ist jetzt sicher sehr verkürzt gesagt, und das war wohl in der Gesellschaft eher etwas Unterschwelliges, nur so eine Ahnung, am Ende aber gab es eben eine Art Schwingung zwischen den Menschen, und die hat sie in

Bewegung gesetzt. So dass dann die Demonstrationen zunahmen. Egon Krenz soll gesagt haben: »Bei fünftausend Leuten kannst du noch Gewalt anwenden, bei zehntausenden nicht.« Ich weiß nicht, ob das stimmt, aber es trifft die Lage: Bei dieser sich steigernden Gegenwehr der Bevölkerung zu hart, zu eisern, gar mit Waffen vorzugehen, das hätte bedeutet, alles und sofort zu zerstören.

SCHORLEMMER: In gewisser Weise stand Europa auf dem Spiel.

GYSI: Ja, wir dürfen nicht vergessen, dass Deutschland es nach dem Zweiten Weltkrieg mit vier Siegermächten zu tun hatte: USA, Frankreich, Großbritannien und Sowjetunion. Wie die Bundesrepublik geworden ist, das wurde sie nicht, weil die Deutschen sich das so gewünscht haben, sondern weil das die Westmächte so entschieden. Und wie die DDR geworden ist, das wurde sie ebenfalls nicht, weil Deutsche sich das so gewünscht haben, sondern weil die Sowjetunion das so entschied. Moskau war und blieb der eigentliche Machtfaktor in der DDR.

SCHORLEMMER: Und die Sowjetunion war nicht als strahlender, sondern als ein erschöpfter, schwer geprüfter und auch grimmiger Sieger ins Land gekommen.

GYSI: Ich verstehe bis heute nicht, wieso diese vergreiste Parteiführung um Honecker sich ernsthaft einbilden konnte, sie werde es mit Gorbatschow aufnehmen und seine Politik gleichsam kalt abtropfen lassen. Das ist mir nach allen Erfahrungen der deutschen Kommunisten mit Moskau total schleierhaft. Selbst diese schwachsinnigen Rinderoffenställe waren übernommen worden, dann erfroren die Rinder. Dies nur als traurig-komischstes Sinnbild einer verhängnisvollen Hörigkeit.

SCHORLEMMER: Die deutsch-sowjetische Freundschaft stand in der Verfassung, aber der Versuch, ganz privat in die Sowjetunion zu reisen, glich einer Provokation. Man nannte die Russen »Freunde«, ich glaube, sie waren es nur in geringem Maße.

SCHÜTT: Ich wuchs in einer thüringischen Landschaft der kilometerweiten sowjetischen Militärübungsplätze auf, der unkontrollierte Umgang mit Sowjetsoldaten war verboten, die fuhren nachts mit ihren Panzern durch die Straßen, ruinierten das Pflaster, rissen in Abständen Häuserecken ab – und am nächsten Tag wurde sorgsam, ängstlich, beflissen geschwiegen, obwohl jeder in der Kleinstadt wusste, wer da gewütet hatte.

GYSI: Die Souveränität der SED gegenüber Moskau war über Jahrzehnte äußerst gering. Aber es gab trotz dieser Grundsituation Nuancen in der Entwicklung, die ich wiederum spannend finde. Ulbricht zum Beispiel orientierte Anfang der sechziger Jahre auf das Neue Ökonomische System der Planung und Leitung der Volkswirtschaft – ernsthaft sollten marktwirtschaftliche Elemente eingeführt werden, sogar das Prinzip der Konkurrenz stand zur Debatte. Ein großes Wirtschaftsplenum des ZK der SED war dazu vorgesehen. Plötzlich wurde Chruschtschow gestürzt und Breshnew Generalsekretär. Auf einer Geheimreise in die DDR pfiff er die SED-Führung zurück: Es habe unbedingt bei den bisherigen Geboten der Planwirtschaft zu bleiben, und zudem sei aus der Auseinandersetzung mit Stalin die heftige kritische Energie herauszunehmen. Daraufhin änderte Ulbricht den Themenschwerpunkt des bevorstehenden ZK-Plenums im Dezember 1965, aus der öffnungsbereiten Wirtschaftstagung wurde jenes vergatternde und strafende Kulturtribunal, das auf verhängnisvolle Weise DDR-Geschichte schrieb und der Intelligenzfeindlichkeit im System böse zuarbeitete. Der vom Plenum betroffene DEFA-Regisseur Kurt Maetzig hat mir das erzählt – ich dachte nur »Mein Gott!«, man kennt die Grundstrukturen, den Abriss der Geschichte, aber alles ist doch mit dramatischen Aktionen und ebenso dramatischen Reaktionen verbunden, mit banalen Anlässen und tragischen Folgen; und alles, was in der Geschichte rigorose Klärung sein will, führt meist zu immer neuen Verwicklungen und steigert nur die Schwierigkeit, irgendwie reinen Tisch zu machen. Man konnte doch auch später nach Wolf Biermanns Ausbürgerung um nichts in der Welt begreifen, wie man zum Beispiel jemanden wie Manfred Krug so unter Druck setzten konnte, dass er in den Westen ging. Eine solche Identifikationsgestalt! Also auch psychologisch war die DDR-Obrigkeit regelmäßig und kollektiv weit von den Realitäten entfernt.

SCHORLEMMER: Es wuchs 1989 so ein Gefühl: Wir können nicht länger warten! Meine Tochter Uta war achtzehn, und sie sagte: »Vati, ich geh jetzt auch weg, egal, was damit verbunden ist. Ich komm aber wieder.« Monate vorher, kurz vorm Abitur, hatte sie noch ihrer gestressten Lehrerin gesagt: »Keine Angst, ich mache Ihnen keine Schwierigkeiten.« Sie hatte gemerkt, wie die Leitung der Schule durch die Prüfungen heil durchkommen und politisch nicht aufgestört werden wollte. Da kam diese Ankündigung der Pfarrerstochter, diese Art Friedenserklärung, wie ein Geschenk. Und danach die Ankündigung der Tochter, diesmal an mich: dass sie wegwill. Ich wusste: Wenn Uta in den Westen geht, sehe ich sie entsprechend den herrschenden Verhältnissen nie wieder. Meine Versuche, sie zurückzuhalten, prallten an ihr ab. Ich höre ihre Worte, als wär's gestern gewesen: »Vati, ich will nicht wie du zwanzig und mehr Jahre nur immer warten.« Auch diese sehr persönliche, private Situation trug dazu bei, dass ich entschiedener wurde: Jetzt müssen wir aufs Ganze gehen! Jetzt darfst du die Angst, die du hast, nicht länger über dich herrschen lassen! Jetzt musst du, ja, mit deiner gesamten Existenz Klartext reden, Klartext leben! Und das dachten und taten zur gleichen Zeit auch andere.

SCHÜTT: Spürten Sie unmittelbar, konkret auf Ihre Person bezogen, den möglichen Gegenschlag des Regimes?

SCHORLEMMER: Ja. Die Lagerpläne, die durchsickerten, habe ich schon erwähnt. Als die Parteileute im Bezirk Halle unter Genossen verbreiteten, ich würde das Aufhängen von Kommunisten fordern, da schlug mein Herz wirklich unter Schmerzen. Da wusste ich, die suchen die Rechtfertigung des Zugriffs. Die kitzeln kalt den angeblichen Volkszorn hoch, der nur ihr eigener Fanatismus war. Aber bis dahin galt für mich eine andere Maxime, angelehnt an den Apostel Paulus: Ich lebte, als ob keine Gefahr bestünde. Ich atmete jede Luft, als ob sie sauber sei. Ich lebte eine Vertrauensbereitschaft, als seien Spitzel noch nicht erfunden. Ich wusste allein durch meine Seelsorge, was in den Zuchthäusern der DDR an psychischer Folter angerichtet wurde, ich war also keinesfalls blauäugig oder blind – aber ich wollte so leben und so arbeiten, dass ich immer knapp außerhalb des Gefängnisses weiterexistieren konnte. Ich kann grundsätzlich nicht anders, als Gutgläubigkeit über jede niederdrückende, alles schwarz einfärbende Erfahrung zu stellen. Der erwähnte Apostel Paulus hat seinen fröhlichsten Brief aus dem Knast geschrieben. Das war, ist und bleibt eine Verpflichtung für mich. Und wenn ich das noch erwähnen darf: Ich wusste um meine Labilitäten, ich wusste um die Dinge, mit denen die mich hätten fertigmachen können. Und da ich die Stasi für eine der geschult erbarmungslosesten Geheimpolizeien hielt, war ich mir sicher, die hätten all meine Empfindlichkeiten und Phobien gekannt und ausgenutzt.

SCHÜTT: Sie, Herr Gysi, haben anwaltlich das Neue Forum vertreten. Sie wussten auch nicht, wie alles ausgehen würde.

GYSI: Nee. Wer wusste das schon? Wenn die als Staatsfeinde kaltgestellt worden wären, hätte man sicher auch Fragen an mich gestellt. Als Anwalt einer verfassungsfeindlichen Organisation …

SCHÜTT: Gab es Anwerbungsversuche von den Bürgerrechtlern?

GYSI: Klingt ja, als meinen Sie einen Geheimdienst.

SCHÜTT: Nein, obwohl … Die Bürgerrechtsbewegung war der selbstlose Dienst am wahrlich lange Zeit geheim gehaltenen Drang der Bevölkerung, endlich Schluss zu machen mit der Diktatur.

SCHORLEMMER: Bärbel Bohley wird später noch sarkastischer sagen, die friedliche Revolution sei der Putsch der DDR-Führung gewesen, um den Sieg der Bürgerrechtler zu verhindern.

GYSI: Jedenfalls kam, als das Neue Forum legalisiert war, die Frage, ob ich nicht Mitglied werden wolle. Ich lehnte ab mit der Begründung, ich wisse, wogegen sie seien, aber nicht genau, wofür. Natürlich hieß es postwendend, na ja, wenn ich beiträte, könne ich ja aktiv an der Zielrichtung mitwirken. Also erwiderte ich: Euch passiert nichts mehr, ihr seid jetzt legalisiert, meine Aufgabe ist also erfüllt. Aber meine Partei, der ich seit 1967 angehöre, die hat jetzt Hilfe nötig, vielleicht sogar meine. So kam das überhaupt, dass ich angefangen habe, mich um die SED zu kümmern. Der PDS-Politiker Michael Schumann, den ich sehr, sehr schätzte und der leider tödlich verunglückte – hat Ende 1990 zu mir gesagt, ich würde mich nicht wie der Vorsitzende einer Partei verhalten, sondern wie deren Anwalt. Er hatte nicht so unrecht.

SCHÜTT: Herr Schorlemmer, Sie sprachen von Phobien. Ich weiß, Sie haben Angst vor Hunden, und Sie fürchteten also auch, Stasi und Polizei würden Hunde auf Sie hetzen.

SCHORLEMMER: Ja.

SCHÜTT: Im Jahre 1990 schrieben Sie: »Die DDR war durch und durch ein hündischer Staat. Er wurde mit Hunden regiert. Spürhunden, Schnüffelhunden, Drohhunden, Beißhunden, Hunden an langen Leinen und Hunden an kurzen Leinen. Hunde wurden extra scharf gemacht. Sie wurden scharf geprügelt. Und die Mehrheit der Bürger war hündisch. Ließ sich hündisch machen. Folgsam bellend. Winselnd. Jaulend. Jagend. Schnüffelnd. Aus Angst machte auch die Mehrheit Angst. Zugerichtet wurden die Bürger mit Prügel und Schweinefleisch. Erzogen in Lob und Tadel zu Dankbarkeitswinseln und höchsten Laufleistungen animiert. Zu Pawlow'schen Reaktionen auf Scheinwirklichkeiten getrimmt. Zu Riechleistungen für Freund und Feind, zu Stolz erzogen, ein Hund zu sein. Der pariert, paradiert, deklamiert, demonstriert. Und nur heimlich räsoniert. Hündische Kreaturen wurden so gefügig gemacht.« Herbe Sätze, muss man schon sagen. Würden Sie das heute noch so schreiben?

SCHORLEMMER: Ja. Der Hund ist eine Metapher. Ein Schulkamerad von mir erzählte im Konfirmandenunterricht meines Vaters, in der Schule sei wieder böse und ungerecht gegen die Kirche polemisiert worden. Da hat mein Vater nur gesagt: »Wisst ihr, Kinder, die Lehrer sind doch ganz, ganz arme Schweine – die müssen immer sagen, was die Regierung will.« Natürlich gab es eine undichte Stelle, und mein Vater entging sehr knapp Bautzen. 1956 war das. Gerettet hat ihn auch der Mut von Parteigenossen dieser kleinen Gemeinde in Werben an der Elbe. Die stellten sich gegen das allgemeine Prinzip von Verachtung und Bestrafung. Wobei politischer Mut mitunter nicht zu trennen ist von sehr persönlicher, ja privater Motivation: Einer der Wortführer der SED-Ortsgruppe, ein Lokführer, der wehrte sich mit der ganzen Kraft seines Einflusses gegen die Bestrafung meines Vaters, er sagte sinngemäß: »Ich kann nicht zustimmen, dass ihr den Pfarrer einsperrt, ich hab direkt am Garten von dem ein kleines Stückchen Land, da steht mein Klo. Wenn der Schorlemmer eingesperrt wird, nehmen die mir mein Klo weg.« Dann gab es im Ort auch eine Litfaßsäule, da klebte ein Ulbricht-Plakat. Irgendjemand hatte dem Papier-Ulbricht die Nase rausgerissen. Da kamen die an mit Hundestaffeln. Die Hunde drängten immer zu uns aufs Pfarrhausgelände. Ich bibberte, ich habe seitdem diese Angst vor Hunden. So kam ich auch zu dieser Metapher, um Zustände in der DDR zu beschreiben. Übrigens steht in diesem Text das Wort »Mehrheit«. Nicht: alle. Es gab immer Menschen, an denen man sich aufrichten konnte. Die also nichts Hündisches hatten. Ich denke an Christa und Gerhard Wolf.

GYSI: Es gibt eine Geschichte der Publizistin Carola Stern. Sie sagte mal, sie halte es für ein Manko der Linken, dass es ihr nie gelang, die bürgerlichen Tugenden in die eigene politische Bewegung zu integrieren. Sie habe aber gelernt, dass man sich eine wichtige Eigenschaft aneignen muss: Mut vor dem Freund, und sie erinnerte sich an eine Versammlung an der Parteihochschule Anfang der fünfziger Jahre in Kleinmachnow. Es ging um die parteiliche Verurteilung eines alten Kommunisten, der in der westlichen Emigration gewesen war. Ein absolut linientreuer Mann, der nur das Pech hatte, in die vermeintlich falsche Himmelsrichtung emigriert zu sein. Die Anschuldigung wurde erhoben, die meisten schwiegen, einige redeten gegen ihn. Plötzlich stand eine junge Frau auf und sagte: »Genossen, ihr irrt, ich bin seine Sekretärin, ich weiß, was für ein treuer Genosse er ist, und nie würde er etwas tun, das der Partei schaden kann. Genossen, haltet ein auf diesem Weg!« Niemand stimmte ihr zu. Am Ende gingen die Hände hoch zur Aburteilung des Genossen. Diese junge Frau, sagte Carola Stern, sei für sie das ganze Leben ein Vorbild geblieben, und immer, wenn sie in einer Versammlung saß und von etwas nicht überzeugt war, redete sie sich ins Gewissen: Denk an die junge Frau, steh auf und sage es. Auch wenn die anderen nicht zustimmen. Es ist das Schwerste: dieser eine besondere Mut, der Mut vor dem Freund.

SCHORLEMMER: Den die SED leider an der völlig falschen Stelle praktizierte, als sie sich gegen Moskau stellte.

SCHÜTT: Im Dezember 1989, Gregor Gysi, haben Sie mit Gorbatschow in Moskau telefoniert.

GYSI: Wahnsinn, ja. Es war, nachdem ich Parteivorsitzender geworden war. Gorbatschow sagte zu mir: »Wenn Sie die Partei auflösen, lösen Sie die DDR auf; wenn Sie die DDR auflösen, dann lösen Sie auch die Sowjetunion auf.« Ich!? Ich erwiderte, so ein bisschen seufzend und gequält: »Also, wissen Sie, mir reicht schon mein Verein, den ich jetzt zu schultern habe. Bitte nicht noch die ganze Sowjetunion oben drauf, das ist mir echt zu viel ...«

SCHORLEMMER: Hatte Gorbatschow Humor?

GYSI: In diesem Moment auf so etwas zu achten, dafür fehlte mir die Souveränität.

SCHORLEMMER: Wahrscheinlich war ihm irgendwann nur der Galgenhumor geblieben.

GYSI: Er war kein Aufbauer, nur ein genialer Zerstörer. Aber möglicherweise konnte man damals keine andere Genialität entwickeln.

SCHÜTT: Wenn Menschen eines fundamental können, dann dies: etwas zu Grabe tragen.

SCHORLEMMER: Das fängt nicht selten beim ersten Schritt an. Gorbatschow ging so einen ersten Schritt, und der Dichter Heiner Müller sagte: Das ist zu wenig für den wahren Sozialismus. Gorbatschow ging noch einen Schritt weiter, und Müller meinte: Zwei sind tödlich für das System. Es war tödlich. Aber die Zeit war reif dafür. Reife zeigt die faulen Stellen an. Der letzte Generalsekretär der sowjetischen Kommunisten, der Bauernsohn aus Priwolnoje, hat nicht den Sozialismus abgeschafft, wohl aber die Lüge, es sei einer.

SCHÜTT: Wie wir jetzt wissen, kann man eine Diktatur nicht reformieren, man kann sie nur abschaffen.

SCHORLEMMER: Wer aber Gorbatschow heute hämisch einen Ausverkäufer der Errungenschaften eines Weltsystems nennt, wer ihn als einen Schrotthändler auch der DDR-Bestände bezeichnet, wer sich hässlich labt an der merkantilen Niederung, in der dieser Kohl-Freund dann eines Tages sogar für »Pizza Hut« warb – der muss sich in seiner jetzigen Freiheit, die ohne einen Gorbatschow nie zustande gekommen wäre, doch wohl fragen lassen: Warum wurde dieser Radikalist des Rückzugs einer Weltmacht denn überhaupt so dringend nötig – in jener geschichtlichen Sekunde, in der so viele im Osten nur noch ideologische Sklaven waren? Etwa vergessen der politische Raum, der nur noch aus Enge bestand? Etwa vergessen, dass die gesellschaftlichen Strukturen zur Explosion geneigt hätten, wären sie nicht durch Anpassungsdruck und Einschüchterung, durch Gewöhnung und Müdigkeit in eine scheinbar stabile Ordnung gepresst worden? Etwa vergessen, dass in der DDR, hinter vorgehaltener Hand, doch jeder noch so Staatstreue die verfassungsgeheiligte Sowjetunion längst ein unregierbares Reich nannte, ein Land in den zitternden Händen vergreister Militärs, dogmatischer Funktionäre und korrupter Verwalter? Etwa vergessen die Angst der SED vor geistiger Ansteckung? »Gorbi«-Rufe waren Elektroschocks für das Land, in dem nur noch Kriechstrom das Leben erhellte.

SCHÜTT: Wir im Ideologiedienst benahmen uns niedrig damals. Zeitungen, die keine Zeitungen, sondern leblos eifernde Organe waren, druckten sogar Gorbatschow-Reden, im Wortlaut natürlich – aber nicht wegen plötzlich erwachter Aufklärungslust, sondern mit gewisser Hinterlist. Denn der Abdruck seitenlanger Honecker-Herrmann-Krenz-Tisch-Mittag-Stoph-Axen-Hager-Reden galt inzwischen in zentralen Redaktionen, hinter vorgehaltener Disziplinarmaske (so weit war der Zynismus der Resignation schon fortgeschritten), als heimlicher, grinsend vollzogener Oppositionsakt – unaufhörliche Textmassen als Signal an die Leser: Achtung, Unleserliches!; wir, die geplagten Redakteure, kippen euch den Bleisatz vor die Augen, ihr, die Leser, blättert doch ohnehin einfach weiter. Tolle Verabredung! So wurde nun auch mit Gorbatschow-Reden verfahren, offiziell dazu der Brustton: Wir sind ein offenes Pressesystem. Daran denkend, fällt einem ein Satz von Günter Grass ein: Die Gründe für Scham, noch heute!, »wachsen schneller nach als Gras auf planiertem Gelände«.

Gysi: Die Gorbatschow-Reden wurden aber gelesen. Am Grundproblem änderte sich freilich nichts. Jeder Mensch macht Erfahrungen, in Betrieben, in seiner privaten Sphäre. Aber mit einem wirklichen Selbstbewusstsein verknüpfen Menschen diese Erfahrung nur in einer gemeinsamen Öffentlichkeit. Und die gab es in der DDR nicht.

Schorlemmer: Oder es gab sie lediglich als selektiv gehandhabtes Instrument. Öffentlichkeitsarbeit war eine Fortsetzung der gesiebten Information.

Gysi: Das Informationswesen rackerte sich ab, um die Menschen nicht wirklich zu informieren, es hatte den Auftrag, das ehrliche öffentliche Gespräch zu verhindern. Der schon erwähnte Heiner Müller hat es gesagt: Gorbatschows neues Denken bestand darin, endlich auszusprechen, was die Menschen doch seit vierzig Jahren wussten.

Schorlemmer: Von Hans Magnus Enzensberger, der Gorbatschow eine Jahrhundertgestalt nennt und den »größten aller Verzichtspolitiker«, stammt der Gedanke: »Der Spezialist der Demontage beweist seinen moralischen Mut, indem er eine Zweideutigkeit auf sich nimmt.« Es ist dies die Zweideutigkeit, in der eigenen politischen Kaste zwar aufzuräumen und Millionen Menschen somit zu beglücken, aber mit dem Ideologiekoloss doch gleichzeitig die gesellschaftliche Ordnung selber zu zerstören – und Menschen damit auch in eine ungewisse geistige, politische und ökonomische Existenz zu stürzen.

SCHÜTT: Der Protagonist des Rückzugs, den wir in Zukunft noch sehr brauchen werden, wird wohl nie jemand sein dürfen, der seine Leistung geachtet ausleben darf. Die Zeit geht über ihn hinweg. Er muss neuen Hierarchien Platz machen.

SCHORLEMMER: Der historische Abbruchunternehmer, auch Gorbatschow widerfuhr das – er unterminiert mit seiner Kühnheit stets die eigene Position. Die Dynamik, die er auslöst, wirft ihn beiseite.

GYSI: Es bleibt aber eine große Tragödie, die Sie in einem Nebensatz erwähnt haben: dass Millionen Menschen in der Sowjetunion aus der Lebensbahn geworfen wurden. Gorbatschow gelang es nicht, etwas aufzubauen, vor allem nicht in der Wirtschaft.

SCHORLEMMER: *Wie* denn? Immer hinterher kommen die ach so klugen Bescheidwisser.

GYSI: Ja, das ist die Frage: wie? Die Chinesen erklären mir immer, sie bauen erst die Wirtschaft auf, und dann folgen die politischen Reformen. Nun ja, dieses merkwürdige Nacheinander – seit zwanzig Jahren wird da beteuert und beschwichtigt, und wenig geschieht politisch und menschenrechtlich hin zum Besseren. Aber die Wirtschaft entwickelt sich. Es ist verflixt schwierig, und es ist wahrscheinlich höchst ungerecht, Gorbatschow mit den Maßgaben eines neuen, modernen Aufbaupioniers zu betrachten, wie man ihn sich gewünscht hätte. Trotzdem ist zu fragen, ob die Folge jener Dinge, die Gorbatschow einleitete, unbedingt eine radikale Marktwirtschaft sein musste – statt wenigstens einer sozialen Marktwirtschaft. Es ist einfach diese Traurigkeit, die man in Bezug auf die Sowjetunion nicht loswird: Ein Volk leidet und leidet sich durchs zwanzigste Jahrhundert, stirbt und stirbt, trägt die Lasten einer Diktatur und eines schlimmeren Weltkrieges, siegt und bleibt doch immer Verlierer.

SCHORLEMMER: Plötzlich kamen in Russland all diese furchtbaren Oligarchen hoch. Komsomolzen wurden zu Millionären. Wahrscheinlich war auch bei Gorbatschow der Irrglaube in Fleisch und Blut übergegangen: Gib den Genossen die Freiheit, nach der sie sich sehnen, und dann wird die Partei, geschlossen wie noch nie, die Ärmel hochkrempeln. Aber auch die KPdSU war zu großen Teilen eine Vereinigung der Korrumpierten, der Opportunisten, der bloßen Mitläufer. Dabei sah es zunächst so hoffnungsvoll aus. Erstmalig hatten mich Berichte von Parteikonferenzen interessiert. Sozialismus erschien in Debatten in Moskau als das, was er ursprünglich sein wollte – eine völlig neue Möglichkeit, für die Selbstbestimmung der Völker, für ökologische Verantwortung, eine Gesellschaft gegen die soziale Armut. Die russischen Kommunisten haben sich, wie die DDR, einen gigantischen Sicherheitsapparat geleistet, haben unendlich viel in die Ausforschung der Bevölkerung gesteckt, was man ja auch – mit etwas Zynismus – als knallharten Realismusansatz bezeichnen kann: Wir wollen bis in den letzten Winkel wissen, wie die wirkliche Lage ist. Aber sie haben die Ergebnisse dieser Ausforschung nicht in die Politik einfließen lassen, sondern sie nur benutzt, um Leute zu kriminalisieren, kaputt zu machen, zu zerschinden und verschwinden zu lassen. Wie die Stasi. Der Chef der Kreisdienststelle der Stasi rief mir, fast brüllend, in schönstem breitem Sächsisch-Anhaltinisch zu: »Wir hamm'n denen da ohm doch alles jesaacht! Aber die hams nich jeheert!«

GYSI: Das Institut für Meinungsforschung wurde vom Politbüro geschlossen – einzig die Staatssicherheit schilderte ihnen noch Realitäten. Gorbatschow hat Weltfragen gestellt, und zwar die richtigen. Aber er hat keine Antworten für die Sowjetunion gefunden. Ich glaube ihm, dass er unter deren Zerfall litt, sehr lange, vielleicht sogar bis heute. Er hält Glasnost und Perestroika noch immer für akute Ideen.

SCHORLEMMER: Es ist makaber – immer stellt sich für jede Idee irgendwann die schlimmstmögliche Variante her: Glasnost in neuer Qualität zum Beispiel ging in die Praktiken der NSA ein.

GYSI: Mich bewegt in unserem Gespräch wirklich die Frage, wann die Idee des Sozialismus unrettbar zerstört wurde. Klar, es ist die reine Spekulation. Aber man möchte an den Punkt glauben, an dem etwas erfolgreich hätte getan werden können, damit alles gut ausgegangen wäre.

SCHORLEMMER: Ein Phantasiespiel ist das, das beruhigen, trösten, etwas sicherer machen kann.

GYSI: Na ja, sicherer nicht. Nichts in der Geschichte machte und macht je sicher. Also, wann wurde diese Idee zerstört? Erst am Ende, durch die Breshnews aller Ostblockstaaten? Oder vorher schon, durch Chruschtschow, der zwar Stalin vom Sockel stieß, aber die Strukturen letztlich nicht wesentlich änderte? Stürzte alles schon zu Stalins Zeiten ein? Gar noch früher? Auch Lenin ist längst nicht mehr das unantastbare Denkmal. Wahrscheinlich waren schon in die Geburtsurkunde des Systems die Krankheiten eingeschrieben. Weil die gedachte Diktatur des Proletariats umgehend eine Diktatur der Bolschewiki wurde, abgetrennt von den Interessen der Arbeiter. Es gibt dieses warnende Schreiben Lenins an den Parteitag: Stalin sei zu grob, also charakterlich nicht geeignet für den Posten des Parteichefs. Ich wertete das immer als eine großartige Mahnung Lenins. Inzwischen habe ich arge Zweifel. Lenin lieferte mit seinem Brief, wahrscheinlich unfreiwillig, einen tiefen Einblick in diktatorische Strukturen, die zu ändern er nie im Sinn hatte. Denn die problematischen Eigenschaften eines Spitzenpolitikers sind in demokratischen Strukturen zwar auch ein Problem, aber kein staatsentscheidendes. Demokratie kennt Kontroll- und Abwahlmechanismen, die Diktatur nicht. Was ist über ein System zu denken, das für Machtpositionen gewissermaßen lupenreine, charakterlich unanfechtbare Leute benötigt – eben weil unsichere, poröse Seelenanlagen, Anfälligkeiten für miese Praktiken und negative Eigenschaften angesichts der uneingeschränkten Machtfülle verheerende Folgen haben können. Lenin plädierte nicht für jene Demokratisierung der Strukturen, die charakterliche Gefahren in Schach hält, nein, er suchte nach dem möglichst idealen Generalsekretär für das weiterhin gültige Prinzip der Allmacht. Stalin wurde damals Parteichef. Denen, die den Lenin-Brief kannten, wurde dieses Wissen zum Todesurteil. Man fand den Brief übrigens in Stalins Schreibtisch, nach seinem Tod. Er hatte es nicht fertiggebracht, ihn zu vernichten.

SCHORLEMMER: Was ja heißen könnte: Die angeblich große glorreiche Sache war in gewisser Weise schon mit der Ablösung Lenins, als der schwer krank war, in der Krise und nicht erst mit der radikalen Ausschaltung oppositioneller Kräfte, beginnend Ende der zwanziger Jahre. Auch der Abbruch des Übergangsmodells, des Neuen Ökonomischen Systems der Planung und Leitung der Volkswirtschaft, tat ein Übriges. Er war schnell wieder vorbei, dieser Versuch mit Kleinbetrieben und also kleinkapitalistischen Marktmechanismen. Die Revolution verlor beizeiten ihre Unschuld und wurde zu einem groß angelegten ideologischen Krieg des Trotzes und des Terrors.

GYSI: Aber dieser Einschub sei erlaubt: Es ist doch frappierend und faszinierend, was für eine große avantgardistische Kunst diese ganz frühe Sowjetunion hervorbrachte. Welch eine ästhetische und also geistige Freiheitskraft im Vergleich zu dem, was später unter Stalin durch Zensur und Verfolgung geschah.

SCHÜTT: Das stimmt, es hängt natürlich auch damit zusammen, dass sich diese frühsowjetischen Avantgardisten zu beträchtlichen Teilen, konsequent und frech und furios, als antibürgerliche Künstler verstanden – in dem Punkt waren sie gewissermaßen natürliche Verbündete der Bolschewiki. Für eine gewisse Zeit jedenfalls. Bis das Regime auch diese Ästhetik als bourgeois brandmarkte und sie proletkultig bekämpfte.

GYSI: Je länger ich darüber nachdenke – einen Glauben möchte ich doch so leicht nicht aufgeben: dass es mit Chruschtschow vielleicht noch einen gangbaren sozialistischen Weg gegeben hätte. Vorausgesetzt, es wäre damals der Mut aufgebracht worden für grundlegende Reformen. Die Sowjetunion hatte den deutschen Faschismus besiegt, und trotz aller Armut und aller Folgen des Leidens, die auch nur wieder Leiden waren, gab es doch ein tragfähiges Selbstbewusstsein. Wissen Sie, was Chruschtschow bei seiner Ablösung sagte? »Das immerhin habe ich geschafft: Ich wurde nicht umgebracht!« Das war das Neue seiner Ära.

SCHORLEMMER: Es war zugleich der Verweis auf eine Brutalität und Gnadenlosigkeit der innerkommunistischen Kultur, die nie wirklich überwunden wurde.

GYSI: Bei Diktatoren ist es unverzeihlich, wenn du sie in ihrer schwächsten Situation erlebst. Die Geschichte der politischen Bewegungen ist deshalb auch eine Geschichte der Rachefeldzüge, in großen wie in kleinen Kreisen. Nicht nur bei den Kommunisten. Bei denen aber besonders verhängnisvoll.

SCHORLEMMER: Vielleicht hat die DDR nur großes Glück gehabt, denn die Methoden des Stalinismus mussten sich nach dem Zweiten Weltkrieg in der Mitte des Kontinents den neuen weltpolitischen Gegebenheiten anpassen. Der

Stalinismus wurde milder, weil sich die Landkarte veränderte. Weit weg von Europa blieben die Gulags.

GYSI: Aber die DDR hatte Bautzen, Waldheim, Hoheneck. Da war lange nichts mit Milde. Und so richtig milde wurde es eigentlich nie. Da sind wir bei dem, was so traurig macht: dass sich so vieles an aufrechten Mühen und Kämpfen von Kommunisten aufgrund dieser brutalen Praktiken heute offenbar nicht mehr vermitteln lässt. Andererseits: Es ist eigentlich auch ganz natürlich und ehrenwert, wenn Nachfolgende sich von dieser Unbegreiflichkeit abwenden und sich sagen: Nee, um der menschlichen Seele willen darf man das gar nicht erst begreifen wollen! Dass Intelligenz sich so beugte. Dass linkes Denken so viele Denkverbote einschloss und diese dann frohgemut als Tugend verbuchte. Für diese Bewegung zu sein, das lässt sich kaum noch verständlich machen, wo doch schon sehr früh so viel dagegensprach. Diese giftige Kraft der Zerstörung und der Selbstvernichtung, die es nunmehr so schwer macht, geistig frei und ohne Arg an die Aufbruchspunkte zurückzukehren, dorthin, wo die Idee noch gänzlich freundlich schien und voraussetzungslos menschenzugewandt und alle nur das Beste wollten und das Leben tatsächlich neu zu werden hoffte. Und teilweise ja auch wurde, in ganz entscheidenden gesellschaftlichen Bereichen.

SCHORLEMMER: Es ist grundsätzlich an der Richtigkeit und Legitimation einer unfreiheitlichen Staatsform zu zweifeln. Dort hat Gorbatschow glücklicherweise angesetzt.

SCHÜTT: Wir reden ja deshalb über Gorbatschow, weil das immer das entscheidende Problem ist: Wie verabschiedet sich ein System aus der Geschichte?

GYSI: Und zwar jedes System.

SCHÜTT: FAZ-Herausgeber Frank Schirrmacher schrieb im November 2009 in der »Frankfurter Allgemeinen Sonntagszeitung« über Egon Krenz. Er ging in seinem Text auf den oft wiederholten Vorwurf gegen den SED-Spitzenfunktionär ein, der hätte in Bezug auf die öde Entwicklung der DDR rechtzeitig umdenken können, ja müssen. Schirrmacher, ich zitiere aus diesem Aufsatz: »Leicht gesagt, wenn doch selbst große Teile der westlichen Welt die DDR für eine realistische Alternative zur Bundesrepublik hielten.« Die Stasi, so Schirrmacher, habe bei der Großdemonstration am 4. November auf dem Alexanderplatz einen Marsch auf das Brandenburger Tor befürchtet. »Aber«, so Schirrmacher weiter, »ich erinnere mich an besorgte Politikerstimmen im Westen aus jenen Tagen, die ebenfalls vor diesem ›Marsch auf das Tor‹ zitterten. Mancher wäre bereit gewesen, und hat es auch gesagt, die Demonstranten wieder in ihre Wohnungen zurückzuschicken.« Und wieso, fragt Schirrmacher, wurde bei der Maueröffnung im Grenzgebiet nicht geschossen? »Wenn die Antwort darauf auch immer einkalkulieren muss, dass die erschöpften Fußtruppen des Systems von der totalen Sinnlosigkeit staatlicher Gewaltmaßnahmen durchdrungen waren, so bleibt als Faktum: weil Krenz es verboten hatte.« Historische Gerechtigkeit sei ein langwieriges Geschäft, es sei nicht leicht, die Geschichte so zu erzählen, dass dem letzten SED-Chef, dem Primus-Jünger Erich Honeckers, solche Gerechtigkeit schon heute widerführe, aber, so Schirrmacher, solange diese Geschichte nicht erzählt sei, »haben wir die wundersamen und beglückenden Ereignisse vom 9. November 1989 nicht verstanden«.

GYSI: Ja. Als er Alterspräsident des Bundestages wurde, sagte Stefan Heym: Man dürfe nie vergessen, dass diejenigen, die an den Waffen standen, um die DDR unter allen Umständen zu verteidigen – und DDR, das hieß auch: unantastbare SED-Macht! –, dass sie diese Waffen nicht einsetzten. Das muss man ihnen hoch anrechnen, denn viele wussten, dass aus ihnen nichts mehr wird.

SCHORLEMMER: Wenn man das alles in Rechnung stellt, was man dem SED-System begründeterweise an Einschüchterungskraft nachsagt, an militärischer Einsatzwucht, an Gewaltbereitschaft, an Feindeshass bis in die eigene Bevölkerung hinein – wenn das alles stimmt, was die nachhaltigen Opferpsychosen bis heute prägt, dann muss man von einer friedlichen Revolution auf beiden Seiten sprechen, der bewaffneten und der unbewaffneten Seite. Wir haben eine glückliche Fügung hinter uns. Es wurde auf wundersame Weise eine friedliche Feierabendrevolution.

GYSI: Als sich die Ideologie erledigt hatte, hatte sich übrigens die Arbeitsgrundlage auch der Staatssicherheit erledigt. Es war doch anders als in heutigen westlichen Gesellschaften, in denen Geheimdienste auch kommerziell orientiert sind und auf die Käuflichkeit der Mitarbeiter bauen können. Das Interessante bei den DDR-Spionen war doch, von Ausnahmen abgesehen, dass Geld so gut wie keine Rolle spielte – es handelte sich zu großen Teilen um ideologische Täter. Eine irre Situation am Ende.

SCHORLEMMER: Die einen verließen das Land, und die anderen, die meisten, sie lebten so, als seien sie auch schon weit weg. Und die Jugend? Im weitesten Sinne eine unpolitische Szenerie. Behauptung von Eigensinn, aber ohne spürbare politische Stoßrichtungen. Aber überall auch kleine dissidentische – kulturelle, kirchliche, künstlerische – Gruppen, mit der Energie des Frustes gegen den Frost.

GYSI: Man mag ja über die FDJ denken, wie man will – zu meiner Zeit gab es neben dem Blei der Zeremonien mitunter doch noch wirkliche Auseinandersetzungen. Mein Sohn aber packte das blaue Hemd in seine Schulmappe, holte es kurz heraus, wenn es angesagt war, und dann flog das Ding wieder in die Mappe. Diese Generation grüßte nur noch müde und angewidert Gesslerhüte, man wollte seine Ruhe haben, mehr nicht.

SCHORLEMMER: Aber angezogen hat man's, das FDJ-Hemd!

GYSI: Die Gleichgültigkeit nahm in der DDR zu, man vollzog öffentliche Verhaltensreflexe, die mit dem eigentlichen Leben nichts zu tun hatten. Das macht einen Staat von innen porös. Ich habe mich als Kind ein einziges Mal geprügelt, und zwar weil ein Junge behauptete, die Russen hätten deutsche Frauen vergewaltigt. Ich bestritt das, ich ging wütend auf ihn los. Der komische Punkt war, wir wussten beide nicht, was das ist, eine Vergewaltigung. Aber wie dem auch sei, unsere Aktionen und Reaktionen wurden ganz anders, viel heftiger von politischen Einflüssen bestimmt, als das später bei Jüngeren der Fall war.

SCHÜTT: Der Sänger Hans-Eckardt Wenzel, Mitte der fünfziger Jahre in der DDR geboren, schrieb: Er gehöre einer Generation an, die mit einem gewissen Zwang zur Loyalität groß wurde und gleichzeitig nicht mehr innig glaubte. »Die Strafen für das Unartigsein waren viel geringer und nicht mehr in der Art lebensbedrohlich wie noch ein paar Jahre zuvor. Ich musste mir die Welt aus der Phantasie, aus den Büchern, den Gedichten und der Geschichte zusammenfügen. Mein Philosophielehrer Wolfgang Heise warnte uns vor einer ›Fetischisierung der Unmittelbarkeit‹. Wovor er warnte, das war die Selbstlüge, sich selber klein zu denken, nur weil die verfügbare Welt klein war.«

GYSI: So entstanden diese Orte des inneren Exils, der Auswanderung in die eigene Phantasie. Man baute sich seine eigene Mauer, man ging in die private Nische – war darin aber, wenn man so sagen darf, wenigstens sein eigener Chef.

SCHORLEMMER: Ich habe mir mit meinen Freunden keine Mauern gebaut.

GYSI: Doch. Auch wenn Sie gegen das System kämpften, erhielt dieser Kampf Energie und Nahrung aus dem Behaupten einer sehr eigenen Welt, mit der Sie sich abschotteten gegen das Draußen. Wie wir Rechtsanwälte, wo es nur ging, auch. Sie hatten Ihre Kultur, möglichst unbehelligt zu bleiben, wir hatten unsere, andere hatten wieder ganz andere Kulturen. Freilich: Man konnte das Unbehelligtsein versuchen, wie man wollte, unbeschädigt blieb wohl keiner.

SCHÜTT: Haben Sie Ihren Vater zu Rate gezogen, damals, als Sie sich wegen der Russen prügelten?

GYSI: Ja, ich habe ihn gefragt und genau die Lektion in Dialektik erhalten, über die wir sprachen. Er eierte mächtig rum. Ich war sechs oder sieben Jahre alt. Was ich irgendwie mitkriegte: Er bestätigte mich nicht. Ja, diese Vergewaltigungen gab es, aber gleichzeitig vermittelte er mir das Gefühl, ich hätte trotzdem nicht nur recht. Also, eine Pirouette, Drehungen der wunderlichsten Weise, es war genau diese Argumentationsart, die einem in der DDR oft begegnete. Wie dem auch sei: Meine Kindheit war eine politische. Wir hatten einen Lehrer, der ging mit der ganzen Klasse zu irgendeinem Konzert nach West-Berlin, die Grenze war ja offen – er flog sofort aus der Schule. Der Fall wurde heiß diskutiert, leider änderte das nichts an der Entlassung des Lehrers, aber die Hochgradigkeit, mit der man politischen Dingen begegnete oder ihnen begegnen musste – das prägte.

SCHORLEMMER: Der Eigensinn war das Politischste, was man offenbaren konnte. Für viele junge Leute war der Staat, etwa in den achtziger Jahren, der Feind. Für all diese Punks und Skins.

GYSI: Aber man bekämpfte den doch gar nicht mehr, es gab ihn nicht mehr, man hatte den doch längst hinter sich gelassen. Immerzu wurdest du in der DDR irgendwie mit einem tiefernsten, ideologischen Sinn bearbeitet, dem du folgen solltest. Also, mal ehrlich, das war auch anstrengend. Da verstand ich die Gegenreaktionen junger Leute, diesen puren, zweckfreien, ungebundenen, derben, rohen, schmutzigen, aggressiven Spaß am Leben.

SCHORLEMMER: Spaß am Leben, ja – und wenn man mit dem Zug fuhr, gab's dort manchmal Radeberger Bier.

GYSI: Aber es musste schon ein D-Zug sein.

SCHORLEMMER: Vorsicht, Gysi, wir bagatellisieren die Diktatur.

GYSI: Nebenbei bemerkt: Es ist offensichtlich so gewesen, dass sich die Leute in der DDR weit häufiger als die Westdeutschen mit Politik beschäftigten. Und nur, wo man viel über Politik redet, entstehen Witze. Das war in der DDR der Fall. Heute gibt es kaum noch Witze. Kennen Sie noch welche, von früher?

SCHORLEMMER: Auf dem Postamt regt sich ein Kunde darüber auf, dass die Ulbricht-Marken nicht kleben. Sagt der Postbeamte: Ist ja kein Wunder, wenn Sie vorne draufspucken.

SCHÜTT: Wie sagte Heinz Ehrhardt immer so schön? »Ein' hab ich noch.«

SCHORLEMMER: Wissen Sie, warum in der DDR in jedem Gemüseladen ein Volkspolizist stehen sollte? Damit wenigstens etwas Grünes im Laden zu sehen ist.

GYSI: Wenn wir schon bei den Witzen sind – ich erzähl meinen jüdischen Lieblingswitz. Ein Jude trifft einen Freund, der ist ganz traurig, er fragt ihn: »Was ist denn los mit dir?« – »Ich habe den Rabbi gefragt, ob man beim Lesen der Thora rauchen darf. Stell dir vor: Nein, hat er gesagt.« Entgegnet der andere: »Na, du bist ja auch bescheuert. Du hättest doch ganz anders fragen müssen.« – »Wie denn?« – »Darf man beim Rauchen die Thora lesen?«

III.

»Demokritischer« Sozialismus im ND
Heiner Müller kam aus der Zukunft
Biermanns DDR-Votum
Ein Dankeschön vom Kohlenhandel

Gysi: Aha, das Prediger-Problem.
Schorlemmer: Aha, das Politiker-Problem.

Gysi: Etwas ungeschlacht gesagt: Dieser Herbst 1989 verlief so friedlich, weil fast alle, auch fast all jene, die an irgendwelchen Hebeln saßen, irgendwie die Schnauze längst voll hatten und nicht weiterwussten.

Schorlemmer: Für mich bleibt dieser Herbst ein großartiger politischer Augenblick. Lebenslang. Deswegen möchte ich ihn immer wieder aufrufen, wenn ich über meine Herkünfte und Ankünfte und die Zukunft rede. Lächeln Sie ruhig über meine Euphorie, Herr Gysi.

Gysi: Ich bitte Sie, ich teile doch Ihre Empfindung. Dieser Herbst trug und trägt. Ein Volkstheater der Erhebung. Im besten Sinne das phantasievolle Spektakel einer aufbrechenden, geistig erwachenden, friedlich gesinnten Menge. Die einen traten ab, die andern hervor – aus verordneter Enge. Für Geschichtssekunden fand der Begriff der Revolution, der in Deutschland einen gebrochenen Leumund hat, zu seiner sanftesten Gestalt.

Schorlemmer: Politik als Festival der aufgeräumten Gemüter, der einander zugewandten Gesichter. Wirklichkeit und doch nur ein Traum, weil Schönheit und Glück und Eleganz nur immer Durchgangsstadien sind. Ich möchte, dass wir auch dies in Erinnerung behalten: dass Deutsche so etwas können.

Gysi: Sie sprechen damit auch noch einmal diesen legendären 4. November auf dem Alexanderplatz an. Ich war Tage zuvor ins Deutsche Theater eingeladen worden, um nach diesen brutalen polizeilichen Schlägerszenen am 7. Oktober zu Rechtsfragen zu sprechen. Und natürlich musste ich darauf verweisen, dass alle Demonstrationen in Leipzig und in Berlin und in anderen Städten, in einem rechtlichen Sinne, illegal waren. Meine Schlussfolgerung: Warum nicht mal den Versuch starten, eine Demonstration legal anzumelden, also um Genehmigung zu bitten? So entstand der Antrag an das Präsidium der Volkspolizei in Berlin.

SCHÜTT: Wieder war Gysi ein – Anzettler.

GYSI: Ohne Zettel, aber auch ohne vorbereitetes Konzept. Spontan war diese Frage da: Warum keinen Antrag auf eine Demonstration? Es war freilich eine Frage, die einiges an bisheriger Praxis in Frage stellte. Im Grunde uns selber, denn wieso hatte man den Staat nicht vorher schon auf diese Weise herausgefordert?

SCHORLEMMER: Legal?

GYSI: Ja.

SCHORLEMMER: Wir haben das in unseren Friedensgruppen vielfach versucht, das legale Gespräch, das legale Angebot. Fast immer vergeblich.

GYSI: Insofern war die Erlaubnis für die Demonstration am 4. November auch die Reaktion auf eine Stimmung, deren Grundstein jene gelegt hatten, die als Erste auf die Straße gingen, die sich Plakate wegreißen ließen, die ihren Körper der Staatsgewalt aussetzten und lediglich Kerzen gegen diese Gewalt hielten. Eben auch Leute wie Schorlemmer, die jahrelang mit der Nagelfeile am Beton kratzten und an die Kraft der Haarrisse glaubten.

SCHÜTT: Als Helden der Revolution wurden diese Leute später kaum gefeiert.

GYSI: Wenn wir's jetzt mal hochrechnen: Revolutionäre waren in der deutschen Geschichte nie Volkshelden.

SCHÜTT: Das, was Gysi sagt, erinnert an den Schriftsteller Jürgen Fuchs. Als Biermann ausgebürgert wurde, war er auch so ein Vor-Arbeiter des Widerstandes, er stand sehr einsam in seiner Kraft zur Solidarität, er stand nackt da, ganz ohne die Prominenz jener berühmt werdenden Unterzeichner gegen die Ausbürgerung des Barden B. Denen in Berlin gehörte schon die westliche öffentliche Welt, da saß er noch allein in einer Zelle; draußen war der Staat mit dem Kitten der Risse beschäftigt, drinnen aber, hinterm Beton, sollte die besagte Zersetzung des Einen betrieben und vollzogen werden.

SCHORLEMMER: Solche Schicksale gehören unbedingt zu dem, was diese SED ins Wanken brachte. Und wenn wir an den 4. November denken, plötzlich war eben DDR-weit die Lust dazu da, diese bisher so festgezurrten Dinge auf den Prüfstand zu stellen. Plötzlich wurde der Gleichmut verscheucht, weiter in diesem Grau zu existieren, in dieser erstickenden Staubluft, im schmutzigen Grau des Alltags.

GYSI: Also, das Grau in der DDR war nun wirklich eine ästhetische Grausamkeit. Da konnte Brecht tausendmal behaupten, es sei seine Lieblingsfarbe. Das klang für mich kokett, als habe er es sehr unverbindlich in Buckow geschrieben, in schönster grüner Idylle.

SCHORLEMMER: Das »Neue Deutschland« hat diesen 4. November vorgefühlt.

GYSI: Wie bitte?

SCHORLEMMER: Im ND vom 21. Juni 1989 wurde von der Arbeit der Bezirkstage berichtet, da stand: »Doch gleich, um welche für die weitere Gestaltung der entwickelten sozialistischen Gesellschaft bedeutenden Komplexe es sich auch handeln mag, es wird in jedem Fall umfassend, demokritisch, im engen Kontakt mit den Bürgern vorbereitet.« Herrlicher Druckfehler. Ein utopischer Druckfehler geradezu: Vorwärts zum »demokritischen« Sozialismus! Das war der Tenor dieses 4. November.

SCHÜTT: Für Sie, Herr Schorlemmer, war das ein erster angstloser Tag größter Öffentlichkeit, oder?

SCHORLEMMER: Es war ein zunächst nebliger Novembermorgen.

SCHÜTT: Und Sie treffen auf Günter Schabowski, Markus Wolf, Gregor Gysi.

GYSI: Ich war für Schorlemmer garantiert nicht so wichtig wie die anderen beiden.

SCHORLEMMER: Zur gleichen Zeit fand in Erfurt eine Synode statt. Ich sollte in Berlin als Mitglied des Demokratischen Aufbruchs reden und musste also beim Präses der Synode um Erlaubnis fragen. Im Zug von Erfurt nach Berlin schrieb ich meine Rede. Und als ich zum Alexanderplatz ging, also, ich muss sagen: Ich fühlte inmitten der Leute, die da auch hinzogen, mit ihren wunderbar geistreichen, witzigen Losungen, Bildern und Plakaten, eine derartige Identifikation mit diesem Land, wie ich sie bis dahin in meinem Leben nie hatte und nie für möglich hielt. Freilich hat das im Nachhinein etwas Idealisierendes, na und? In mein kleines rotes Notizbüchlein schrieb ich Losungen, die mir besonders gefielen – und wurde prompt angeraunzt, was ich da wohl festhielte. Die mich so von der Seite angingen, sahen nur die Farbe des Buches, aber andere drängten sich dazwischen, erkannten mich – ein Moment, da ich aufatmend spürte, dass Bekanntheit wirklich auch schützen kann. Und dann saßen wir kommenden Redner in dieser Mokka-Bar am Rande des Alexanderplatzes, und Günter Schabowski mit seiner Entourage kam herein – niemand beachtete ihn. Ich dachte, es sei eine gute Gelegenheit, ihn anzusprechen. Man sollte ja nicht vergessen: Er war der Einzige vom Politbüro gewesen, der infolge der Demonstrationen und Übergriffe am 7. und 8. Oktober nach draußen in die erregte Menge gegangen war und vor dem Roten Rathaus mit den Leuten diskutiert hatte.

Das bleibt ein Verdienst, ein mutiger Schritt, gar keine Frage. Ich ging jetzt also auf ihn zu, setzte mich zu ihm, verwies auf das Fehlen einer regierungsfähigen Opposition »aus dem Stand«, auf die politische Unmündigkeit, in der die Partei die Bevölkerung gehalten hatte, und also sei der Neuaufbau, die Reform des Staates nur durch Kooperation mit SED-Mitgliedern möglich, aber einzig solchen, die bereit seien, zuerst in der eigenen Partei gründlich für ein Umdenken zu sorgen. Daraus hat er später, in einem seiner Bücher, die Behauptung gemacht, ich sei zu ihm gekommen und hätte betont: Ohne euch geht's gar nicht, ihr seid doch die Experten!

SCHÜTT: Irgendwie auch eine Methode, eine Situation nicht zu begreifen, aber dennoch ihr Herr bleiben zu wollen.

SCHORLEMMER: Geschichtsschreibung nach sattsam bekannter SED-Art. In Schabowskis Buch steht auch, ich hätte, als er zum Rednerpult auf den LKW stieg, meinen Segen angeboten und ihm gesagt, er möge ganz ruhig bleiben, er steige ja schließlich nicht aufs Schafott. Es hat mich empört, so einen Mist zu lesen. Daraufhin nannte er mich, im Rückblick auf den 4. November, einen »rotlockigen Kirchen-Oberseminaristen«. In Wahrheit hatte er am LKW zu mir gesagt: »Paster – ja, Paster sagte er –, ick muss jetzt da hoch. Gehm Se mir ma Ihrn Segen oder so wat.« Ich erwiderte: »Herr Schabowski, mit dem Segen macht man keine Scherze. Aber: Das werden Sie überstehen.« Und hab ihm flüchtig meine Hand auf seine Schulter gelegt.

SCHÜTT: Und dann sind Sie selber hoch auf den Wagen.

SCHORLEMMER: Ich war äußerst angespannt. Ich spürte sofort, dass da irgendetwas ist, was mir sehr viel Kraft abverlangt, aber auch: Es strömt in gleichem Maße Kraft zurück. Meine Hauptbotschaft lautete: »Lasset die Geister aufeinanderprallen, aber die Fäuste haltet stille.« Luther.

GYSI: Wenn ich mal so eitel sein darf: Der schönste Moment meiner Rede …

SCHORLEMMER: Nennen wir's nicht eitel, sondern kindliche Freude.

GYSI: Weit besser! Also, ich empfand als den schönsten Moment meiner Rede, als ich sagte: »Wenn ich mal Politik und Dienstleistung vermischen darf, dann würde ich Folgendes sagen: Ich wünsche mir, dass jeder Haushalt über ein Telefon verfügt.« Die Leute applaudierten, und ich sagte: »Ich bin ja noch nicht fertig. Ich wünsche mir auch, dass der Satz ›Das möchte ich dir lieber nicht am Telefon sagen‹ für immer der Geschichte angehört.« Das kannste in Zeiten von NSA zwar auch vergessen, aber damals war es ein schöner Traum. Es war alles unglaublich spannend – Markus Wolf ging als kritischer Schriftsteller zum Mikrofon und kam als ausgepfiffener MfS-General wieder runter. Und bitter enttäuscht war Heiner Müller, weil seine Rede gar nicht ankam, er wurde auch ausgebuht, er hatte uns intellektuell überfordert. Aber mit seinem Aufruf zu freien Gewerkschaften erwies er sich als Prophet der sozialen Entwicklung.

SCHORLEMMER: Er war schon mit den Sorgen von morgen, mit den Problemen unter der Fessel eines rigiden, räuberisch aussortierenden Kapitalismus beschäftigt, als wir noch in der Euphorie schwebten.

GYSI: Heiner Müller hat mir übrigens mal, das hier nur nebenbei, sein Mietproblem erklärt. Nach 'ner Viertelstunde hatte ich es noch immer nicht verstanden. Da sagte ich zu ihm: »Wissen Sie, eine Ihrer Figuren steht an der Grenze und sinniert: ›Jaja, das Gras wächst von hüben nach drüben. Nur der Mensch braucht Papiere.‹ Damit haben Sie, weltmeisterlich lakonisch, die absolute Widernatürlichkeit von Grenzen beschrieben. Aber Ihr Mietproblem …« Müller unterbrach mich, ganz sanft und sacht, wie er meist war: »Aber ich bitte Sie – wenn ich reden könnte, würde ich nicht schreiben müssen.«

SCHÜTT: Haben sich denn die Redner auf dem Alex nach der Veranstaltung noch mal zusammengesetzt?

GYSI: In großer Runde? Nein. Aber Schabowski gab mir nach dem Auftritt seine Telefonnummer. Das war ja nun überhaupt nicht meine Ebene: Er war ja noch Politbüromitglied und Chef der SED-Bezirksleitung. Einen Tag später rief mich Lothar de Maizière an: Es solle der Vorschlag für ein Reisegesetz veröffentlicht werden, aber diese Vorgabe sei schlecht, ich solle mich an Egon Krenz wenden. Ich? Warum nicht er als CDU-Vorsitzender? Und Egon Krenz? Ich hatte zu dem keinerlei Verbindung, aber da fiel mir die Schabowski-Nummer ein. Ich rief im Büro an, es war Sonntag, der 5. November, einen Tag nach der Demonstration, er war tatsächlich dort, ich äußerte mein Anliegen. Kurze Zeit später saß ich vor ihm an seinem Schreibtisch. Wir redeten, und dabei telefonierte er fortwährend, es war das pure Chaos, Leute kamen rein, gingen raus, wieder rein, wieder raus, in einem der Telefonate versuchte er zum Beispiel, irgendwoher Saatgut zu organisieren. Im November! Alles sehr unbegreiflich. Ich las den beabsichtigten Gesetzentwurf, schüttelte nur immer den Kopf, und in der Hektik zwischen Herein und Hinaus und Saatgut schrieb ich, mit der Hand an einem Nebentisch, einen neuen Gesetzentwurf. Mit Regelungen bis hin zu den notwendigen Impfungen bei Reisen in bestimmte Länder. Am Abend rief mich Schabowski an und meinte, er habe meinen Entwurf an Krenz gegeben, der aber habe ihn nicht gelesen – es werde also der Vorschlag veröffentlicht, der vorher nach den üblichen Regeln abgenickt worden sei. Wieder hatte die alte Bürokratie gesiegt. Dann kam in Sachen Reisegesetz noch eine Fernsehdiskussion am Montag und mein Vorschlag: »Also, ich werde mal den anderen

Vorsitzenden der Rechtsanwaltskollegien in der DDR, fünfzehn Bezirke und fünfzehn Vorsitzende, vorschlagen, dass wir gemeinsam einen Gesetzentwurf erarbeiten, und dann schicken wir den der Volkskammer zu, und vielleicht gefällt ihr unser Gesetzentwurf besser als der gegenwärtige.« Und dann der verhängnisvolle Fehler zum Schluss, der Satz nämlich: »Und wenn Sie, liebe Zuschauerinnen und Zuschauer, dazu Ideen haben, können Sie mir gerne schreiben.« Am übernächsten Tag hatte ich 6000 Briefe. Gemischt mit den Anwaltsbriefen, die vielleicht wichtige terminliche Auflagen enthielten. Es gelang mir, acht Rechtsanwälte zu überzeugen, die zwei Nächte ordnend über diesen Briefen saßen. Wir bereiteten dann fieberhaft den neuen Reisegesetzentwurf vor, und was passiert? Die Mauer wird geöffnet. Alle Arbeit sinn- und wertlos. Nun erfuhr ich's am eigenen Leibe: Wer zu spät kommt …

SCHORLEMMER: Dieses geflügelte Wort war im Grunde die letzte Lektion, die der Parteikommunismus erteilte – und die er gleichzeitig erteilt bekam. Eine Woche nach dem Fall der Mauer klingelte es an meiner Wohnungstür. Ein Kohlenfahrer stand davor. Er habe im Auftrag der Frauen des Kohlenhandels eine Karte abzugeben. Es war eine Klappkarte, darauf stand: »Unser Dank gilt denjenigen, die uns geholfen haben, unsere Sprache wiederzufinden. VEB Kohlenhandel Wittenberg, Brigade Einzelhandel, 15.11.1989.« Das hat mich tief gerührt. Sprache wiederfinden! Heute, im Meinungsgestöber der Medien – das auch unser Ort ist, Herr Gysi! –, möchte man ja eher das Schweigen wiederfinden.

SCHÜTT: Dann gab es Ende November diesen Aufruf »Für unser Land«, den Christa Wolf im Fernsehen verlas. Der Aufruf für eine reformierte, gegenüber der Bundesrepublik eigenständige DDR. War er blauäugig?

GYSI: Schorlemmer gehörte zu den Erstunterzeichnern. Was

heißt blauäugig? Manchmal musst du Dinge tun, die vielleicht nur einer Illusion dienen, die aber doch Ausdruck eines Geistes sind, der nunmehr getestet werden muss. Diese mögliche andere DDR war damals nach wie vor ein wichtiger Vorschlag, der diskutiert wurde.

SCHORLEMMER: Übrigens auch in Kreisen der soeben gegründeten ostdeutschen Sozialdemokratie und ebenso bei der Bürgerbewegung. Sogar Willy Brandt und Hans-Jochen Vogel sprachen damals von Konföderation und »Drittem Weg« und ostdeutscher Erneuerung. Ist alles längst erledigt, kann man mit Fug und Recht sagen, ja, aber erstaunlich ist, wie im Rückblick sämtliche Alternativen jenseits dessen, was dann mit der deutschen Einheit durchgesetzt wurde, so systematisch für blöd erklärt und geradezu weggelogen werden. In den Zwischenräumen jedoch, die dann mit der offiziellen Erinnerungskultur und im Einheitsrausch planiert wurden, in diesen Zwischenräumen lagert immer jener Möglichkeitssinn, der nicht untergebuttert werden darf.

GYSI: Auch wenn sich diese Vorstellung von der Reform in diesem konkreten Fall rasch erledigt hatte – es wird Situationen geben, anders geartete Situationen als damals in der DDR, da kommt er erneut auf, dieser Möglichkeitssinn, da wird er dringend wieder gebraucht. Man darf sich den nicht abgewöhnen. Ich frage mich, warum ist Menschen im Nachhinein nur ihre Naivität so peinlich?

SCHORLEMMER: Ich lese Ihnen dazu mal was vor. »Ich kann das Wort WIEDER nicht ertragen. Ich meine Wiedervereinigung … (Beifall). Aber egal, unter welchem staatlichen Dach die Deutschen leben oder Dächern, wie es mir besser gefallen würde … weil ich nämlich darauf hoffe. Das ist doch erlaubt. Und wenn die anderen es anders wollen, so können sie es ja machen. Ich hab hier nichts zu bestimmen, aber ich will deutlich sagen, was ich mir wünsche: dass zwei Deutschländer da sein können, die einen edlen, friedlichen und demokratischen Wettstreit versuchen (langer Beifall). Einen Wettstreit, bei dem man den anderen nicht in die Pfanne haut, nicht ihn heruntermacht und ihm miese Motive unterstellt und ihn zum Schwein stempelt, denn wer andere zum Schwein stempelt, will es auch abschlachten. Er hat das Messer schon hinter dem Rücken.« 2. Dezember 1989. Wolf Biermann. Kaum zu glauben.

GYSI: Ist doch aufschlussreich, oder?

SCHORLEMMER: Also, die Stimmung war damals so, dass dieser Aufruf »Für unser Land« seine Berechtigung hatte.

GYSI: Mit ihm gab es die Chance, dass die Bevölkerung sagt: Ja, wir sehen das mit der reformierbaren DDR auch so wie die Verfasser des Aufrufs, oder aber die Bevölkerung sagt: Nee, wir wollen nicht mehr, wir wollen Bundesrepublik werden – gut war doch auf jeden Fall, es noch mal zur Diskussion zu stellen.

SCHÜTT: Die Bevölkerung wollte nicht mehr.

GYSI: Katastrophal war, dass ausgerechnet Egon Krenz den Aufruf mit unterschrieb.

SCHORLEMMER: Mich haben damals Leute angerufen und am Telefon geweint, es waren ja Tage höchster emotionaler Anspannung und Eruptionen, und sie haben gesagt: Herr Schorlemmer, Sie haben diesen Aufruf unterschrieben, und jetzt hängen sich da die Krenz und Co., die Leute von der Partei mit dran, es ist ein großes Unglück!

GYSI: Wissen Sie, dieser Aufruf belegte doch etwas, was es in der jetzt herrschenden Geschichtsschreibung schwer hat, als Wahrheit anerkannt zu werden. Natürlich aus politischen Gründen, aus Gründen geistiger Entsorgungsmanien. Aber es ist doch so: Der Unmut gegen die ideologische Starrheit des SED-Systems, sosehr es lange Zeit auch dahindümpelte, der kam doch keineswegs bloß aus den Kräften der direkten Opposition. Wer die Kategorie des Politischen innerhalb einer Widerstandskultur immer nur an den ausdrücklichen Zweck bindet, das Regime möglichst direkt zu treffen, der unterschätzt Verhaltensspielräume und der verkennt die eigentlichen Machtstrukturen auch des DDR-Staates. Wenn also nur der mutige Akt gegen das Regime als politischer Mut gewürdigt wird, dann liegt dem eine Optik zugrunde, in der die herrschende Macht als monolithisch begriffen wird. Das behauptete Monolithische aber entzieht dem Umstand, dass die DDR so sang- und klanglos, so überaus biegsam und geschmeidig unterging, seine Logik. Es gab eine komplizierte Verflechtung direkter Dissidentenschaft mit jenen Menschen, die in grundsätzlicher Übereinstimmung mit den Zielen des Systems für eine Erneuerung eintraten und die dafür im ständigen Widerstreit von Einsicht, Zustimmung, offener Kritik und versteckten Winkelzügen versucht haben, irgendwie aufrecht und loyal zugleich zu leben.

SCHORLEMMER: Mit diesem Aufruf »Für unser Land« war eine Utopie formuliert, und eine Utopie wird nicht dadurch entwertet, dass wir vor ihr nicht bestehen. Worte sind unser Himmel. Insofern ist eine Gesellschaft unchristlich, wenn sie meint, moralisch sei nur derjenige, der wirklich auch alles lebt, was er an Erkenntnissen verbreitet.

GYSI: Das Prediger-Problem.

SCHORLEMMER: Das Politiker-Problem.

SCHÜTT: Unser aller Problem.

SCHORLEMMER: Es geht mir als Pfarrer darum, die Differenz zwischen meinen Worten und meinem Handlungsvermögen zu erkennen und zu versuchen, die Differenz zu vermindern. Mit dem Wissen freilich, dass das nie ganz gelingen kann.

GYSI: Es sei denn, ich senke meine Ansprüche.

SCHORLEMMER: Aber dann vermindert sich der Wert des Wortes. Um noch mal auf Gorbatschow zu kommen: Er hat den Wert des offenen Wortes, der Transparenz beschworen, erledigt hat ihn der Materialismus der Lebensmittelregale. Das ist nicht gegen die Wünsche nach vollen Lebensmittelregalen gesagt, aber eben auch nicht gegen das Wort, das uns nach Kräften übersteigen soll – den Hunger des freien Geistes zu stillen, das zählt doch auch. Viel.

Gysi: Als Gorbatschow sich anlässlich der Feiern zum vierzigsten Jahrestag der DDR mit der SED-Führung traf, hat er lange über Reformen gesprochen. Der Dolmetscher, der dabei war, hat mir erzählt, Honecker habe nach der Rede Gorbatschows in diesem Kreis des Politbüros nach Meinungsäußerungen gefragt, keiner habe was gesagt, logisch, und dann habe Honecker angesetzt: Er wolle eine kurze Geschichte erzählen, er sei vor einiger Zeit nach Magnitogorsk eingeladen gewesen, und da habe eine Stadtbesichtigung stattgefunden, er selber hatte einen anderen Termin wahrzunehmen, aber die Genossen berichteten nach ihrer Rückkehr, sie seien in ein »Magasin« gegangen, in ein Lebensmittelgeschäft, und es hätte keinen Zucker gegeben. Das war Honeckers Erwiderung auf Gorbatschow und sollte heißen: Du, der du nicht mal Zucker besorgen kannst, schreib mir nicht vor, welche Reformen nötig sind!

Schorlemmer: Arroganz hoch drei! Und die FDJler des Fackelzuges Unter den Linden am 7. Oktober waren indoktriniert worden, bloß nicht »Gorbi!«, sondern nur »Erich, Erich!« zu rufen.

Schütt: Das ist nun völlig falsch, Herr Schorlemmer! Als sich dieser Fackelzug zum 40. Jahrestag der DDR in den Berliner Straßen formierte, weitläufig rund um die Allee Unter den Linden, da wurde allen marschierenden FDJlern von der Leitung des Jugendverbandes, von FDJ-Chef Eberhard Aurich, die Erlaubnis erteilt, vor der Ehrentribüne das zu skandieren, was ihnen am Herzen läge. Und es lag selbst den Ausgesuchten, den Berufsbegeisterten, den nimmermüden Kadern des Kommenden, deren Zeit abgelaufen war, längst anderes am Herzen, als wir ihnen eingebläut hatten. Nun taten wir, die krampfhaft Verschlossenen, so, als wären wir die Erfinder der Öffnung. Immer wieder erstaunlich, wie dieser Gemütskurzschluss funktioniert. Dort hinauf, wo Honecker neben Gorbatschow und anderen Parteichefs stand, um »seine« treue Jugend zu präsentieren, schallte es dann tatsächlich ununterbrochen herzlich: »Gorbi, Gorbi!« Wirklich, das war gewollt! So schlossen wir uns dem Strom der Zeit an.

SCHORLEMMER: Natürlich noch hoffend, an dessen Spitze zu bleiben.

SCHÜTT: Klar. In den letzten Leitungssitzungen unserer alten jungen, jung schon alt gewordenen »Garde« ging dann die listig leise, aber doch unumwunden überheblich gebliebene Rede um – Schorlemmer, Sie kennen das! – von den politischen Laienspielern aus der Bürgerrechtsbewegung, die jetzt überall das Wort zu ergreifen suchten und die uns mit Machtteilung drohten. Aber die etwas gedämpfte Lautstärke ging uns doch schon wieder in eine aggressive Lust über, denn man würde doch schließlich nicht auskommen ohne uns. Überm ungewohnten Angstschweiß die alte Maske, siegesgewiss.

SCHORLEMMER: Hätte die FDJ denn so ausgiebig – und spät genug! – die »Gorbi«-Rufe gestattet, wenn sie gewusst hätte, dass diese Rufe genau die Parole waren, um mitzuhelfen, die Machthaber aus Amt und Unwürden zu jagen?

SCHÜTT: Es ging genau um diesen »Putsch« und dessen Ethik. Es gibt Fotos vom Fackelzug Unter den Linden, die Honeckers Reaktion auf diese Gorbi-Rufe zeigen. Frost im Gesicht. Für seine internationalen Tribünengäste Handbewegungen zur Menge hin, als könnten die von der Peinlichkeit der Situation ablenken. Denn die Sprechchöre jubelten sich merklich an ihm vorbei. Hier und da schwoll noch, diszipliniert, aber verkräht, ein »Erich! Erich!« an. Wahrscheinlich kamen wir uns mutig vor. Es war auch – endlich – ein Ruck. Aber es war eine uns abgepresste Versöhnung mit dem Unabänderlichen. Da hatten wir nun jahrelang und ausdauernd gekatzbuckelt, zum Teil wahrlich aus tiefer Überzeugung, und jetzt, da alles ohne uns ins Laufen gekommen war – eine Bewegung von uns weg, die wir nicht wahrhaben wollten, immer noch im Glauben, es gehe um uns und nichts ginge ohne uns, schon gar nicht jene Erneuerung, der wir uns also geschickt, aber doch von niemandem mehr ins Feld geschickt, anzupassen begannen –, jetzt also stellten wir uns für letzte Momente als Reformer aus und ließen einen verwirrten alten Mann zurück, der folgerichtig jene Funktionärswelt nicht mehr verstand, die ihm doch bis eben so bereitwillig und selbstlos zu Füßen gelegen hatte. Deshalb sehe ich die Regungslosigkeit in den letzten Bildern vom noch regierenden Honecker wie eine natürliche, überraschte Regung des Mannes. Er erkannte uns nicht mehr, aber dement waren doch wir: keine Erinnerung mehr, wie wir eben noch des Kaisers neue Kleider in Hymnen zusätzlich vergoldet hatten.

GYSI: Es ist ein binnenpolitisches Phänomen, dass oft diejenigen sich als Neuerer gerieren, die eben noch dem davongejagten Fürsten zu Füßen lagen. Ein Phänomen nicht nur der kommunistischen Bewegung, aber dort vielleicht am grausamsten praktiziert. Und das Schlimmste war immer der Schein, der gewahrt bleiben sollte. Erich Honecker trat ja dann auch aus sogenannten gesundheitlichen Gründen zurück. Man vermeint jemanden zu schützen und demütigt ihn im Grunde. Und die Bevölkerung verkauft man für blöd.

SCHÜTT: Anfang 1988 sollten FDJ-Aktivisten von Honecker empfangen werden. Früher Morgen. Waches Warten auf den ideologischen Vergatterungsakt. Nicht übertrieben:

Wir waren in Hochstimmung. Seltsamerweise: stundenlanges Warten. Warum kam er nicht? Geduld tat ihr Werk; wir blieben, wie immer, auf unseren Plätzen. Bis der Entscheid kam: Die Veranstaltung fällt aus. Keine Angabe von Gründen. Es war der Tag, an dem Honeckers zweijährige Enkelin starb. Viel später erst sickerte die Nachricht durch. Dieser Morgen erzählt vom Seelendruck der sogenannten großen Sache: Der Kommunist kommt nicht zum Termin, tiefste Erschütterung treibt ihn zur Absage, aber er verbietet sich, schon gar vor Anderen, das unumwundene Geständnis, vom Schicksal überwältigt zu sein. Die hauptberufliche Selbsthärte: nichts nach außen dringen lassen – Tugend der Kommunisten.

GYSI: Oftmals war diese Tugend freilich nötig in diesem grausamen zwanzigsten Jahrhundert. Sie wurde dann zur grundlegenden Not, zur Tragödie jener Erkaltung, die von den Menschen wegführte. Ich sagte ja: Für eine Sache leben – der Vorsatz leitete das große Schrecknis alles Ideologischen ein: Man lebt für eine Sache, indem man irgendwann fraglos und zweifelsfrei in ihr aufgeht.

SCHORLEMMER: Daraus folgt nicht nur Selbstverlust, sondern meist auch Gefährdung und Züchtigung anderer Menschen, die nicht gewillt sind, einem solchen Weg der soldatischen Selbstauflösung zu folgen.

IV.

Phantomschmerz Kommunismus
»Meine Eltern waren liebe Menschen«
Ausreise im Trabant
»Sie werden dich erschießen!«

Gysi: Ich wollte nie abhauen.
Schorlemmer: Ich zweimal.

SCHÜTT: Fühlten Sie sich je als Kommunist, Herr Gysi?

GYSI: Ja, das hing mit der Herkunft meiner Familie zusammen. Aber ich besitze nicht die kulturelle Hoheit, um den Inhalt von Begriffen in der Gesellschaft zu bestimmen. Wenn die Leute unter Kommunisten jene verstehen, die eine klassenlose Gesellschaft anstreben und in der die Freiheit des Einzelnen die Voraussetzung der Freiheit aller bedeutet, eine Gesellschaft, in der es, zum Beispiel, wirkliche Chancengleichheit gibt – ja, dann habe ich doch keine Schwierigkeit, mich mit diesem Begriff zu versehen. Wenn ich aber in der Gesellschaft feststelle, dass Menschen unter dem Begriff des Kommunismus den Stalinismus, die Mauer, die Diktatur einer Partei fassen, dann bin ich nicht dogmatisch und bestehe nicht trotzig auf diesem Wort, das bei Menschen auch Furcht und Ablehnung und Vorurteile auslöst. Ich grenze mich ab und nenne mich bewusst kritischer Sozialist.

SCHORLEMMER: Die DDR verstand sich politisch als Teil der kommunistischen Weltbewegung, die SED war eine Partei der Kommunisten – der praktizierte Sozialismus wurde dirigiert von Moskau, dort regierte die Kommunistische Partei der Sowjetunion.

GYSI: Deshalb würde ich diese Begriffe für meine eigene Ideenwelt gar nicht mehr verwenden. Ich bin, wie gesagt, ein demokratischer Sozialist. Ich brauche den anderen Begriff nicht mehr.

SCHÜTT: Jedes Vokabular hat seine Zeit.

GYSI: Der Begriff Kapitalismus schien auch endgültig verloren zu haben gegen das Wort von der sozialen Marktwirtschaft. Wer dieses Wort vor Jahren, vor allem im Osten, unmittelbar nach dem Ende der DDR, aussprach, der galt als Relikt des SED-Parteilehrjahres, als Schmäher der freiheitlich-demokratischen Grundordnung. Aber längst ist der Begriff wieder da. Als Kennzeichnung der wahren Lage. Ein akzeptiertes und warnendes Schreckenswort bis tief hinein in bürgerliche Kreise. So wie man dort auch wieder Marx liest und sehr wohl akzeptiert, dass er mit dem »Kapital« das Betriebsgeheimnis herrschender Ökonomie aufgedeckt hat.

SCHÜTT: Gibt es für Sie heute noch akzeptable Gründe, dass jemand Kommunist ist?

GYSI: Natürlich. Unabhängig davon, dass bei vielen ein Phantomschmerz bleibt, wenn sie das Wort hören. Aber es gibt natürlich ebenso Gründe, die Auffassungen von Kommunisten für falsch, für illusionär, sogar für geistig gefährlich zu halten, wenn man tief konservativ fühlt. Ich glaube, entscheidend ist, dass ein programmatisches Denken nie die Möglichkeit erhalten darf, sich in einem geschlossenen System zur alleinigen Richtlinie aufzuheizen.

SCHÜTT: Man kann zur Wahrheit eine Ahnung herstellen, man kann sie aber nicht vom Zaun brechen, mit dessen Latten man dann jene schlägt, die anderer Wahrheit zugetan sind.

SCHORLEMMER: Herr Gysi, Ihr Vater war Spitzenfunktionär, aber nie ein Mitglied des Zentralkomitees?

GYSI: Nee. Dazu war er ihnen wohl zu intellektuell und nicht berechenbar genug. Aber sie haben ihn gern benutzt. Als Honecker das Verhältnis zur italienischen KP wieder herstellen wollte, wurde mein Vater als Botschafter nach Italien geschickt, außerdem sollte er diplomatische Beziehungen zum Vatikan ankurbeln. Und als in der DDR das

Verhältnis zu den Kirchen schwierig wurde, machte man ihn zum Staatssekretär für Kirchenfragen.

SCHORLEMMER: Wurden Sie kommunistisch erzogen?

GYSI: Nicht im vordergründig ideologischen Sinne, das überhaupt nicht. Aber die Weltanschauung meiner Eltern, die stand schon fest im Raum, um es mal so zu sagen. Nicht als Doktrin, sondern, zumeist jedenfalls, als Klima, als anregender, gewitzter Geist. Von beiden Elternteilen ging ein moralischer Grundsatz aus, den Sie, Herr Schorlemmer, sicher als Barmherzigkeit oder Wohlfahrtsempfinden bezeichnen würden, also: Man muss sich um die Unterdrückten und die Armen kümmern.

SCHORLEMMER: Das ist ein Kern des Christseins. Wobei die Kommunisten auf ein gesellschaftsveränderndes Programm setzten, das Christentum sieht dagegen zuerst die Selbstveränderungskräfte des Einzelnen – immer um seine Janusköpfigkeit wissend.

GYSI: Zu meiner Erziehung gehörte eine Atmosphäre, in der das Plebejische und auch etwas Piekfeines, wenn ich das so sagen darf, irgendwie gut harmonierten. Meine Mutter hatte einen sehr bürgerlichen Zugang zum Leben, sie strahlte Bildungsdrang aus. Gebildetheit ist eine bedrängende Kraft – wenn ich mal nicht gelesen habe am Wochenende, fragte sie nicht ohne Vorwurf: »Was treibst du eigentlich das ganze Wochenende?«

SCHORLEMMER: Ich kann mir schon vorstellen, dass es bei Ihnen zu Hause sehr liberal zuging, sehr frei. Ihr Vater war zwar SED-Spitzenmann, aber dass er so was getan hätte wie der SED-Funktionär Horst Brasch, der seinen Sohn Thomas anzeigte, als der mit anderen jungen Leuten 1968 Flugblätter gegen die sowjetischen Panzer verteilt hatte – das wäre doch bei Ihrem Vater undenkbar gewesen, oder?

GYSI: Undenkbar!

SCHORLEMMER: Die Kinder in anderen Funktionärsfamilien, Monika Maron, Thomas Brasch oder Katja Lange-Müller, gerieten aus politischen Gründen in Opposition zum Elternhaus. Sie nicht.

GYSI: Ich möchte darauf so einfach wie möglich antworten: Ich glaube, meine Eltern waren liebere Menschen als möglicherweise die Eltern anderer Kinder. Andererseits spielte bei manchem der Zufall eine Rolle. Als die Russen in Prag einmarschierten, war ich mit meiner ersten Frau in Bulgarien, auf Hochzeitsreise. Wäre das nicht gewesen, wer weiß. Ich kannte ja fast alle, die damals verhaftet wurden. Dieses Ereignis Prag hat mich insofern ernüchtert und schockiert, weil auch der Sohn eines Staatssekretärs im Kulturministerium und die Tochter eines ZK-Abteilungsleiters verhaftet wurden. Das waren Kinder von einstigen Emigranten – jetzt war also selbst eine antifaschistische Vergangenheit keine Schutzgarantie mehr. Und was in der Tschechoslowakei geschah, das steigerte die Intellektuellenfeindlichkeit in der SED-Führung, denn der Prager Frühling war von der kommunistischen Elite ausgegangen, von Künstlern und der Intelligenz. Aber wie gesagt, mein Vater war kein Dogmatiker. Er hat meine Schwester und mich höchstens mal scharf kritisiert, als wir diese grünen Parka-Jacken trugen.

SCHORLEMMER: NATO-Planen.

GYSI: Ja, an die später so aufmüpfig Ihr Friedensbutton genäht wurde, »Schwerter zu Pflugscharen«. Jedenfalls geriet mein Vater außer sich: »Wollt ihr nicht gleich als Soldaten in den Vietnamkrieg, auf Seiten der amerikanischen Lederjacken?!« Am nächsten Tag aber hat er wegen dieses Ausrasters um Entschuldigung gebeten. Die Wahrheit hat eben immer zwei Seiten. 1988 hat mein Vater dem Sekretär des Kirchenbundes Martin Ziegler gesteckt, es drohe eine Hausdurchsuchung bei der Umweltbibliothek, einer Oppositionsgruppe, angebunden an die Berliner Gethsemane-Kirche. Ziegler sagte seinen Leuten nicht einfach nur, es könne zu einer Durchsuchung kommen, er berief sich natürlich dezidiert auf den Staatssekretär für Kirchenfragen als warnende Stimme. Erwartungsgemäß hat das ein IM weitergemeldet. Ich glaube, das war ein letzter Anstoß, meinen Vater aus dem SED-Dienst zu werfen. Er saß als »Kaderfrage« im Politbüro, und Günter Mittag sagte: »Wir haben den Eindruck, dass du nicht mehr die Interessen der SED gegenüber der Kirche vertrittst, sondern die Interessen der Kirche gegenüber der SED.« Honecker schwieg dazu. Als Einverständnis mit Mittag. Das war das Aus.

SCHÜTT: Hat Ihr Vater mit Ihnen darüber gesprochen?

GYSI: Später ja. Ich wollte ihn trösten und wusste sofort, dass mir wirklicher Trost nicht gelingt. Wahrscheinlich benahm ich mich so gehemmt, wie man sich bei Beileidsbekundungen verhält. Man will eine Form wahren, die aber doch gar nicht zur Situation passt. Man verkrampft in Beteuerungen und ärgert sich hinterher. Wir sind offenbar nicht gemacht für das Ertragen von Fassungslosigkeiten. Wir wollen alles in eine Kultur überleiten, die zur Not sogar Öffentlichkeit erträgt. So weit, so ungut. Ich quälte mich also, meinem geschassten Vater gut zuzureden – und plötzlich sagte der zu mir, er sei gar nicht so traurig über den Hinauswurf. Ich staunte, stockte, und der Alte lief zur alten Form auf: »Na hör mal, spätestens in zwei Jahren müssen diese Leute alle gehen, und da bin ich schon weg!« Wie gesagt, das war 1988, es dauerte nur ein gutes Jahr, und er sollte recht bekommen. Ich hielt diese Bemerkung meines Vaters für sein trotziges Notargument – ich zog später dann demütig den Hut vor ihm.

SCHÜTT: Noch mal zu 1968. Blieb die Universität, blieb Ihr Jurastudium frei von der politischen Spannung, die Prag ausgelöst hatte?

GYSI: Nein. An der Humboldt-Universität fand eine Parteiversammlung des Studienjahres statt. Es wurde mitgeteilt, zehn Studenten hätten ausdauernd beim Russischunterricht gefehlt – diese Art von konterrevolutionären und feindlichen Bestrebungen müsste jetzt ernsthaft bekämpft werden, zunächst mit Kürzung des Stipendiums. Der Russischunterricht als Beleg der internationalistischen Pflichterfüllung; wer den schwänzte, der beging Verrat. Es meldeten sich Leute auf der Versammlung und sagten was dazu, ich sagte nichts. Aber plötzlich hieß es, der FDJ-Sekretär habe gefälligst Stellung zu beziehen, und dieser FDJ-Sekretär war ich. Ich erklärte mein Unverständnis. Erst hieß es, die Kommilitonen seien dem Russischunterricht ferngeblieben, das sei ein Disziplinverstoß, so weit, so klar. Was aber habe das mit Konterrevolution und Staatsfeindlichkeit zu tun? Ich kann nicht behaupten, dass es besonders mutig war, was ich da sagte, und ich kam mir auch nicht besonders mutig vor. Ich merkte jedoch, wie sich die Stimmung gegen mich wie eine Bugwelle formierte. Ein furchtbar oberlehrerhafter Ton machte sich über mich her. Einer sprang mir zur Seite, und der sorgte für eisiges Schweigen, denn er sagte: »Ich habe das Gefühl, dass man hier Köpfe rollen sehen will.« Und mit einem Mal waren nicht mehr die zehn Russisch-Säumigen Mode, sondern wir zwei. Auf einer großen FDJ-Delegiertenkonferenz wurde ich im Rechenschaftsbericht wegen Liberalismus kritisiert. Mein Freund saß neben mir. Wir waren die Einzigen, die bei der offenen Abstimmung über den vorgelesenen Bericht die Hände zur Gegenstimme erhoben. Viel Wert hatte das nicht, immerhin, es musste im Protokoll vermerkt werden, und es wurde widerwillig vermerkt oder zumindest wie ein makaber fremdes Ereignis, über das man nur den Kopf schütteln kann. Ich hatte mich vorher noch zu Wort gemeldet, hielt mit weichen Knien eine Rede und sah, als ich ans Pult trat, dass da ein Tonbandgerät mitlief. Nach meiner Rede, die noch einmal auf diese Staatsfeinde-Inszenierung wegen der geschwänzten Russischstunden einging, gab es einen sehr einsamen Applaus. Der kam von einem Professor des Zivilrechts, der schon ein alter Mann war, bei solchen Versammlungen immer einschlief, dann plötzlich erwachte und instinktiv das machte, was man am Schluss von Reden immer tat: applaudieren. Er wusste gar nicht, was ich gesagt hatte. Ich will eigentlich nur sagen: Dieser Fall verlagerte sich mehr und mehr auf mich, der ich etwas Kritisches gesagt hatte. Von Versammlung zu Versammlung wurde das Urteil über die Sache mit dem Russischunterricht abgemildert, aber ich wurde mehr und mehr attackiert. Insgesamt gesehen eine Lappalie, aber erkennbar wurde das Muster, und die Lappalie darf hochgerechnet werden aufs Prinzip: Die Situation von Prag 1968 bedurfte einer ideologischen Aufladung, es war die Stunde der Ordnungshüter, und von jetzt auf gleich konntest du in ein Mühlrad hineingeraten und wusstest nicht, wie dir geschah. Ich wurde von Lehrern geschnitten. Und im Kleinen spürte ich diese Motorik der Druckerzeugung, der Denunziation, der Beobachtung, der Registratur, wer sich wie verhält.

SCHORLEMMER: Und Ihr Vater?

GYSI: Ich lebte damals in einer dieser typischen Berliner Hinterhofwohnungen, klamm und feucht und dunkel, und mein Vater besuchte mich. Er zwang mich nicht zur üblichen öffentlichen Selbstkritik, aber er wollte, dass die Sache für alle Seiten glimpflich aussähe. Alle Seiten? Nee, dazu würde ich nichts beitragen, ich fühlte mich ungerecht behandelt. Mich hat dieser Anwurf damals ziemlich mitgenommen, nahezu ein Jahr lang lief ich irgendwie neben der Spur, und dann musste ich noch eine Hausarbeit schreiben – der Professor für Arbeitsrecht rief mich zu sich und sagte: »Schreib deine Arbeit, schreib, was du willst und kannst, ich kümmere mich darum.« Das heißt: Er sah meine innere Verfassung, er wusste, ich würde nichts wirklich Gutes zustande bringen, er übernahm die Bewertung, er schützte mich. Solche Leute gab es eben auch.

SCHORLEMMER: Es gibt sie immer.

GYSI: Wie gesagt, ich will nicht missverstanden werden, ich habe kein Recht, mich als Widerständler zu gerieren.

SCHORLEMMER: Die Gefühle, die mit einer Erfahrung verbunden sind, sie fragen nicht nach dem politischen Lager, dem sie zuzuordnen wären.

GYSI: Es ist und bleibt ein großer Unterschied, ob ich von Konflikten mit dem System spreche oder ob Sie das tun.

SCHORLEMMER: Ich war Vertreter einer sozialen, politischen Schicht, die es eigentlich gar nicht mehr geben sollte. Wir waren »Sonstige«, wir waren keine Intelligenz, waren nicht Arbeiter, nicht Bauern, wir waren als Menschen der Kirche einfach nur Reste einer alten Gesellschaft, Abgestorbene, die seltsamerweise noch lebten. Es war bedrückend, das muss ich schon sagen, wie sich das durch mein Leben zog, als Kind, als Jugendlicher, als Student, als Studentenpfarrer, als Dozent – dieses fortwährende Empfinden der Aussätzigkeit, diese Erfahrung der scheelen Blicke, dieses Gefühl, dass du eine Gefahr ausstrahlst, dieses Empfinden, vor dir werde gewarnt, weil du mit deinem Reden eine Gefahr für Jugendliche bist, die doch schließlich einen Platz in der Gesellschaft haben wollen. Ja, es gab Eltern, die haben ihre Kinder vor meinen Predigten, vor meiner Friedensarbeit, vor meinem »Sag nein!« gewarnt. Es gab in diesem Sinne auch Beschwerden über mich bei der Kirchenleitung. Als ich Studentenpfarrer war, haben Eltern ihren Kindern untersagt, zu mir in die Seminare zu kommen. Einige Eltern auch deshalb, weil sie mich für einen verkappten Kommunisten hielten – ich propagiere die »Ökonomisch-philosophischen Manuskripte« von Karl

Marx. Und was die Ächtung betraf: Als ich vierzehn war, an die Mittelschule kam und dort mein Internatsbett bezog, kam einer rein und brüllte: »Wer is hier Schorlemmer?« Als ich ihm antwortete, brüllte er wieder: »Raus!« Mit ihm und noch zwei anderen ging's in ein anderes Zimmer. Er beschied mir klipp und klar: »Keine religiöse Propaganda hier, verstanden?!« Der war von der FDJ-Leitung abgestellt worden, um mich zu neutralisieren.

GYSI: Luzifer.

SCHORLEMMER: Genau. Wie der Leibhaftige, so benahm der sich auch.

SCHÜTT: Ihre Schwester, Herr Gysi, ging zu DDR-Zeiten in den Westen. Standen Sie je in der gleichen Verlockung?

GYSI: Es war nicht Verlockung, der sie folgte. Gabriele war Schauspielerin und litt unter Umständen, die gänzlich andere waren als meine. Sie hatte sich auch gegen die Biermann-Ausbürgerung sehr weit aus dem Fenster gelehnt. Mit mir ist da nichts vergleichbar. Sie wurde, da ihr die Fähigkeit zu feigem Einlenken nicht gegeben war, irgendwann fast logisch aus der Partei ausgeschlossen.

SCHORLEMMER: Der SED.

GYSI: Danke, so viel Differenzierung muss sein: Stimmt ja, es gab noch SED-Dependancen, die nannten sich Blockparteien. Also: SED-Ausschluss. Ich schrieb für sie die Beschwerde an die Zentrale Parteikontrollkommission, aber wir hatten keine Chance, dass da etwas revidiert würde.

SCHÜTT: Hat sich Ihr Vater von seiner Tochter verabschiedet?

GYSI: Ja, natürlich. Wir alle, die gesamte Familie. Ich weiß, andere Funktionäre, deren Kinder gewissermaßen abtrünnig geworden waren, taten das nicht. Gabi zog mit DDR-Pass in den Westen. Ich hatte ein neues Auto bekommen, also erhielt sie vorher meinen »Trabant« als Geschenk. Mein Vater, meine Mutter und ich am Steuer fuhren mit diesem »Trabi« an der Volksbühne vor, und mit dem Ding ist sie dann gefahren. Später erzählte sie uns, auf dem Weg zum Grenzübergang in Richtung Hamburg sei sie viermal angehalten und kontrolliert worden. Ein Trabant stracks in Richtung Westen – da musste doch etwas Besonderes dahinterstecken … Mein Vater hatte eine engere Bindung zu meiner Schwester gehabt, meine Mutter eine engere Bindung zu mir. Sie hat mich sehr geliebt und geschätzt. Sie war geradezu rührend ehrgeizig, was mich betraf. Was ich natürlich überhaupt nicht mochte, wenn sie es öffentlich zeigte. Mein Vater war übrigens, als ich Parteivorsitzender wurde, sehr stolz auf mich. Während meine Mutter sagte, ich solle zurücktreten. Mit der Begründung: »Sie werden dich sonst erschießen!«

SCHORLEMMER: Das ist ein sehr berührender Satz. Da ist die Kämpferin, die die bittere Geschichte ihrer eigenen politischen Bewegung verinnerlicht hat – eine gnadenlose Bewegung, die rigide mit Putschisten, Renegaten, Abweichlern, Reformern umging. Und da ist die Mutter, die dieses Wissen instinktiv auf ihren Sohn anwendet. Wir sind dieser Geschichte, dieser Bewegung entronnen. Ein historisches Glück.

GYSI: Die Gerichtsreden des stalinistischen Generalstaatsanwalts Wyschinski sind in der DDR erschienen, Anfang der fünfziger Jahre, im Dietz-Verlag. Darf man ja auch nicht vergessen!

SCHÜTT: Traf auf Ihren Vater zu, was Stephan Hermlin von sich sagte: »Ich war über vieles nicht informiert, weil ich mich nicht informieren wollte«?

GYSI: Na ja. Er stand zur DDR, er stand zu seiner Partei, aber andererseits ging ihm vieles auf die Nerven. Vor allem dass Leute mit einem geringeren intellektuellen Niveau mehr und mehr Macht ausübten. Das war das Paradox: Die DDR definierte sich inhaltlich …

Schütt: Heiner Müller nannte sie ein Ideendrama.

Gysi: Das hatte aber zur Folge, dass auch die Kritik an ihr zu Teilen klug war. Sie reizte geradezu zu einer intelligenten Auseinandersetzung – die freilich prallte auf eine Kaste der Macht, die sich von Intelligenz aufgestört, befeindet fühlte. Das war die Tragik der machtausübenden Kommunisten: Sie waren auch in diesem Punkt überfordert. Man reagierte misstrauisch, lauernd, abfällig, aggressiv auf Geist. Wenn sie ihn denn nicht taktisch ausnutzten. Das erfuhr auch mein Vater. Er wurde immer gebraucht und herangezogen, wenn eine Sonderrolle zu besetzen war. Bei der Kirche. Oder bei Italien. Oder bei der Kultur. Und wenn sie ihn nicht mehr brauchten, wurde er wieder abserviert. Wirklich hineingelassen in den engeren Zirkel haben sie ihn nie. Das hat ihn beruhigt, aber mitunter bestimmt auch gekränkt.

Schorlemmer: Wenn diese Politbürokraten ein bedeutendes Wissen hätten haben können, dann dies: Zu wissen, wie dumm sie sind.

Schütt: Der junge Schauspieler Manfred Krug führte mit dem einstigen Chef der DEFA, Hans Rodenberg, ein Gespräch über Louis Armstrong. Rodenberg, ein alter Kämpfer aus Moskauer Exiljahren, kannte Armstrong nicht, Krug lieh ihm eine Platte, der SED-Kulturfunktionär hörte sich das an und meinte hinterher zu Krug: Diese Musik brauche er nicht, denn was sich da Jazz nenne, habe er des Öfteren zu Hause, es klinge wie der Abflussstrudel des Wassers in seiner Badewanne. Herr Gysi, wollten Sie nie weg aus der DDR?

Gysi: Es gab drei Gründe, die DDR nicht zu verlassen. Erstens, die politische Überlegung. Zweitens, ich beherrschte das DDR-Recht, darüber hinaus kein anderes. Und drittens, und das war das Wichtigste, mein Sohn. Ich war alleinerziehend. Ohne ihn wäre ich nirgends hingegangen.

SCHÜTT: Waren Sie bei der Armee?

GYSI: Nein. Das war schwierig, aber es ist eine zu lange Geschichte.

SCHORLEMMER: Aber Ihnen misstraute man bei Westreisen bestimmt nicht – die Sie doch sicher machen durften.

GYSI: Von wegen. Meinen Vater zum Beispiel durfte ich, als er Botschafter in Rom war, nicht dort besuchen. Bis 1988 besaß ich keinerlei Privilegien, was die Reisefreiheit betraf. Ich glaube, Friedrich Schorlemmer, Sie waren da etwas besser dran. 1987 gab es erstmalig die Gelegenheit für eine Westreise, aufgrund einer Einladung des Kulturzentrums der DDR in Paris. Ich sollte dort über das wunderbare Thema »Der Grad der Verwirklichung der Menschenrechte in der DDR« sprechen. Für eine Parisreise hätte ich auch über Maikäfer gesprochen, aber der entsprechende Reiseantrag wurde abgelehnt. Ein Jahr später wiederholte sich die Einladung, diesmal durfte ich fahren. Unmittelbar nach meiner Rückkehr, es war mein Geburtstag, rief mich jemand aus der Bezirksleitung der SED zu Hause an und stellte mir irgendeine lapidare Frage zum Rechtsanwaltskollegium. Er wusste nicht, dass ich Geburtstag hatte, sonst hätte er die Gratulation als Ausrede benutzen können. Denn der Anlass des Anrufs war eindeutig eine Ausrede. Ich sagte nur, ich würde ihm diese Frage nicht beantworten, schließlich wisse ich, dass er sich nur Gewissheit verschaffen wolle, dass ich nicht abgehauen sei. Sehr viel später gab er diesen Grund des Anrufes zu.

SCHÜTT: In Paris über die Menschenrechte in der DDR sprechen – das hat was.

GYSI: Mit einem weißen Zettel trat ich im Kulturzentrum auf. Da stand nur drauf: »Geschichte«. Dem stellvertretenden Leiter klappte die Kinnlade runter, der dachte, ich käme mit einem abgestimmten und genehmigten Vortrag. Ich habe ihn nur gefragt: »Können Sie mir jemanden in der DDR nennen, der einen Vortrag mit mir abstimmt und genehmigt zum Grad der Verwirklichung der Menschenrechte in der DDR? Einen glaubhaften Vortrag, den ich in Paris halten kann? Wer setzt sich denn freiwillig mit in die Nesseln?« Da war sofort Ruhe.

SCHÜTT: Und warum das Wort »Geschichte« auf Ihrem Papierchen?

GYSI: Weil ich zunächst über die Historie der Menschenrechte sprechen wollte, bevor ich zur DDR kam. Ich wollte ein bisschen Zeit schinden. Dann habe ich geredet und differenziert zwischen sozialen Rechten und politischen Rechten. Das ging gar nicht anders, ohne diese Taktik wäre ich restlos eingebrochen. Und zum Schluss meldet sich einer und sagt: »Wenn Sie zurückkommen in die DDR, und Sie dürften sich die Weiterentwicklung eines einzigen Menschenrechts wünschen – welches würden Sie herausgreifen?« Vorn in der ersten Reihe saßen drei aus der DDR-Botschaft, die hatten sich schon die Finger wund geschrieben, jetzt schauten sie auf. Natürlich fiel mir sofort das Reiserecht ein. Aber den Mumm hatte ich nicht, ich wollte ja wirklich zurück. Ich erklärte Folgendes: »Sie fragen mich, ich muss umgehend antworten – wenn ich länger überlegen könnte, käme ich vielleicht auf etwas anderes. So fällt mir auf die Schnelle nur das ein: Die Staatsanwaltschaft nimmt sich gelegentlich in der DDR das Recht, dabei zu sein, wenn mein Mandant in Untersuchungshaft ist. Der Vernehmer, also entweder von der Staatssicherheit oder von der Polizei oder vom Zoll oder von der Transportpolizei, darf dann während des Ermittlungsverfahrens danebensitzen, wenn ich mit meinem Mandanten spreche. Ich darf mit ihm erst unter vier Augen reden, wenn das Ermittlungsverfahren beendet ist. Das würde ich sofort ändern.« Ich empfand diese Regelung wirklich als Unverschämtheit, als Verletzung eines ursprünglichen Menschenrechts. Aber hinterher habe ich mir gesagt: Mann, wie schizophren war ich in der Birne, dass ich auf so etwas ausweiche, nur weil ich mich nicht traute, andere Freiheitsrechte anzusprechen.

SCHÜTT: Herr Schorlemmer, dachten denn Sie je daran, abzuhauen aus der DDR?

SCHORLEMMER: Ja. Zweimal. 1958 und dann noch mal Anfang der achtziger Jahre. 1958 war ich vierzehn. Ich stand vor dem Nichts. Nicht mal zur Mittelschule sollte ich gehen dürfen. In Lichterfelde hätte ich staatlich geprüfter Rübenerzieher werden können oder Rübenverzieher oder wie der Mist hieß.

GYSI: Liegt dicht beim Rinderzüchter. Mein gelernter Beruf! Mein Vater sagte, Gregor, wenn du mal ins Exil musst, dein DDR-Recht nützt dir dann gar nichts, damit kommst du nicht weit, aber der Rinderzüchter könnte deine Rettung sein.

SCHORLEMMER: Dass ich die zehnte Klasse überhaupt machen konnte, verdanke ich dem Mut einer Frau, die aus dem Baltikum stammte und bei uns Russisch unterrichtete. Im Sommer 1958 zog sie in den Westen, ganz legal als Rentnerin, und drüben würde sie dann eine annehmliche Pension als Gymnasiallehrerin bekommen. Bevor sie in den Wagen mit den Möbeln stieg, schickte sie mir die offizielle Zusage für die zehnte Klasse. Sie hatte die Berechtigung, so ein Papier auszustellen – aber die Schule wusste davon nichts. Die Lehrerin beging für mich Urkundenfälschung. Ich habe sozusagen von einer Lücke im System profitiert.

GYSI: Ach was, dass Sie glücklicherweise in eine Lücke hineingerutscht sind, bezweifle ich. Es waltete da eine gesteuerte Gerechtigkeit.

SCHORLEMMER: Ihr Talent als Mystiker der Fügungen war mir bislang unbekannt.

Gysi: Wären Sie zur Erweiterten Oberschule gekommen, hätten Sie doch die gesamte Klasse dominiert. Das musste bei so einem eloquenten Kerl unbedingt verhindert werden. Also: Lasst ihn an die Volkshochschule gehen. Dort gab es keine Chance für Wortführerschaften. Die Schüler kamen von überall her, abends ging man wieder auseinander. Schwierige Ausgangslage für Gruppenbildungen. Ich kann mir vorstellen, dass so die pädagogischen Überlegungen waren.

Schorlemmer: Scherzen Sie nur ... Dass die Schule von der quasi illegal ausgestellten Genehmigung der Lehrerin nichts wusste, bekam ich im Übrigen sofort zu spüren. Als ich im Internat ankam, im Schülerheim in Seehausen, wollten die mich zunächst eiskalt wieder nach Hause schicken, ich stand auf keiner Liste. Spätabends in der Kreisstadt! Zwanzig Kilometer war ich mit dem Fahrrad gefahren, hinten auf dem Gepäckträger Sack und Pack. Das war eine Zeit, da wollte ich weg, raus aus diesem Land. Meine Mutter hörte sich mein Flehen, meine Wut an und sagte nur: »Alle gehen oder keiner geht – wir zerreißen die Familie nicht.« Diesem Satz habe ich mich auch später immer verpflichtet gefühlt. Ein weiterer Grund, warum ich nicht wegging: Ich war Pfarrer, ich war Menschen verpflichtet, ja, noch etwas hehrer ausgedrückt: Ich war vor Gott den Menschen verpflichtet.

Gysi: Man kann auch unter schwierigen Bedingungen aufrecht leben.

Schorlemmer: Da haben Sie sehr recht. Die resigniert hatten, die gingen. Aber manchmal dachte ich: Haben diese Menschen sich eigentlich die Frage gestellt, wie viele Resignierende sie nun hinterlassen, da sie weggehen?

Schütt: Das ist eine raffinierte Argumentation. Das ist Zwangsverpflichtung zur Selbstlosigkeit.

Schorlemmer: Ich bitte Sie! Was ich sage, das war das Ethos

solcher Menschen wie Christa Wolf oder Franz Fühmann. Es gab doch durchaus auch eine Verpflichtung hierzubleiben. Sicher haben Sie darin recht, dass diese Verpflichtung nicht apodiktisch gegen den Freiheitswillen von Menschen gesetzt werden durfte, aber mir tat das weh, wie immer mehr Freunde in den Westen gingen und wir immer weniger wurden. Christa Wolf hat in einem Vortragstext über Fühmann an jene Zeit erinnert, da sie und ihr Mann daran dachten, ebenfalls die DDR zu verlassen. Fühmann hatte ihr gesagt: Ärzte, Pfarrer und Schriftsteller sollten hierbleiben, solange sie nur können – wegen der Verteidigung derer, die zu Unrecht angegriffen wurden; wegen der Fürsprache für Hilfesuchende; wegen der Ermutigung kritischer Stimmen. Es ging um den schwierigen Weg der Selbstbehauptung. Aus der Trauer wurde auch bei mir so etwas wie Entschlossenheit und regelrechter Trotz: Ich gehe hier nicht weg, denn das Land gehört nicht denen, die es verderben! Das war mein kategorischer Imperativ.

SCHÜTT: Herr Gysi, waren denn die Arbeitsgebiete, was Ausreiseanträge betraf, unter den Anwälten irgendwie aufgeteilt?

GYSI: Wer in den Westen wollte, der beauftragte – Professor Wolfgang Vogel. Er war der Spezialist für diesen Weg. Wer aus politischen Gründen in Haft saß, aber nicht in den Westen wollte, nahm sich logischerweise einen anderen Anwalt. So jemanden wie mich. Ohne die Arbeit von Vogel relativieren zu wollen, aber ich empfand schon, dass ich die schwierigeren Fälle hatte. Weil es sich um Leute handelte, die hierbleiben wollten, die also nach Verbüßung ihrer Strafe höchstwahrscheinlich widerständig bleiben würden. Diese Vorahnung belastete die Dinge. Das erste politische Mandat, das ich hatte, betraf übrigens Trotzkisten. Die fanden in der DDR keine Befürworter, klar, aber auch nicht im Westen. Das waren völlig einsame Kämpfer zwischen allen Fronten. Das hatte etwas so anrührend Verlorenes, etwas sehr Unglückliches.

SCHORLEMMER: Es gab auch viele, die stellten den Ausreiseantrag, und dann erst wurden sie widerständig und reden nachträglich nur von ihrem Widerstand.

SCHÜTT: Sie haben mal geschrieben, »Weggeh-Mut und Bleibe-Mut« hätten immer gegeneinandergestanden.

SCHORLEMMER: Dableibende haben Ausreisende moralisch verachtet – und umgekehrt.

GYSI: Wobei staatliche Organe mitgeholfen haben, einen Keil zwischen beide zu schlagen, indem sie das Umfeld der Ausreiser bearbeiteten und somit einen psychischen Druck aufbauten, der zum sozialen Druck hinzukam. Also, das war schon übel.

SCHORLEMMER: Ich wollte nicht, dass die Kirche eine Art Ausreiseklub wird, wo man politisch die Lippe riskiert, damit man schneller rauskommt.

GYSI: Da sind wir auch wieder bei den Zufällen. Was Komisches hat's doch auch: Ausgerechnet diejenigen – wenn man an die Flüchtlingsströme im Sommer 1989 denkt –, die an gar keine Veränderung mehr glaubten und geradezu in Panik flohen, weil sie die Ewigkeit der Mauer fürchteten, ausgerechnet sie wurden ein entscheidender Anlass für den Zusammenbruch.

SCHÜTT: Aber es ist schon eine große Frage: Muss der Freiheitswille, um als berechtigt zu gelten, irgendwelche Voraussetzungen erfüllen?

SCHORLEMMER: Nein. Aber es gehörte zum politischen Instrumentarium des Westens, heftig am Mythos des uneingeschränkten, bevölkerungsweiten Kampfes gegen das SED-Regime zu stricken. Das war eine geschürte Lüge. Am 1. August 1975, im Kreuzgang des Merseburger Doms, feierten wir ein heiteres Fest zum Abschluss der Konferenz für Sicherheit und Zusammenarbeit in Europa, es war ein

Fest der Hoffnung und des Aufatmens, denn Korb III der Beschlüsse von Helsinki hob die Freiheitsrechte, auch Bewegungsfreiheit hervor – und auf diesem Fest habe ich zugespitzt gesagt: Wunderbare Freiheit, aber die Ausreise müsse man sich verdienen. Das hieß: Wer das Land verlässt, der möge mit unserem Segen gehen, weil wir sehen, dass der Druck auf ihn zu groß ist und er diesen Druck nicht mehr aushält. Manchen ging es sehr gut, sie gingen trotzdem. Sie wollten einfach nur weg.

SCHÜTT: Noch mal gefragt: Reicht das nicht?

SCHORLEMMER: Doch, das akzeptiere ich. Aber was ich nicht akzeptierte: dass sie sich hinterher als Widerstandskämpfer ausgaben. Na ja, wenn ich ganz ehrlich bin …

SCHÜTT: Ja?

SCHORLEMMER: Vielleicht war ich mitunter zu harsch. Zu überfordernd. Ungerecht.

V.

Die sogenannten kleinen Leute
Eine Arbeiterfaust unter der Nase
Allein gegen ein Volk? Na und!
Christen, Kommunisten: fünf Prozent

SCHORLEMMER: Warum Antifaschismus nicht verordnen?
GYSI: Verordneter Faschismus ist schlimmer.

SCHÜTT: Was ist historische Gerechtigkeit?

GYSI: Zur historischen Gerechtigkeit gehört, das Werden der DDR in historischen Zusammenhängen zu belassen. Nach Nazidiktatur und Krieg suchten viele Deutsche nach einer gesellschaftlichen Alternative zum klassischen bürgerlich-kapitalistischen Staat, weil dieser ja in die Katastrophe geführt hatte. Übrigens fanden auch im Westen Volksentscheide über die Enteignung von Nazi- und Kriegsverbrechern statt, es bildeten sich antifaschistisch-demokratische Bündnisse, es wurde über nichtkapitalistische Perspektiven debattiert. Der Kalte Krieg aber verwandelte Deutschland wieder in eine Art Schlachtfeld. Ost gegen West. Moskau hatte das Sagen. Millionen Menschen trugen mit ihrem Idealismus die DDR, weil sie trotz Verbitterung und Ärger diesen Staat zumindest punktuell als Verwirklichung ihrer Idee von einer besseren Gesellschaft annahmen. Aber der Aufbau- und Durchhaltewille von so vielen war leider nicht nur der Boden, auf dem die DDR wuchs, er war auch der Teppich, unter den die Widersprüche gekehrt wurden.

SCHORLEMMER: Diesen Teppich hätte man wegreißen müssen. Mit dem schmerzhaften Geständnis, dass diese propagandistisch überhöhte DDR nur eine Fiktion war. Dass auch der Grundsatz »Arbeite mit, plane mit, regiere mit« eine hohle Phrase war.

SCHÜTT: Dass die gesamte Bevölkerung aufgrund der Sozialpolitik schon lange auf Pump und auf Kosten ihrer Nachfahren und damit über ihre Verhältnisse lebte?

SCHORLEMMER: Da muss ich einschränkend sagen: Erstens war das im Westen auch so, was es nicht besser macht, und zweitens: Das Gefühl, über meine Verhältnisse zu leben, hatte ich eigentlich nicht. Aber die Einheit von Wirtschafts- und Sozialpolitik war ein Hecheln am Hintern westlicher Schaufensterkultur. In nacheiferndem Konsumismus muss man eine wesentliche Ursache für die Wertezerstörung im deutschen Osten sehen.

SCHÜTT: Es gibt einen Brief des Theaterregisseurs Adolf Dresen: »Saturiertheit tritt an die Stelle von Emanzipation, Fettlebe anstelle wahrer Lebendigkeit«, schrieb er an die Betriebsparteiorganisation des Deutschen Theaters. »Wenn wir den Westen einholen wollen, werden wir ihm immer hinterherhinken. Ich persönlich bedanke mich für das Paradies der Autos, Kühltruhen und Farbfernseher. Ich wäre stolz auf eine Armut, die sich mit menschlicher Würde deckt. Spätestens an dieser Stelle sehe ich, Genossen, wie Sie in schallendes Gelächter ausbrechen über so viel Donquichotterie. Lachen Sie. Ich gestehe Ihnen, dass ich in den Strategien, Finten, Taktiken, auf die Sie sicher stolz sind, das nicht mehr finden kann, um dessentwillen ich Genosse sein wollte.« Von solchen Menschen muss man auch erzählen, wenn man von der DDR erzählt.

SCHORLEMMER: Der Kommunist, der zugleich Bürger gewesen ist: Wunderbares »Sie« im zitierten Brief! Solch eine Anrede inmitten der Genossen-Kultur, gesetzt gegen jene militante Verkumpelung, die jede Distanz zwischen Menschen ausschaltet, letztlich auch den Respekt.

SCHÜTT: Dresen bat mit diesem Schreiben 1976 um seine »Entlassung« aus der SED. Abgelehnt. Ein Jahr später, 1977, wurde er im Zusammenhang mit der Biermann-Ausbürgerung dann ausgeschlossen (mit seiner eigenen Stimme). Ausschluss, nicht Entlassung – das Handlungsgebot hatte der Partei zu gehören, nicht dem Einzelnen.

Schorlemmer: Vielleicht hätte das ehrliche Eingeständnis des Scheiterns, ein frei von ideologischen Vorbehalten und ohne falsche Rücksichten vorgenommener Kassensturz noch einmal einen Sympathieschub für diesen staatlichen Versuch einer gesellschaftlichen Alternative ausgelöst.

Schütt: Wie sagte der berühmte sozialdemokratische Philosoph Steinbrück? Hätte, hätte – Fahrradkette …

Gysi: Aber das ist eben dieser Punkt, den man aus dem Leben so vieler Menschen im Osten nicht löschen kann: Sie tragen zumindest das Gespür in sich, dass auf deutschem Boden etwas Alternatives beabsichtigt war. Eine Gesellschaft, die den Schwachen eine Chance zu geben gewillt war; eine Republik, die auf den Rat der sogenannten kleinen Leute geradezu angewiesen war – auch wenn sich der Staat dann mehr und mehr gegen das ihm Eigene verging. Es ist doch unbestritten, dass sich die Ostdeutschen durch die Verstaatlichung der Betriebe, durch das ziemlich energische Vorgehen gegen die Nazielite, überhaupt durch alle sozialen und kulturellen Umwälzungsprogramme viel schneller veränderten als die Menschen in Westdeutschland, wo politisch und sozial letztlich eine bürgerlich-demokratische Vorkriegssituation entstand. Die Amerikaner gaben Westdeutschland eher an die Bevölkerung frei als die Sowjets Ostdeutschland an die dortige Bevölkerung. Man kann wohl sagen: Im Osten wurde eine ganz neue Gesellschaft aufgebaut, aber gleichzeitig schleppte man noch weit länger an der Vergangenheit und ihren Folgen als in der Bundesrepublik. Aber es gab das mobilisierende Anfangsgefühl, eine Aufstiegshoffnung für bisher Unterprivilegierte und Ausgebeutete, der Staat brach für viele Menschen soziale Schranken mit dem Bildungsprivileg nieder.

Schorlemmer: Vergessen wir nicht, dass sich ein ganzes Spektrum der Literatur »Ankunftsliteratur« nannte. Die war doch in der Hauptsache getragen von einer ehrlich und wahrhaftig gefühlten Beteiligung an etwas Neuem. Das war doch nicht propagandistische Bemäntelung von generellem Unrecht. Zu diesen Literaten darf man Heiner Müller, Christa Wolf, Brigitte Reimann, Volker Braun zählen. Und das hat erst einmal nichts mit den Konflikten zu tun, in die diese Schriftsteller gerieten – nicht, weil sie gegen, sondern weil sie für die neue Gesellschaft waren.

GYSI: Das bleibt das Vertrackte. Du nennst diejenigen, die aus guten Gründen hierblieben, und es drängen sich dir diejenigen ins Bewusstsein, die aus guten Gründen weggingen. Oder die gezwungen wurden zu gehen. Bahro etwa. Die Wolfs haben versucht, Thomas Brasch vom Weggehen in den Westen abzubringen, und mussten sich eingestehen, keine wirklichen Argumente mehr zu haben. Die Argumente reichten irgendwann gerade noch für einen selber. Das ist eben das, was die Erzählungen über ein untergegangenes Land so streithaltig macht, auf lange Dauer wahrscheinlich: Beim Positiven musst du aufpassen, dass es nicht Mythos wird, und beim Negativen musst du ertragen, dass es auch Wahrheit ist, böse Wahrheit im Grunde.

SCHORLEMMER: Aber: Das Positive ist auch Wahrheit.

GYSI: Ja. Es ist eben wahr, dass Thomas Brasch in München, von Franz Josef Strauß persönlich, den Bayerischen Filmpreis erhielt und gegen ein Pfeifkonzert hinein mit eiserner Ruhe sagte, er bedanke sich aus ganzem Herzen für seine Ausbildung an der Filmhochschule in Babelsberg. Dies nur als Beispiel.

SCHORLEMMER: So wie aber auch wahr ist, was der Filmautor Klaus Poche sagte, der großartige Drehbücher für Frank Beyer schrieb: »Wenn du von zwanzig Filmen zehn verboten bekommst, ist das nicht sehr angenehm. Dazwischen lag verlorene, quälende Zeit. Dann diese ständige Belehrung und Arroganz – das Verbot wurde auch noch in anbiederische Fürsorglichkeit gekleidet! Irgendwann klingelte es nachts bei mir zu Hause – aber jedes Mal war niemand draußen. Später standen Kampfgruppen vor meinem Haus, mit deutlich drohender Geste: Da wollen wir mal dem Dichter die Arbeiterfaust unter die Fresse halten! Es kommt der Punkt, da denkt man nicht mehr an die Folgen, da wird man zum ›kleinen Luther‹: Hier stehe ich und kann nicht anders.« Kann nicht anders hieß: weggehen! Dies auch nur als Beispiel.

Gysi: Das war schon eine Infamie der SED-Führung: Sie förderte diese Literatur, um dann zu sagen: Na, und das Errungene werdet ihr doch jetzt nicht durch kleinliche Kritik gefährden. Wobei ich zugeben muss, dass ich als Junge ziemliche Schwierigkeiten hatte mit DDR-Literatur oder auch sowjetischen Büchern. Obwohl ich die Moral und das politische Ethos dieser Bücher teilte, fühlte ich mich irgendwie so pädagogisch in die Pflicht genommen. Ich fühlte die Botschaft, die Lehre, die zu ziehen sei, aber diese Bücher zogen mich nicht in spannende Geschichten hinein, sie wollten mir zeigen, dass sie klüger waren als ich. Das missfiel mir. Eigentlich erst spät, in den siebziger Jahren, wuchs ein wirkliches Interesse, das mit Christa Wolf, Christoph Hein oder Stefan Heym und Maxie Wander zu tun hatte. So wie ich nicht mit achtzehn in die Partei eintreten wollte, um so eine Art zeremonieller Pflicht in der Schule nachzukommen: Abitur und SED-Mitgliedschaft und Eltern Antifaschisten, welch schöne Dreieinigkeit! Nee. Ich wurde dann erst im volkseigenen Gut Kandidat und später als Student Mitglied der Partei.

Schorlemmer: Wir haben von der Kunst in der DDR gesprochen, in der das Selbstbewusstsein von Arbeitern und Bauern gefeiert wurde, berechtigt heiter, berechtigt kühn, aber: Wie schnell die sogenannte führende Klasse nach deren Gang durch die Mauer in den Westen von einigen ziemlich abwertend behandelt wurde. Als seien die Bananen so etwas wie die dreißig Silberlinge des Judas.

SCHÜTT: Ich denke da an die enttäuscht-grimmigen Hiebe Willi Sittes, der sich nach dem Ende der DDR künstlerisch abrupt von der Masse abwandte, die ihm doch soeben noch als epochal kräftige Klasse galt, höchst feurige Inspirationsquelle für seine malerisch prallen Körperlichkeiten. Nunmehr zeichnete er mit scharfer Verachtung nur noch »Herrn Mittelmaß«; jetzt war ihm just der Arbeiter, einst pathetisch eingefärbter Heros der siegreichen Geschichte, zum willfährigen Herdentier niedriger Bedürfnisse geworfen: »Halle war immer ein roter Bezirk, auch Chemnitz, Magdeburg. Es ist für mich erschütternd, dass nun in der Mehrheit bürgerliche Landräte und Bürgermeister gewählt wurden. Arbeiterklasse! Diesen Arbeitern habe ich Denkmale geschaffen! Huldigungen. Sie stecken alle mit den Köpfen im Dreck ... Erledigt. Die Menschen haben mich bitter enttäuscht.«

SCHORLEMMER: So redet der Führende über die Geführten, so redet der wissend Vorangehende über die unwissend Zusammengescharrten, die einer Wegweisung durch Avantgardisten bedurften.

SCHÜTT: Herr Gysi, Sie sprachen vorhin von den sogenannten kleinen Leuten. Selbst das Politbüro bestand im Grunde genommen aus kleinen Leuten ...

GYSI: Kleine Leute ... Das ist eigentlich, fällt mir jetzt auf, ein zynischer Begriff des Herrschaftlichen, der ein arrogantes Machtverhältnis ausdrückt.

SCHÜTT: Stimmt, wie das Wort von den einfachen oder gewöhnlichen Menschen ... Selbst das Politbüro hing bis zuletzt der Chimäre nach, es sei ein Gremium von Volkes Stimme. Stephan Hermlin hat geschrieben, man sei in diesem untergegangenen Land sogar mit der Dummheit, die darin geschah, auf besondere Weise verbunden gewesen.

»Das Unrechte war nie Teil meines Heimatgefühls, es befleckte die Vision, die ich mit Heimat verband, und ich wünschte die Dummheit immer zum Teufel; aber ich sah sie nie als irgendeine fremde Untugend an, ich begriff sie immer als eigenes Unvermögen.«

GYSI: Ja. Das heißt, so paradox das klingt, es entwickelte sich bei vielen Menschen durch ein Gefühl von Verantwortung und Zuständigkeit logischerweise auch ein gehöriges Maß an Unbehaglichkeit – das sie aber trotzdem, ganz vertrackt, an diese DDR gebunden hat. Gerade auch Künstler, Schriftsteller, Pfarrer. Gemeinsames Elend bindet. Aber erklär das mal einem, der's nicht erlebt, nicht gefühlt hat.

SCHORLEMMER: Sie sagen, das Politbüro habe sich als Gremium von Volkes Stimme gefühlt. Das beweist doch nur, welche verheerenden Folgen die Selbsttäuschung haben kann. Ach, das war doch alles nur gespielt! Ich sage Ihnen, wenn die Kommunisten eines ganz sicher einschätzten, dann war es ihre Chancenlosigkeit. Sie haben Skandale wie den der Biermann-Ausbürgerung zwar überstanden, aber da ihr System eigentlich schon tot war, nie wirklich überlebt. Und sie wussten das! Und gerade deshalb blieben sie so rigide, so starr, so leblos böse.

SCHÜTT: Der Journalist Gerhart Eisler führte Anfang der fünfziger Jahre einen Verwandten aus den USA auf die Hügel in Berlin-Pankow, sie sahen von da oben aufs frühabendliche Panorama Ostberlins, und Gerhart Eisler sagte, auf die Arbeiterwohnungen zeigend: »Hinter jedem Fenster, in dem jetzt ein Licht angeht, sitzt jemand, der uns die Kehle durchschneiden will.«

SCHORLEMMER: Erfahrung mit dem prinzipiellen Gehasstwerden hatte die alten Kommunisten befähigt, über viele Fehler ihres Sozialismus tapfer hinwegzusehen und diese Defizite im Hinblick auf die Utopie, für die man unter Krupp und Krieg einst litt, zu relativieren.

Schütt: In seinen Reden sprach Erich Honecker sehr oft davon, der Sozialismus habe »historisch recht«. Das verwies auf den langen Zeitraum des Kampfes, es kennzeichnete das systematisch praktizierte Unrecht in der DDR-Gegenwart als notwendiges Durchgangsstadium.

Gysi: Listig, listig. Diese Starrheit der Alten, mit der sie ungerührt an der wachsenden Unzufriedenheit der Bevölkerung vorbeiregierten, hatte wohl ihren Grund darin, dass sie, zu Hitlers Zeit, als ein Häuflein der Klarsehenden vorbeileiden mussten an großer, begeistert fügsamer Spaliermasse. Das ist das, was Schorlemmer eben als Erfahrung mit dem Gehasstwerden bezeichnete. Als die ersten Opfer der Nazis hatten sie schon einmal recht, und zwar gegen ein ganzes Volk, und ihre Opferschaft, verbüßt in Lagern und Emigration, hatte all dem vergeblichen Warnen ein schmerzvolles, blutiges Zeugnis der Berechtigung ausgestellt. Nach dem Krieg waren diese Menschen, denen Deutschland so viel zu verdanken hatte, an der geschenkten Macht, und kein zweites Mal würden sie vom Richtigen abgehen, und das Richtige schien zu sein: jetzt, im internationalen Klassenkampf, erneut gegen ein Großteil Volk recht behalten zu müssen und auf diesem Recht beharren zu dürfen – solche Einsamkeit waren sie gewohnt, das erschütterte sie nicht. Es schien ihnen möglich, für das Volk zu arbeiten, indem man gegen das Volk regierte. Das musste das Volk aushalten, und man selber, ausgestattet mit der erwähnten schlimmen Erfahrung, würde das Volk bis zu dessen endgültiger Umerziehung allemal aushalten.

Schütt: Ich gehörte als FDJ-Funktionär zu einer Generation, die so ein Grunderlebnis nicht hatte. Weshalb nach dem Ende der DDR etwas geschah, was offenbar zu den psychologischen Merkwürdigkeiten zählt, wenn Menschen über Nacht die Welt wechseln müssen, dann aber sehr bald empfinden: Ich muss nicht, ich darf. Man reagiert unvermittelt freier, unideologischer, wenn neue Verhältnisse eintreten. Man kann tatsächlich über Nacht standpunktlos werden, ich gestehe das. Von einem Feindbild hatte ich mich, als Parteijournalist, befreit, ein anderes jedoch drohte sich vor mir aufzubauen: ich selber in der Gestalt dessen, der ich bis gestern so leidenschaftlich war. Plötzlich verstand ich immer weniger, wie ich früher so hatte handeln können, wie es schwarz und weiß zu lesen war. Möglicherweise hatte es mit jener bloßen kalten Kopfsteuerung zu tun, mit der meine Generation in Reih und Glied der Funktionärsmannschaften eingetreten war. Es fehlte jenes im Herzen eingegrabene biographische Grunderlebnis, von dem Gregor Gysi sprach und das den Älteren, den Kommunisten, aus sozialem Elend und aus Krieg und Kerkern kommend, noch geholfen hatte, ihr Ideal in rüder Realität unantastbar zu halten.

SCHORLEMMER: Jetzt erzähle ich, was ich bereits erwähnte: die erste Begegnung mit Klaus Gysi. Es war 1984, bei einer Synode in Greifswald. Er war Staatssekretär für Kirchenfragen und lud zu einem Empfang. In der Synode haben wir lange überlegt: Gehen wir hin oder nicht? Machen wir uns da mit denen vom Staat gemein oder nicht? Sollen wir vom höchst appetitlich gedeckten Tisch derer naschen, die uns doch sonst allzu gern über den Tisch ziehen? Bedeutet Teilnahme am Empfang Schwäche oder Souveränität? Nun ja, einige von uns gingen hin, ich auch, und stellen Sie sich vor: Die hatten die Esstische doch tatsächlich in Kreuzform im Raum aufgestellt! Einer von uns zischelte empört: Eine Provokation! Hier nehm ich keinen einzigen Bissen! Als ich an Manfred Stolpe vorüberging, eher zufällig, greift der meinen Arm und sagt zu dem Mann, mit dem er gerade im Gespräch stand: »Herr Staatssekretär, ich wollte Ihnen gern mal einen von diesen Leuten vorstellen, die in Ihren Zeitungen so betont als Provokateure geführt werden.« Sprach's und ließ mich stehen mit – Klaus Gysi. Es war die Zeit nach unserer Schmiedeaktion mit dem Schwert, da galt ich als besonders feindlich, denn die entsprechenden Organe hatten diese Aktion nicht verhindern können, sie mussten sich angesichts ihrer üblichen Observierungsmanie wahrlich als Deppen vorkommen – so etwas steigert die Aggressivität des Tons, um ähnliche Vorfälle zu vermeiden. Nun stand ich neben Gysi.

GYSI: Wie war Ihr erster Eindruck?

SCHORLEMMER: Galant zynisch, Ihr Vater. Aber plötzlich sagte er, immerhin Abgesandter der Macht, einen mir unvergesslichen Satz: »Herr Pfarrer, wir müssen uns doch über eines klar sein – Sie und wir vertreten beide jeweils nur Minderheiten, vielleicht so etwa fünf Prozent auf jeder Seite sind ganz ehrlichen Herzens dabei und dafür.« Das empfand ich als Angebot einer gemeinsamen Basis: Kommunisten und Christen folgen auf sehr krass voneinander unterschiedene Art einer hohen, hehren Idee, aber keine dieser Ideen hat eine wirkliche Chance, Mehrheiten zu ergreifen. Der Satz überraschte mich, sehr sogar, ich war verblüfft. Ich ging gern auf diese so ernsthaft grundierte Selbstironie Gysis ein und fragte nur: »Sind Sie sicher, dass es fünf Prozent sind? Bei uns in der Kirche sind es nicht so viele.« Darauf er: »Doch, doch! Fünf sind's, bei uns jedenfalls. Bei Ihnen vielleicht nicht.« Womit die Machtverhältnisse wieder richtiggestellt waren. Aber ich fand das schon mutig von einem SED-Funktionär, und das sagte Gysi gar nicht betont leise, sondern unbekümmert und also sehr hörbar in Reichweite eines gewissen Herrn Heinrich, einem Offizier im besonderen Einsatz der Stasi.

GYSI: Eigentlich gab mein Vater häufig sehr intelligente Antworten. Intelligent auch in dem Sinne, dass er einem ganz leidenschaftlich und stichhaltig was erklärte, und wenn er fertig war und man selber sich nun irgendwie gefestigt und wirklich gut belehrt vorkam, er erneut ansetzte und meinte, man könne das alles natürlich auch noch ganz anders betrachten. Man stöhnte zunächst und war später doch sehr froh über diese Denkungsart. Das hat mich sehr geprägt in meinem Bild über die Intelligenz, die in dieser kommunistischen und Arbeiterbewegung steckt. Das sage ich mit einem sehr aufrichtigen Gefühl, und von daher kommt auch wieder diese besagte Traurigkeit, wie viel da geknebelt, erdrückt, weggeworfen, niedergetreten wurde.

SCHÜTT: Hinter allem steckt die Frage: Wieso überstanden Kommunisten die schweren Prüfungen der Nazizeit, hielten ihren Kopf hin im Kampf gegen Barbaren – und dann, in der Bürokratie der Bonzen, knicken sie ein in die Duldung, ins Schweigen, in die Mittäterschaft in einem drögen Parteistaat. Unfassbar eigentlich. Wie ist das zu erklären?

GYSI: Ich habe das meinen Vater gefragt und bekam da, es war entgegen seiner sonstigen Art, eine höchst unbefriedigende Antwort; das übliche Ausweichen: Disziplin, vor dem Klassengegner keine Blößen zeigen, also das geläufige Beschwichtigungsvokabular, das ihn selber auch quälte. Ja, diese Menschen, diese Antifaschisten hatten gegen Hitler die Kraft für einen lebensgefährlichen Mut. Mein Vater und meine Mutter zum Beispiel waren in Frankreich. Als Hitler Polen besetzt hatte, blieben sie dort, wurden interniert, wussten danach nicht, wie und wovon sie ihr Leben fristen sollten. Eines Tages beschloss die Partei die Rückkehr meines Vaters nach Hitlerdeutschland – schon das war der helle herzlose Wahnsinn, meine Mutter hatte einen jüdischen Großvater, mein Vater eine jüdische Mutter, und er war Mitglied der KPD. Aber sie machten sich auf die Reise. Dorthin, wo man viele Gründe haben würde, meinen Vater umzubringen. Er folgte dem Auftrag trotzdem. Sie stiegen in den Zug, und meine Mutter hat das Folgende später als ein schreckliches Erlebnis bezeichnet. Die beiden saßen nämlich im Abteil, und sechs SS-Leute stiegen ein. Und dann verstieg sich mein Vater zu etwas Unfassbarem: Er erzählte nur jüdische Witze. Einen nach dem anderen. Unaufhörlich. Die SS-Leute lachten laut schallend. So praktizierte mein Vater den Angriff als beste Verteidigung, und meine Mutter starb in dieser Situation schon mal alle vorstellbaren Tode. In Berlin arbeiteten sie für einen Verlag, der Firmenfestschriften verfertigte, trieben Spionage. Meine Mutter blieb immer resolut und reaktionsschnell und clever, und sie versteckte auch gefährdete Personen. Und dann in der DDR, wie gesagt, diese disziplinierte Mutlosigkeit, auch meines Vaters, vor den eigenen Genossen. Ich habe über das Thema mal mit Helmut Kohl gesprochen – man stelle sich das vor: Helmut Kohl erklärt mir meinen Vater! –, aber er sagte tatsächlich etwas Einleuchtendes. Kohl meinte, die Antifaschisten hätten sich im Kampf gegen die Nazis gleichsam in einer Familie gefühlt, mit der Gewissheit tiefer und verpflichtender Solidarität selbst noch weit über den möglichen Tod hinaus. Aber der Widerstand gegen die verknöcherte eigene Partei, der mit Bannfluch geendet hätte, der hätte in die totale Einsamkeit, in die Isolation geführt. Wer habe davor nicht Angst: dem Empfinden, als aussätzig zu gelten? Diese Angst sei doch nur zu verständlich, und sie konnte so erfolgreich zur Züchtigung, zur Beschneidung des Charakters benutzt werden. Meine Schwester sagte zudem: Vergiss nicht, dass die Kapitalismuserfahrung dieser Kommunistengeneration mit deren Faschismuserfahrung zusammenfiel. Und angesichts dieser Erfahrungen galt der Sozialismus als großartige Möglichkeit, und dafür trug man gern alles mit, was die Realität an Schmutz und Unvollkommenheit zumindest noch mitschleppte.

SCHÜTT: Und nie mehr würde man wahrscheinlich zulassen, dass einem andere zu nahe kommen, Menschen außerhalb des eigenen Erfahrungshorizontes.

Gysi: Ich habe den Jazzmusiker Coco Schumann kennengelernt, als jüdischer Junge wurde er von Berlin nach Theresienstadt verschleppt, von dort nach Auschwitz. Weil er schon als Kind Gitarre spielen konnte, kam er in die Kapelle. Die spielte »La Paloma«, wenn die Juden, vor allem Kinder, zur Gaskammer geführt wurden. Ich fragte ihn, ob er das Lied heute noch hören könne. Er sagte nur: »Die Musik kann doch nichts dafür.« Ich empfand diesen Satz als etwas Großartiges und zugleich Unfassbares. Was so ein Bewusstsein alles ordnen, bewältigen muss. Er hat während seiner Musikkarriere – er spielte in großen Bands und Orchestern – nie über diese Erlebnisse gesprochen. Er hat mir gesagt, warum: Er wollte nicht wie ein Sonderfall behandelt werden, nicht besonders feinfühlig oder rücksichtsvoll. Er habe Angst gehabt, so erzählt er, dass ihn seine Kollegen nicht mehr unverblümt auf mögliche falsche Töne aufmerksam gemacht hätten, sei es aus Scham oder schlechtem Gewissen. Er wollte angenommen, normal behandelt, nicht seltsam angestarrt werden. Erst sehr spät im Leben schrieb Schumann seine Geschichte auf. Für eines allerdings hatte er stets vorgesorgt: Er hat zu Hause einen Koffer, einen kleinen Koffer nur. Aber da ist das Nötigste drin, er kann jederzeit weggehen, er ist immer auf einen schnellen Abschied vorbereitet und gefasst.

Schorlemmer: Es macht mich frösteln, was Sie da erzählen. Mir kommt da immer die Frage, wo ich gestanden hätte in so verfluchten Zeiten. Es gibt ja in jedem Menschen auch einen negativen Möglichkeitssinn. Du weißt nicht wirklich, wozu du fähig wärest, änderten sich die Verhältnisse nur um ein entscheidendes Quäntchen Druck und Fanatismus.

Schütt: Es gibt einen Aufsatz von Thomas Mann, »Bruder

Hitler«, und ein Theaterstück von Heinar Kipphardt, »Bruder Eichmann«.

SCHORLEMMER: Worauf verweist solch eine Beschwörung beklemmender verwandtschaftlicher Nähe zum Bösen? Darauf, dass die Sorgfalt in geschichtlicher Betrachtung dort wächst, wo man sich selber in die Variante einschließt, verführbar zu sein fürs Grässlichste. So wie man freilich unbestritten auch fürs Gütigste verführbar bleibt. Sei niemand zu gewiss, wenn über Anfechtbarkeit geredet wird. Ich habe mal geschrieben: »Ich bin Kain, der den anderen nicht erträgt. Ich bin Absalom, der Vatermörder. Ich bin das blöde Volk. Ich bin Petrus, der Treue schwört und dann als Erster Jesus verleugnet, einen Moment depressiv wird, dann sofort wieder obenauf ist, erneut in der Rechthaberpose. Ich bin froh, dass ich das alles nicht durchleben muss. Und alles durchlebe ich doch – in meiner Seele.«

GYSI: Soll ich Ihnen sagen, Herr Schorlemmer, was als Kind mein größtes Problem war? Dass ich wusste: Ich hätte nie Nazi werden können, selbst wenn ich es gewollt hätte. Also irgendwie ist das ein irrer, wirrer Gedanke, ich weiß. Ich war mir immer des Glücks bewusst, das jüdische Schicksal der Generationen vor mir nicht miterlebt haben zu müssen, aber ich dachte auch daran, dass ich nicht die geringste Chance einer sogenannten normalen Entwicklung gehabt hätte wie andere Jungs. Ich hätte mir nie den Wunsch erfüllen können dazuzugehören. Ich muss mir keine Gedanken darüber machen, wie ich mich in der Nazizeit verhalten hätte. Das ist mein biographisches Privileg. Ich atme bei so einem Gedanken auf und bin zugleich tief betroffen.

SCHORLEMMER: Das gehört zur Perfidie dieses zwanzigsten Jahrhunderts. Die Juden waren zwangsläufig Opfer, das war ihnen von diesen deutschen Menschenverächtern vorbestimmt worden, sie kamen qua Geburt in die Hölle. Das war die eine Entsetzlichkeit. Die andere: Kommunisten, die vor die Schranken der Schauprozesse gezerrt wurden, die sollten ihr Schicksal auch noch klassenbewusst annehmen, die sollten mit ihrer Verurteilung, ihrer Verschleppung, ja Auslöschung auch noch einverstanden sein, die sollten sich noch vor den Gewehrmündungen der Erschießungskommandos als gute, einsichtige Genossen zeigen.

GYSI: Mein Vater hat seine auch jüdische Herkunft eher heruntergespielt. Er wollte nicht nur Opfer sein. Er war Kommunist, das war eine bewusste Entscheidung gewesen, die zählte. Damit war der geschichtliche Weg gewiesen.

SCHORLEMMER: Wie gesagt, ich komme aus der tiefen Überzeugung von der Ambivalenz des Menschen. Ihr Kommunisten aber hattet den Weltgeist gepachtet, die Wahrheit im Besitz und das Grundgesetz der geschichtlichen Entwicklung in der Tasche.

GYSI: Sie reden, als sei ich mit gigantisch ausgebeulten Hosen durch die kleine DDR-Welt gegangen. Ich hatte nüscht Diesbezügliches in der Tasche.

SCHORLEMMER: Aber ohne zielgewissen Kompass ist der Kommunist nicht Kommunist. Die Geschichte als technische Zeichnung, ihr Gang ist am Reißbrett planbar, das Beglückungsprogramm wird umgesetzt nach unumstößlichen Bauanleitungen, so wie sie ein Tischler für seinen Tisch hat. Elementare Widersprüche wurden in diversen dialektischen Verrenkungen verharmlost.

GYSI: Ja, ja, und wo gehobelt wird, fallen Späne.

SCHORLEMMER: War doch so! Das Sprichwort, das Sie zitieren, ist übrigens eine frohgemute, unbekümmerte Wahrheit des Tischlers, nicht des leidenden Holzes.

GYSI: Geschichte als technische Zeichnung! Na ja, ich muss schon sagen, ich habe da natürlich meine Lektion auch hinter mir. Ich glaube inzwischen weit weniger an geschichtliche Gesetzmäßigkeiten als früher. Es gibt ausrechenbare Konstellationen, aber letztlich ist der Zufall ein weit größerer Geschichtemacher, als ich das früher anerkennen wollte. Es war nicht vorherbestimmt, dass die Griechen in der Schlacht bei Marathon siegen würden. Die Wahrscheinlichkeit sprach sogar dafür, dass die Perser siegen. Aber die Griechen gewannen, und ohne diesen Sieg hätten wir keine griechische Kultur in dem Sinne, wie wir sie jetzt kennen, erlebt. Damit ist nicht gesagt, dass es keine Ursachen gibt für die Dinge, natürlich gibt es ursächliche Zusammenhänge, und es gibt Verantwortliche. Aber unanfechtbare historische Gesetze? Man kann wahrscheinlich sagen: Geschichte läuft wie ein Fußgänger, dessen Weg beständig auf Gabelungen und Kreuzungen stößt. Er entscheidet sich mal für diese und mal für jene Abbiegung. Sackgassen werden meist zu spät bemerkt, und wer in sie einbiegt, verliert die meiste Zeit und die meiste Energie. In der DDR galt es aus besprochenen Gründen nicht als opportun, Geschichte als eine Art Wahl zwischen mehreren denkbaren Alternativen zu sehen.

SCHORLEMMER: Schon gar nicht Sozialismus und Parteigeschichte.

GYSI: Ja, das hatten immer nur zwangsläufige Abfolgen notwendiger und unaufhaltsamer Siege zu sein. Niederlagen waren höchstens kurzzeitige Rückschläge und wurden entsprechend dialektisch interpretiert.

SCHORLEMMER: Das erlebt man aber heutzutage auch, und zwar an jedem Wahlabend, wenn die Parteichefs die erhaltenen Stimmen kommentieren – Ihre Partei, Herr Gysi, eingeschlossen. Geschichte schreiben ist bei einigen immer noch die Methode, sich das Vergangene und dessen Wahrheiten unbedingt vom Hals zu halten.

GYSI: Erbe ziert nicht nur, es klebt auch. Geschichte ist Geschichte, soll Erich Honecker immerhin mal gesagt haben, als er die Frage beantwortete, ob auf einem bestimmten Bilddokument weiterhin ein geschmähter Genosse wegretuschiert werden solle. Das plötzliche Auftauchen des Verstoßenen auf dem Foto nach Honeckers Votum hat man wohl allenthalben mit Beifall quittiert, statt sich zu Recht über die bis dahin vorgenommene Bildfälschung zu empören. Ich sag das nur, um darauf hinzuweisen, dass aus dem, was Sie über das marxistisch-leninistische Denken äußerten, über dieses Denken in Determiniertheiten, also dass daraus etwas resultiert, was besonders bei Linken aus der DDR anzutreffen ist: eine gewisse Unwilligkeit und wenig Übung darin, spielerisch mit Vergangenheit umzugehen. Ja, man will die Logik, die Gesetzmäßigkeit, man hat viel drauf bei Welterklärungen, aber Metaphysik ist nicht so das Ding. Man hat kein freies, einverständiges Verhältnis zum Zufall, zur Unerklärlichkeit bestimmter Dinge.

SCHORLEMMER: Das war für viele der gute Grund, zum Marxismus zu stoßen: geschichtliche Verlässlichkeit, ein klarer Weg durch den Dschungel der Geschichte, endlich auf der Seite der Sieger – vor lichten Horizonten – sein!

GYSI: Das schafft Sicherheit. Was immer auch bedeutet, ein wenig das Hoheitsrecht über das eigene Leben aufzugeben. Und sich so darüber hinwegzutäuschen, dass wir doch in dem, was wir tun, weit weniger frei sind, als wir immer denken. Wir setzen auf Rot und Schwarz, die Kugel rollt ins Bunte. Das ist im Großen so wie im Kleinen.

SCHORLEMMER: Wir wissen nicht wirklich, was an unserer eigenen Biographie freier Wille und was Fremdbestimmung ist. Aber Leben ist für mich eine Dennoch-Existenz. Ist Grundvertrauen. Ist mehr, als mir die Verhältnisse zugestehen wollen. Die Welt will immer, dass wir ihr gerecht werden, so wie sie ist. Und nie ist sie gut. Gut ist, was mir guttut. Indem ich Gutes tue. Und manchmal auch sage: Lass es gut sein, also etwas so tue, dass es gut wird, andern guttut. Oder aber etwas sein lassen. Das kann auch gut sein. Man ist wirklich Momenten und deren Konstellation ausgesetzt. Man weiß nie, wo die Weiche steht, die dem Leben Richtung gibt.

GYSI: In meiner Gesprächsreihe am Deutschen Theater war Mario Adorf zu Gast. Er erzählte Folgendes: Er war in einem katholischen Kinderheim. Alle stürmten eines Tages an die Fenster, denn rundum brannten Häuser. Es war die sogenannte Reichskristallnacht. Die Synagogen standen in Flammen. Am nächsten Morgen trat eine der Franziskanerschwestern an Marios Bett, legte dem Jungen die Hand auf die Stirn, stellte Fieber fest und verordnete Ruhe statt Schule. Er sah später, wie sie ans Fenster trat und weinte. Mario ging hin und sah, wie Menschen auf Lastkraftwagen geladen und weggefahren wurden. Er fragte, wer das ist. »Juden«, sagte sie. Er fragte weiter, was sie getan hätten. Sie sagte, nichts, außer dass sie Juden seien. Er war betroffen. Am Nachmittag kamen seine Mitschüler vom Unterricht zurück und präsentierten stolz ihre vollen Taschen. Sie waren durch die Stadt gelaufen und hatten in den aufgebrochenen und verwüsteten Geschäften der Juden alles geklaut, was nicht niet- und nagelfest war. Mario Adorf sagte: »Sehen Sie, Herr Gysi, so zufällig kann das Leben sein. Wenn ich mit den anderen zur Schule gegangen wäre, hätte auch ich geplündert und gestohlen. Aber da ich neben der weinenden Franziskanerschwester stand, wurde es zu einem traurigen Grunderlebnis für mich.« Das ist er, der Zufall im Leben.

SCHORLEMMER: Manchmal ist es tatsächlich treffender, von Fügung zu sprechen. Ich halte auch die Begegnungen mit Büchern für eine Fügung. Ein Buch, das mich getragen hat, ein Leben lang, ist 1961 in der DDR erschienen: »Widerstand und Ergebung«. Es sind Briefe des in Tegel gefangenen Theologen Dietrich Bonhoeffer, der sich an den Vorbereitungen zum Hitler-Attentat beteiligt hatte und der am 9. April 1945 im KZ Flossenbürg erhängt wurde. Diese

Briefe verweben auf eine unglaublich herzergreifende Weise Leben in der Gesellschaft, Leben mit der Kirche, Leben mit der Heiligen Schrift, Verantwortung vor Gott und den Menschen. Es geht um die Frage nach Zukunft, und das so nah am bitter zu erleidenden Tod. Bonhoeffers quälende Frage, so zeitlos, so drängend: »Wie kommt es, dass in Deutschland so viel von Freiheit geredet wurde, aber so viel Unterordnung war?« Es sind Reflexionen über die Dummheit vor allem wenn die Dummheit Macht hat, und inmitten dessen die Suche nach Gleichgesinnten: Wer hält stand?

GYSI: Unbegreiflich ist das, wie Menschen in der Katastrophe, auf dem Weg gleichsam zur Exekution, solche Fragen stellen, über ihr Leben hinaus, dessen letzten Lichtschein sie schon flackern sehen. Du stehst davor und schweigst und verlierst alle Selbstgewissheit, wie du wohl selber reagiert hättest.

SCHORLEMMER: Und wenn du das dann liest, geschrieben im Angesicht des Henkers und lernst es für dich selbst auswendig!

Wer bin ich? Sie sagen mir oft,
ich träte aus meiner Zelle
gelassen und heiter und fest,
wie ein Gutsherr aus seinem Schloß.

Wer bin ich? Sie sagen mir oft,
ich spräche mit meinen Bewachern
frei und freundlich und klar,
als hätte ich zu gebieten.

Wer bin ich? Sie sagen mir auch,
ich trüge die Tage des Unglücks
gleichmütig, lächelnd und stolz,
wie einer, der Siegen gewohnt ist.

Bin ich das wirklich, was andere von mir sagen?
Oder bin ich nur das, was ich selbst von mir weiß?
Unruhig, sehnsüchtig, krank, wie ein Vogel im Käfig,
ringend nach Lebensatem, als würgte mir einer die Kehle …
umgetrieben vom Warten auf große Dinge,
ohnmächtig bangend um Freunde in endloser Ferne,
müde und leer zum Beten, zum Denken, zum Schaffen,
matt und bereit, von allem Abschied zu nehmen?
…
Wer bin ich? Einsames Fragen treibt mit mir Spott.
Wer ich auch bin, Du kennst mich, Dein bin ich, o Gott!

Solche Christen hat es auch gegeben. Neben denen, die als Militärpfarrer den Schwur auf Hitler leisteten.

SCHÜTT: War der Antifaschismus in der DDR für Sie ein verordneter?

SCHORLEMMER: Meine erste und klare Antwort ist: Nein. Zweite Antwort: Jeder Staat verordnet – da ist Antifaschismus nicht das schlechteste Gebot. Ich habe Bruno Apitz' »Nackt unter Wölfen« mit tiefer innerer Bewegung gelesen. Wir haben in der Schule Anne Franks Tagebuch besprochen, »Professor Mamlock« von Friedrich Wolf. Ich habe Menschen kennengelernt, die in Konzentrationslagern waren, und ich habe die Tatsache, dass diese Begegnungen von der Schule organisiert wurden, als Bemühung verstanden, Geschichte verstehbar, einsehbar, zu einem Gegenstand gefühlter Aufklärung zu machen. Das war das eine. Das andere waren die Schweigegebote, etwa dass es auch bei den Russen, nach 1945, Lager gab; von denen hat mir mein Vater erzählt. Und dann auch dieses Schweigen darüber, dass überhaupt, parallel zu den faschistischen Lagern, die sowjetische Lager-Barbarei existierte und dass der kommunistische Widerstand mutig, aber nicht der einzige war.

GYSI: Auch wenn da pädagogisch und ideologisch Fehler begangen und oftmals mehr abgestoßen als überzeugt wurde: Es bleibt doch der Sinn, den selbst die politische Instrumentalisierung nicht tilgen konnte. Und der Sinn war Mahnung: Nie wieder Krieg und Faschismus!

SCHORLEMMER: Zu diesem Antifaschismus gehört für mich übrigens auch der erschütternd großartige Roman »Der Aufenthalt« von Hermann Kant. Frank Beyer drehte einen Film nach diesem Buch. Wie da ein junger Deutscher, Soldat für Hitler, zu seiner Schuld steht und in polnischer Haft, seelenwund und hart zugleich, sein Gewissen vor den inneren Gerichtshof zwingt und seinen Teil Schande abtragen will – das hat für mich noch heute eine tief aufwühlende Wucht. Ich habe meine sehr kritische Meinung zu diesem höchsten Verbandsfunktionär im DDR-Schriftstellerverband und seiner kalten zynischen Sprache gegen Andersdenkende, aber dieser Roman erzählt auch etwas von den geistigen Wurzeln dieses Lebens von Kant, da ist einer nicht unbehelligt davongekommen, wir sagten es bei Hermlin, und auch von daher rührte dann diese unerbittliche Verteidigung der Parteilinie. Ich werde Kant vieles, aber doch niemals instrumentalisierten Antifaschismus vorwerfen.

GYSI: Ich habe diese abfällige, vorwurfsvolle These vom verordneten Antifaschismus nie verstanden. Verordneter Faschismus ist viel schlimmer. Und dass der beste Antifaschismus eine gut funktionierende Demokratie braucht, ist auch klar. Die Aufarbeitung der Nazi-Diktatur in der DDR und in der Bundesrepublik unterschied sich sehr und wäre ein guter Gegenstand der Vereinigung gewesen. Die ökonomischen und sozialen Ursachen sind von der DDR viel besser aufgearbeitet worden als im Westen. Aber die psychologischen Seiten der Nazi-Diktatur, die wiederum hat die Bundesrepublik weit besser untersucht als die

DDR. Beide Forschungen zusammenzuführen, das wäre spannend gewesen. Aber das wollte natürlich keiner. Was für mich ganz wesentlich ist bei allen Betrachtungen über Politik einst und heute: Auschwitz ist unvergleichbar. Industrielle Vernichtungslager bleiben eine deutsche Einzigartigkeit, die keine sonst wie gearteten Vergleiche erlaubt. Die US-Amerikaner zum Beispiel, die können für schlimmste Politik geächtet und gegeißelt werden – einen Hitler hatten sie nicht. Und noch mal: Der Stalinismus hat Gegner hingerichtet oder Leute, die man für Gegner hielt, obwohl sie gar keine waren. Den Juden, Sinti und Roma hat man bei Hitler gesagt: »Ihr könnt euch gerne zu uns bekennen, es interessiert uns nicht – ihr werdet vernichtet.« Das ist eine unverwechselbare deutsche Barbarei.

SCHORLEMMER: Vieles von dem, was gut sein wollte, zu allen Zeiten – es bleibt im Resultat beweinenswert, weil es Menschen so gnadenlos verbrauchte. Es war ein ideologisches Heiligtum: dass die DDR Erbe und Hort unzähliger Antifaschisten und also der Staat der ganz »anderen Deutschen« sei. Daran durfte niemand straflos rütteln. Im September 1988 führte die »Junge Welt« ein Interview mit Stephan Hermlin. Darin folgende Sätze: »Man muss sich sehr davor hüten, dass bestimmte Dinge, zu denen man sich bekennt, die man unterschrieben hat, zu bloßen Ritualen oder Floskeln werden … Mir sagte mal ein Schriftstellerkollege: Der antifaschistische Charakter der DDR ergebe sich für ihn allein schon aus der Tatsache, dass seine Kinder überhaupt nicht mehr wüssten, was ein Jude sei. Ich erwiderte ihm drauf: Mein lieber Freund, genau das Gegenteil ist wahr; man kann nicht ein Gegner des Antisemitismus sein, wenn man nicht weiß, was ein Jude ist. Man hat keinerlei Recht, darauf stolz zu sein, dass Kinder nicht mehr wissen, was ein Jude ist. Solche Kinder sind schwerstens gefährdet … Die Wahrheit sieht so aus, dass in

Deutschland vielleicht ein Prozent der Bevölkerung irgendetwas mit Widerstand zu tun hatte, und ein Prozent ist schon hoch angesetzt.« Nur ein Prozent aller Deutschen! Sagte Hermlin! Nach Veröffentlichung dieses Interviews in einem offiziellen Organ ist mir und meinen Freunden endgültig klar gewesen, dass man die Geschichte der DDR als einen angeblichen Hort von Millionen Antifaschisten neu schreiben müsse.

GYSI: Die meisten Eltern meiner Mitschüler hatten keinen Widerstand gegen die Nazidiktatur geleistet. Das Verhalten der Eltern übertrug sich auf die Kinder. Noch ziemlich lange nach dem Krieg wurde entschuldigt und gerechtfertigt, Adolf habe immerhin die Autobahn gebaut, und Arbeit gab's – alle solche Sachen. Meine Eltern hatten natürlich ganz andere Erfahrungen, und das strahlte auch auf mich aus. Einen einzigen Jungen gab es in der Klasse, der ähnliche politische Familienwurzeln hatte wie ich. Ich habe früh begriffen: Meine Eltern haben, im übertragenen Sinne, die Macht. Die anderen nicht, aber: Sie sind die Mehrheit. Und mir war eigentlich von dem Moment an die Überanstrengung klar, in der dieses System sich abrackerte: Man kann nicht, per Datum des 7. Oktober 1949, einen gesamten Staat als antifaschistisch definieren und damit die komplizierten Vergangenheitsverwicklungen der Bevölkerung wegwischen, für nichtig erklären. Warum man so handelte, war freilich auch verständlich …

SCHORLEMMER: Da sind wir wieder bei den fünf Prozent. Die Kommunisten wollten jedoch die große Mehrheit repräsentieren.

GYSI: Also erklärten sie die Mehrheit zu ihresgleichen, was aber nur ein ideologischer Selbstbetrug war.

SCHORLEMMER: Und diese Verfahrensweise, dieses Überstülpende machte die Mehrheit nicht nur resistent gegen das System, sondern nach 1990 auch resistent gegen die

Fähigkeit, sich kritisch mit der eigenen Vergangenheit zu befassen.

SCHÜTT: Vor allem diese Sätze zur deutschen Vergangenheit und eine Äußerung Hermlins zu Gorbatschow hatten Folgen; Hermlin sagte in dem Interview: »Ich glaube fest daran, dass der Kommunismus sein Apogäum eigentlich jetzt erst erreichen wird dank der neuen sowjetischen Revolution – für mich ist das eine Revolution wie die Oktoberrevolution.« Die »Junge Welt« hatte den Gesprächstext natürlich von Hermlin bestätigen lassen, war sich der Zündsätze darin bewusst und schickte das vom Schriftsteller begutachtete und autorisierte Manuskript an den 1. Sekretär des Zentralrats der FDJ. Der gab es ans Zentralkomitee der Partei weiter, wo es auf dem Tisch Honeckers landete. Der muss wohl sehr wütend gewesen sein, traute sich freilich nicht, im Nachhinein persönliche Änderungen am autorisierten Text eines langjährigen Kampfgefährten anzuordnen. Der Chef des Jugendverbandes wurde daraufhin streng gerügt und beauftragt, die FDJ-Zeitung warnend an die übliche Verfahrensweise zu erinnern: Solche ketzerischen Sätze schreibt man als Parteijournalist gar nicht erst auf, und derartige Manuskripte bespricht man zunächst in der politischen Führung, ehe man sie dem Betreffenden vorlegt.

VI.

Schicksal einer Wandzeitung
Opportunismus hüben und drüben
Bibliothek? Die Bibel, ein Kochbuch
Mit Kleist in die Büsche

Gysi: Leben im Staat, neben dem Staat.
Schorlemmer: Leben trotz des Staates.

Schütt: Wann haben Sie denn das erste Mal gespürt, Gregor Gysi, dass Ungerechtigkeit zu diesem Staat DDR gehörte?

Gysi: Als ich erlebte, dass ein sehr guter Schüler in meiner Klasse in der Grundschule nicht zur Oberschule zugelassen wurde, obwohl er der Zweitbeste war. Ich weiß nicht, warum. Ich hörte nur die Worte der Lehrerin: »Du weißt ja, dass du da nicht hindarfst«, und er sagte tonlos: »Ja.« Ich habe ihn gefragt, er schwieg. Dann kamen die langen Haare in Mode, sogar Polizei schritt dagegen ein, junge Leute wurden geschnappt, festgehalten, man schnitt ihnen die Frisur kurz – und auf irgendeiner Fähre, ich sehe den Mann noch vor mir, sagte der Kapitän: »Also, wenn mein Sohn mit langen Haaren käme, würde ich ihn totschlagen.« Das machte mich fassungslos, er sagte das ziemlich laut, und heute sehe ich das als Beispiel einer kleinbürgerlichen Rückversicherung: Der Mann wollte sich aufgehoben sehen in der Mehrheitsmeinung. Das tut gut, das stärkt. Zwei Mädchen aus meiner Klasse, das war dann schon die Erweiterte Oberschule, fertigten eine Wandzeitung an zum Thema der langen Haare. Da war auch ein Bild von Marx und Engels zu sehen. Die ganze Schule lief zusammen und diskutierte. Der Direktor kam in die Klasse geprescht und fragte barsch nach dem für politisch-ideologische Fragen Verantwortlichen in der FDJ-Leitung. Ich saß ganz ruhig in meiner Bank. Da tippte mir die FDJ-Sekretärin von hinten auf die Schulter und flüsterte: »Ach,

Gregor, das hatte ich vergessen dir zu sagen – im September, als wir gewählt haben, warst du ja nicht da. Wir wählten dich zum Sekretär für Politfragen.« Im September! Jetzt war März. Woran man sehen konnte, dass der lahme Haufen seit Monaten nicht ein einziges Mal getagt hatte. Und nun saß ich da wie bedeppert, hob den Arm, und der Direktor sagte: »Komm bitte mit.« Er forderte mich auf, die Wandzeitung zu räumen. Ob man's glaubt oder nicht: Es gelang mir, ihn vom Gegenteil zu überzeugen. Ich sagte, wir sollten die Zeitung bis Ende der Woche hängen lassen, dann hätten's alle gelesen, und die Sache wäre erledigt. Diese prinzipielle Fähigkeit, den Dingen die Spitze dogmatischer Aufgeregtheit zu nehmen, hatte die DDR-Führung kaum. Aufschlussreich auch, dass mit den beiden Mädchen, den Autorinnen der inkriminierten Wandzeitung, nie gesprochen wurde. Mit mir als Mitglied einer kleinen Obrigkeit wurde gesprochen, nicht mit den Verursacherinnen. Das war ein Einblick in ein bestimmtes Rechtsverständnis. Ich habe die Mädchen dann informiert.

SCHORLEMMER: Das war das Spiel mit dem Herrschaftswissen. So stimuliert man das entsetzliche Gefühl, ausgeliefert zu sein. Das kleine Beispiel zeigt das Ausmaß der erwähnten Angst: Die DDR sah sich in ihrem Bestand schon durch eine Wandzeitung gefährdet.

GYSI: Eines Tages hieß es in der Schulleitung: »Gregor, es war jemand von der Kreisdienststelle des Ministeriums für Staatssicherheit hier.« Ich hätte angeblich der Schulband West-Tonbänder zur Verfügung gestellt – damit die Beatles-Lieder spielen lerne. Für mich brach eine Welt zusammen, weil ich bis dahin dachte, eine Staatssicherheit fange Spione und Terroristen. Dass die sich ernsthaft um so einen Kleinscheiß kümmern – auf die Idee wäre ich nie und nimmer gekommen. Im Übrigen hatte ich der Band Schallplatten gegeben, also konnte ich wahrheitsgemäß mit geradezu inbrünstiger Ehrlichkeit beteuern, von Tonbändern wisse ich nichts, ich besäße keine.

SCHORLEMMER: Sieh einer an, die frühe Raffinesse, nicht zu lügen, aber auch nicht die ganze Wahrheit zu sagen.

GYSI: So? Während der Jugendweihestunden besuchten wir eine Gerichtsverhandlung, und da wurde ein junger Mann, der einen alten Mann zusammengeschlagen und ihn ausgeraubt hatte, zu sechs Jahren verurteilt. Er war schon mehrfach vorbestraft, und er hatte keinen Verteidiger. Man erfuhr also in der Verhandlung nichts über ihn, nichts darüber, wie er geworden war, was ihn bewogen hatte, welche persönlichen Umstände diese Tat begleitet hatten. Mich störte das sehr, es verstörte mich geradezu, das Erlebnis hat mich nicht wieder losgelassen – vielleicht war es, im Unterbewusstsein, ein erster Anstoß, später Verteidiger zu werden. Man bleibt ja ein Leben lang im Unsicheren darüber, welches die tiefstliegenden Ursachen für bestimmte Entscheidungen sind, die sich dann irgendwann als existenziell erweisen. Ich hatte eine Freundin, deren Onkel war eines Tages von den Sowjets abgeholt worden, Ende der vierziger Jahre – die gesamte Familie erfuhr nie wieder etwas von ihm. Ich weiß noch, man legte sich Begründungen zurecht, die mit dem Krieg zu tun hatten, mit deutscher Schuld und russischer Vergeltung, die man versuchte nachzufühlen. Viel, viel später erst dachte ich über das Phänomen nach, wie sich Gesinnung Rechte nimmt, die mit Rechtsprechung nichts zu tun hatten.

SCHORLEMMER: Wenn man verinnerlicht hat, dass man nicht wirklich gewollt ist, geht es fortan nur noch um die Erhaltung der Macht. Und zwar mit allen Mitteln.

SCHÜTT: Sie meinen damit auch die Rechtsmittel.

SCHORLEMMER: Was das politische Strafrecht anbelangt, war die DDR ein Staat des groben Unrechts.

GYSI: Ich sage aber nicht, sie war ein Unrechtsstaat, ich sage immer: Es gab in der DDR schweres, unverzeihliches Unrecht. Staatsunrecht.

SCHÜTT: Aber besteht mit Ihrer Gegenformulierung nicht die Gefahr, dass Diktatur und Demokratie geistig eingeebnet werden? Unrecht hier, Unrecht da?

GYSI: Der Begriff des Unrechtsstaates delegitimiert das System als Ganzes so, dass auch das Leben der Millionen Menschen nur als angstvolle oder duckmäuserische Fügung unter ein nicht zu akzeptierendes System betrachtet werden kann. Das finde ich falsch. Unbestritten: Es gab strukturell hanebüchene Dinge. Ich verteidigte mal einen Mann, er war in der SED, sein Sohn schrieb gemeinsam mit Freunden einen Brief an die UNO, sie beschwerten sich darin über fehlende demokratische Rechte in der DDR, es war etwas ganz Konkretes, etwas wirklich Kritisierenswertes. Der Sohn legte dem Vater das Geschriebene vor, der fand das ungeschickt und holprig und geradezu staatsfeindlich, er schrieb ihnen einen gemilderten Text auf, von dem er meinte, der ginge noch. Die Jungs nahmen diesen Text aber nicht, er war ihnen zu lasch, irgendwie landete alles bei der Staatssicherheit, der Mann wurde wegen Beihilfe zur Hetze angeklagt. Das Gericht hat die Jungs verurteilt, den Mann freigesprochen. Denn da war eine ältere, fast möchte ich sagen: mütterlich-verständnisvolle Richterin, die im Angeklagten einen Vater sah, der seinem Sohn helfen wollte. Aber die Staatsanwaltschaft ging, wie das damals hieß, in Protest – und das Oberste Gericht hat den Mann auf Bewährung verurteilt. Das hat mich tief getroffen.

SCHÜTT: Zitat Schorlemmer: »Wer heute als Demokrat zu sagen wagt, die DDR sei *kein* Unrechtsstaat gewesen, kann sich des öffentlichen Zorns sicher sein. Mit Pawlow'schem Reflex schreien einschlägige Figuren im Politgeschäft ›Verharmlosung! Beleidigung der Opfer! Rücktritt!‹. Der nun über zwanzig Jahre dauernde Versuch einer Generaldelegitimierung der DDR nimmt selber schon totalitäre Züge an, als ob Differenzierung Nivellierung, als ob *Er*klärung des Systems schon *Ver*klärung bedeutete.«

SCHORLEMMER: Ja, dazu stehe ich, und da bin ich mir mit Gysi sehr einig.

SCHÜTT: Schöne Grüße ans Streitgespräch.

SCHORLEMMER: Diesen totalitären Staat mit einer total auftrumpfenden Formel zu erledigen bedeutet in der Konsequenz, dass man ihn an die Seite, gar auf gleiche Höhe mit *dem* Unrechtsstaat der deutschen Geschichte schlechthin, dem Hitler-Goebbels-Himmler-Staat, stellt. Wenn man die DDR als einen Unrechtsstaat bezeichnet, so wird mangelnder Widerspruchsmut und feige Anpassung der Masse der Bürger verständlich, verzeihlich gemacht, wenn nicht gar entschuldigt, so als ob es nur um die Alternative »Sich-Unterwerfen« oder »Nicht-mehr-leben-Können« gegangen wäre. Wenn die DDR ein Unrechtsstaat war, dann wird doch jeglicher Widerspruch zu weniger heroisiert und das Gehorchen, das Mitmachen und Mitlaufen zu vieler bagatellisiert. Freilich wird nie zu verschweigen sein, was Bautzen und Waldheim bedeutete, was willkürliche Enteignung oder Rechtlosigkeit in politischen Prozessen anlangte, was zynisch Aktion »Ungeziefer« genannt wurde, die Zwangsumsiedlung aus dem Grenzbereich, und was so viel mehr noch an Unrecht und Leid getan wurde. Es ist wahr, dass die DDR unter festgeschriebenem Führungsanspruch der SED keine politischen Alternativen zuließ, nicht einmal innerhalb der eigenen Partei, und dass jegliche Opposition kriminalisiert wurde. Die DDR war in der Tat ein Einheitsstaat ohne Gewaltenteilung, und die SED teilte nach ihrem Gutdünken Kompetenzen zu. Das allem angefügte Attribut »sozialistisch« sollte alles Denken und Tun justieren und legitimieren, ja als historischen Fortschritt adeln. Dieser Einheitsstaat unter Führung der SED proklamierte eine – ganz friedliche, ganz harmonische – Einheitsgesellschaft, in der Staat, Regierung und Gesellschaft sich angeblich einig waren, alles einmütig beschlossen oder aber sich in Wahlen, die gar keine Wahl ließen, feierlich bestätigten. Ob die Herrschenden sich dieser Selbsttäuschung bewusst waren oder ob sie wirklich ihren Bürgern trauten, kann man nicht offen lassen; denn sonst hätte sie einen solchen riesigen Sicherheitsapparat nicht aufgebaut. Die SED-Führung litt jahrzehntelang an einer Art Wirklichkeitsallergie, wie es Günter Kunert 1978 ausdrückte.

GYSI: Das Mitmachen, gar die Überzeugung oder Begeisterung vieler für »ihren sozialistischen Friedensstaat« kann man dann besser verstehen, wenn man sich klarmacht, dass dieser Staat nach seinem eigenen Selbstverständnis ja wirklich seinen Bürgern dienen wollte, den Frieden sichern wollte, Gerechtigkeit schaffen, für die einfachen, arbeitenden Menschen neue Chancen eröffnen wollte, Ausbeutung abschaffen, Arbeit, Wohnung, Bildung garantieren, kulturvolles Leben für alle ermöglichen wollte.

SCHORLEMMER: Ja, die DDR war ein Sozialstaat, der wenig Freiheit ließ, aber keinen durchs Netz fallen lassen wollte. Das alles hatte *eine* fatale Voraussetzung: Dass die Leute selber freiwillig ins Netz der Ideologie gingen und sich darin zumindest still verhielten. Der Gehorsam wurde mit Wohltaten belohnt, die kommunistische Überzeugung war mit Karriereaussichten verbunden, jeglicher Widerspruch oder Widerstand wurde – je nach politischem Gutdünken – mit abschreckenden Repressionen bedacht. Es gab ein sehr eingeschränktes Recht des Einzelnen gegenüber dem Staat, der – in unheilvoller Verquickung von Partei- und Staatsorganen – den Gefügigen durchaus dienlich war und wegen seiner humanistischen Ziele ebenso vielen die Augen oder den Verstand für die Wirklichkeit verklebte oder in der »Parteilichkeit der Wahrheit« die Kunst des Schielens perfektionierte. Rechtlos war jeder, der in die Fänge der Stasi geriet oder gar in deren Untersuchungsanstalten eingeliefert wurde. Auch die Militärjustiz mit der Drohung, nach Schwedt zu kommen, war abschreckend, war ein schreiendes, für Betroffene lange nachwirkendes Unrecht. Die Art, wie politische Prozesse geführt wurden (ganz unter Ausschluss der Öffentlichkeit), gehörte zu jenem politischen Unrecht, das nicht zu beschönigen ist. Noch nach 25 Jahren beobachte ich eine Re-Traumatisierung derer, die in »sozialistischen« Zellen geschunden worden waren und unfähig oder unwillig sind zu vergessen, fixiert bleibend auf Vergangenes.

GYSI: Zugleich muss man im Blick behalten, dass es im Zivilrechtlichen eine Gesetzgebung gab, die Rechte schuf, die verständlich geschrieben waren. Man denke an Arbeitsrecht, Familienrecht, an Jugendschutz-, Verkehrsrecht usw.

SCHORLEMMER: Wer sich den Zielen der Gesellschaft verschrieben hatte und dabei ein bestimmtes Parteilichkeits- und Feindbilddenken mitvollzog, der konnte störungsfrei mitwirken, und vielleicht darf man ja mal sagen, dass der Staat auch wirklich Feinde hatte. Der Staatsfeind war nicht nur immer eine Schimäre. Der Kalte Krieg bestand sehr wohl aus sehr realen Fronten, und keiner schonte den anderen. Es ging eben alles eng miteinander verschlungen seinen Gang in der DDR, ich meine dieses Konglomerat vieler aus Überzeugung und Angst, ich meine diese rührselige, auch pathetische Mischung aus aktiver Friedensliebe und Duldung der Tatsache, dass die Gesellschaft ziemlich durchmilitarisiert war.

GYSI: Aber es existierte glückendes Leben *im* Staat, *neben* dem Staat, unbeeindruckt vom Staat.

SCHORLEMMER: Wie auch Leben *trotz* des Staates.

Gysi: Der Deutungskampf über die DDR-Geschichte ist noch in vollem Gange und verläuft leider nach wie vor nach den politischen Gesetzen des Kalten Krieges, den Schorlemmer erwähnt hat: Hier die Guten, da die Bösen. Das ist einer demokratischen Diskussionskultur unwürdig.

Schorlemmer: Vor allem verhindert es bei denen, für die die DDR ihr Lebensprojekt war, kritische Rückschau. Es gibt wahres Leben im falschen System, weil es *das richtige Leben im richtigen System* wohl nie geben wird.

Gysi: Eine Diktatur hat ja zunächst einen Vorteil: Im Unterschied zur Demokratie können die Herrschenden Dinge sehr schnell durchsetzen. Die probaten Machtmittel und -strukturen der Unfreiheit sorgen für Entscheidungen, an denen niemand rüttelt. Es herrschen Ordnung, Regelmäßigkeit und Übersichtlichkeit. Wenn eine solche Diktatur wie die der DDR dann auch noch sozial ambitioniert angelegt ist, Bildung und Arbeit und Kultur zu wirklichen Tugenden entwickeln kann, also auch vernünftige Ideen hat, dann befördert das Ruhe im Land. Aber freilich nützt das alles auf Dauer nichts, wenn die Unfreiheit bleibt. Wer wirkliche Demokratie nicht zulässt, verletzt grundlegende Menschenrechte und wird eines Tages davongejagt. Das ist die Lehre aus vierzig Jahren DDR. Honecker wurde 1946 Kandidat des Politbüros des ZK der SED! Das ist doch früh beschlossene und festgenagelte Vergreisung, denn es gab keinen demokratischen Wechsel, Sauerstoffabschnürung auf Lebenszeit. Eines Tages weiß man nichts mehr von der Realität, und eines weiteren Tages will man auch gar nichts mehr wissen – und spürt den Verlust nicht mal.

Schorlemmer: Ich wende mich trotz allem, Herr Gysi – ich wollte das vorhin schon sagen –, gegen die Betonung der Tatsache, die Sowjets hätten der DDR ihr System aufgedrückt, und Punkt.

GYSI: Und Punkt habe ich nicht gesagt.

SCHORLEMMER: Nein, aber Ihr Tonfall lädt ein, sich unschuldig zu fühlen am System: Es waren ja die Russen! Wenn es so war – warum sind dann beinahe drei Millionen Menschen in die SED gegangen – und noch schlimmer: sind dringeblieben? Haben stillgehalten? Haben mitgenickt? Haben auf Parteitagen den Parteioberen zugejubelt und eifrig in ihre Papiermappen hineingekritzelt, als spräche vorn eine Art Messias?

GYSI: Die haben Männchen gemalt.

SCHORLEMMER: Noch ekelhafter. Wie konnte diese Entmündigung bloß funktionieren?

GYSI: Wie das funktionieren konnte? Zum Beispiel so: Die kurzschlüssige Annahme der marxistisch-leninistischen Theorie, als Marxist alles auf einen Begriff bringen zu können, wurde fröhlich und verbissen zugleich als Dienst an der Menschheit missverstanden. Verstanden und missverstanden. Man glaubte tatsächlich, die hohe Idee und das eigene kleine Leben zur widerspruchsfreien Einheit zusammenführen zu können. Das ist zunächst eine großartige Vorstellung, weil sie über das geringe Dasein hinausführt, und hierin lag wohl immer schon ein Kern des fatalen kommunistischen Überlegenheitsgebarens …

SCHORLEMMER: Übrigens auch gegenüber dem sozialdemokratischen Pragmatismus. Keine einzige Rede auf irgendeinem dieser unsäglichen Parteitage bot einen inspirierenden Gedanken – nie!

GYSI: Auch in einer vermeintlich avantgardistischen Partei folgen Menschen ihrer Natur: Gegebene Strukturen suchen sie instinktiv nach Möglichkeiten ab, wenig behelligt durchzukommen, sich möglichst reibungslos einzurichten. Das hat auch politisch einen bestimmten Grad an Opportunismus zur Folge, der bei den einen dazu führt, sich wegzuducken, und bei anderen, sich nach oben zu recken. Das ist unabhängig von der Programmatik der jeweiligen Partei. Und übrigens auch unabhängig vom System. Michel Friedman hat mich mal im Fernsehen gefragt, wie opportunistisch man denn sein musste, um in der DDR erfolgreich Karriere zu machen. Meine Antwort: »Na, ungefähr so opportunistisch wie in der Bundesrepublik.« Er erwiderte entrüstet: »Sie meinen doch nicht im Ernst, dass man das vergleichen kann.« Ich sah mich genötigt zu relativieren: »Stimmt, nicht ganz – weil es beim Opportunismus in der DDR mitunter wahrlich um Existenzfragen ging, hier in der Bundesrepublik geht es, gefahrlos!, einzig und allein um die Karriere.«

SCHORLEMMER: Es ist gut, dass wir so ins Erzählen kommen. Ich habe 1983 in den Schaukasten am Lutherhaus in Wittenberg das Bild eines großen Saurierskelettes gehängt, darunter stand: »Ausgestorben. Zu viel Panzer, zu wenig Hirn.« Der Rat des Kreises rief an: »Herr Schorlemmer, Sie greifen die sozialistische Friedenspolitik an. Das kommt raus, oder den Schaukasten gibt es nicht mehr.« Wir haben damals entschieden, das Bild herauszunehmen – hingen aber regelmäßig etwas Neues hinein. Zum Beispiel einen kleinen Vers von mir: »Lieb dein Land, / brich die Wand, / vergib dem Feind, / such, was eint – und sag es weiter.« Wieder kam der Verantwortliche für Kirchenfragen beim Rat des Kreises: »Brich die Wand? Sie sind für den Abriss der Mauer. Vergib dem Feind? Das ist Versöhnlertum. Such, was eint? Aha, deutsche Einheit.« Das war 1984. Das Orwell-Jahr.

GYSI: Ich glaube, der hatte in der Einschätzung Ihrer Intentionen recht.

SCHORLEMMER: Aber wie unberechenbar manches in der DDR war! Ich veranstaltete als Pfarrer in Merseburg 1978 ein Seminar über Friedensfragen, es ging auch um die Einführung des Faches Wehrunterricht. Danach hat eine Oberschülerin der 12. Klasse einen Brief an den Minister für Volksbildung, Margot Honecker, geschrieben.

GYSI: Ist ja auch bezeichnend: Margot Honecker war nicht Ministerin, sondern Minister für Volksbildung.

SCHORLEMMER: Das Mädchen schlug in ihrem Brief ein Fach Friedenskunde vor statt Wehrkunde. Der Fall wirbelte die gesamte Schule auf. Alle Schüler der Klassen wurden zusammengerufen, ohne Vorabsprachen – und natürlich wieder: ohne Anwesenheit der Betroffenen – wurde gegen sie abgestimmt, sie erhielt keine Genehmigung für ein Lehrerstudium. Für mich so ein Beispiel für das erwähnte Hündische. Die Mehrheit des »Femegerichts« stimmte gegen die Briefschreiberin, aber noch gab es einzelne Gegenstimmen. Dann wurde insistiert, der Ton eine Spur schärfer – und am Ende knickten auch die Freundinnen des Mädchens ein. Platz! Bei Fuß! Das besagte Hündische. Von sechs Männern wurde die Oberschülerin schließlich im Rat des Kreises verhört. Sechs Männer gegen ein junges Mädchen. Sie kam zu mir und weinte. Sie weinte hemmungslos. Und sagte nur: »Bei dir darf ich weinen – aber dort, bei denen, habe ich nicht geweint.« So, und jetzt kommt's: Sie hat ihr Abitur abgelegt, sie studierte Pädagogik, sogar in Moskau, sie ist heute Deutsch- und Russischlehrerin. Wer dadran drehte, dass sie trotz dieser inquisitorischen Art, auf ihren Brief zu reagieren, einen erfolgreichen Weg gehen konnte, weiß ich nicht, ich meine nur, auch das muss man in dieser Widersprüchlichkeit miterzählen, wenn man die DDR zu erzählen versucht.

GYSI: Interessanterweise kamen nach dem Herbst 1989 Leute zu mir, die einen sehr gestörten Eindruck erweckten: Die einen beklagten, ihre Akte bei der Staatssicherheit sei vernichtet worden, andere wähnten sich weiterhin von Geheimdiensten verfolgt. Auch das war Ausdruck dieser veränderten Kriterien bei der Bewertung von Ostdeutschen: Plötzlich galtest du nur, wenn du Opfer warst.

SCHÜTT: Friedrich Schorlemmer hat von diesem Mädchen erzählt, das trotz seines mutigen Briefes an Margot Honecker studieren durfte. Das ist eine Erfahrung scheinbar wider alles, was man in solchen Fällen erwarten durfte. Aber: kein Märchen, sondern Realität. Schorlemmer hat es dennoch mit Anstrichen eines Wunders erzählt. Vielleicht um deutlich zu machen: Auch das Positive, sosehr es herauszuheben ist, gehörte zur – Willkür. Und hält die Leute in Unsicherheit.

SCHORLEMMER: Willkür, ja. Zur Wahrheit gehört, dass ausgerechnet ich nach der Mittelschulzeit die Schulabschlussrede hielt, ich, der Nicht-FDJler; ausgewählt hatte mich unser Chemielehrer, der später, um Direktor werden zu können, extra noch in die Partei eintrat. So verknotet sind die Dinge gewesen.

GYSI: Man war als Einzelner von Stimmungen im Machtgefüge abhängig – der eine kam ungeschoren davon, der andere nicht; der eine bekam die Ausreise, der andere musste weiter warten und blieb in Ungewissheit. Ich hatte als Rechtsanwalt eine Sekretärin, die war weder in der Gewerkschaft noch in der Gesellschaft für Deutsch-Sowjetische Freundschaft. Und beim Antrag auf Besuchsreisen in den Westen erfand sie Verwandte, die sie gar nicht hatte. Sie bekam ihre Westreisen, und ich guckte gleichsam immer auf die Uhr: Na, wann fällt uns das Ganze böse auf die Birne? Es ist nie etwas passiert.

SCHORLEMMER: Weil Sie der Anwalt Gysi waren?

GYSI: Quatsch, zur Willkür einer Diktatur, alles zu kontrollieren, gehört stets auch die Lücke – gerade weil man alles unter Kontrolle haben will.

SCHORLEMMER: Derart besänftigt – oder auch geschickt –, lebten viele in der DDR, auch deshalb ist es heute so schwer, der Mehrheit mit westdeutscher Zunge eine Existenz in purer, schreckensdurchsetzter Finsternis einzureden.

GYSI: Die Hinterlist einer politischen Diktatur besteht nach Ansicht des Sozialphilosophen Michael Brie in ihren nicht beabsichtigten Folgen: »Wenn der Staat lügt, ist das Bedürfnis nach persönlicher Wahrheit besonders groß und auch fast zu einfach zu haben: Sie darf nur die öffentliche Lüge nicht in Frage stellen.« Das Gemisch der Seelen, die eine Bevölkerung ausmachen, ist doch wirklich viel farbiger als jede festschreibende Tendenz. Eine Gesellschaft stirbt in einem einzelnen Gemüt viel langsamer ab, als es die äußeren Vorgänge einer Staatsabwicklung vermuten lassen. Winzige Dinge des Gewohnten sind es, die sich gegen den Generalvorwurf stellen, man habe östlich der Elbe in der Menschenunwürdigkeit par excellence gelebt.

SCHÜTT: Weil es um Willkür ging: Als der Schauspieler Ulrich Mühe kurz nach der Wende das Deutsche Theater in Richtung Westen verließ, verstand das kaum jemand aus seiner Kollegenschaft. Nein, er war kein Verräter, sondern einer, der sich von einer Krise nicht überraschen lassen wollte, sondern sie sich selber schuf. Mühe sagte irgendwann den schönen Satz: »Das Grau der DDR …«

GYSI: Wieder das Grau. Grauenhaft.

SCHÜTT: »Das Grau der DDR, das wir als Künstler ja gar nicht so sehr empfunden haben, hatte doch auf uns alle abgefärbt und auch uns allabendlich Geschminkte grau gemacht – heute bin ich ein fröhlicherer Mensch.« Mühe musste sich sehr erstaunte und verständnislose Stimmen anhören: Ausgerechnet er – er konnte doch reisen! Um im Westen drehen zu dürfen, war er sogar in der privilegierten Lage gewesen, die Bürokraten unseres Stacheldrahtes mit seiner künstlerischen Kraft zu erpressen – er hatte erfolgreich mit Weggang gedroht, falls man ihm den Pass verweigere. Ja, wird Mühe antworten, aber allein schon diese Möglichkeit zu haben, ohne ihrer aber jemals ganz gewiss sein zu können, sei Ausdruck eines Willkürsystems gewesen.

SCHORLEMMER: Wer Vorgänge in der DDR erklären will, stößt auf ein undurchdringliches Gestrüpp aus klarer Linie, subjektiver Machtfülle, wechselnden Launen, zufälligen Konstellationen, unterschiedlich ausgeprägten Listigkeiten angesichts feudalistischer Hierarchien. Wer was wann veröffentlichen, wer wohin ausreisen durfte – aufgehoben war jede Entscheidung in einem Nebel, der keine Schlussfolgerungen für verlässliche Kriterien zuließ. Die Freizügigkeit glich einem Roulettespiel, sie schuf für Betroffene einen Zustand unablässiger Unsicherheit, Anspannung und des Ausgeliefertseins an die Stimmungswechsel einer notorisch misstrauischen Partei. Die sich aufrieb zwischen erzieherischer Kälte, furchtsamem Sinn für eine sich wandelnde Realität und der Unfähigkeit, das tödliche Verhängnis dieser Zwischenexistenz auch nur annähernd zu begreifen. Und einige hüteten ihre Restideale.

SCHÜTT: Sie beide haben einen sehr unterschiedlichen Alltag in der DDR gelebt. Wie wuchsen Sie auf, Herr Gysi? Waren Ihnen soziale Unterschiede zu anderen Gleichaltrigen klar?

GYSI: Natürlich. Wir wohnten in einer Straße, der Waldstraße in Berlin-Johannisthal, da standen auf der einen Seite Zweifamilienhäuser, auf der anderen Häuser mit Mietwohnungen. Arbeiter und Angestellte. Für die meisten war der 8. Mai 1945 der Tag des Zusammenbruchs, nicht der Befreiung.

Ich wohnte mit meiner Mutter, meiner Schwester, meinem Vater – bis er meine Mutter verließ – und einer Haushälterin in einer Haushälfte. Und meine Freunde wohnten gegenüber, in den Mietwohnungen. Auf unserer Straßenseite wohnten Funktionäre, Künstler oder Emigranten; ich erinnere mich zum Beispiel an einen griechischen Professor, der war in Athen Gesundheitsminister, mit Beginn der Militärdiktatur floh er und bekam bei uns in Berlin ein halbes Haus. Der größte Unterschied war die Ausstattung mit Büchern. Gegenüber unserem Haus wohnte mein Freund, die Mutter war katholisch, sie hatte zwei Bücher: ein Kochbuch und die Bibel. Der katholische Familienhintergrund war gewiss keine Karriere-Empfehlung für meinen Freund, und besagte zwei Bücher kann man sicher nicht als familiäres Bildungsfundament bezeichnen. Trotzdem wurde er Oberarzt.

SCHORLEMMER: Wieso trotzdem? Die Bibel ist ein gutes Buch und kann viele andere Bücher ersetzen. Sie hat ein unübertrefflich realistisches Menschenbild.

GYSI: Was heißt realistisch?

SCHORLEMMER: Skeptisch.

GYSI: Ich sag doch nichts gegen die Bibel. Und mein Freund war es ja auch, der sie mir näherbrachte, indem er Geschichten aus der Bibel erzählte.

SCHORLEMMER: Nicht Ihr Vater?

GYSI: In meinem Vater kam mitunter eben doch der Funktionär durch, er agitierte in frühen Jahren in laxer Art gegen die Religion. Ich weiß noch, wie die Schwester meines Freundes Kommunion feierte, im weißen Kleid, mit weißer Kerze! Meine Schwester sah das, seufzte und wollte das auch. Der Alte machte sich lustig darüber, meine Schwester fuhr ihn barsch an: »Hast du schon mal 'ne Kommunion erlebt?« – »Nein.« – »Dann red nicht drüber.« Zack. Tür zu. Da war er baff, und das merkte er sich. Trotzdem besuchten wir Kirchen mit ihm, und er war allen Religionen gegenüber tolerant, kannte, schätzte sie irgendwie.

SCHÜTT: Friedrich Schorlemmer, Ihr Schicksal in der DDR war das eines Außenseiters. War das freiwillig – oder wollten Sie eigentlich dazugehören zur Gemeinschaft, also zu jener Gemeinschaft außerhalb der kirchlichen Umgebung?

SCHORLEMMER: Es gibt natürlich auch bei mir die elterliche Prägung, die Weichen stellte. Wobei ich sagen muss, dass es für mich bis zur achten Klasse relativ reibungslos war. Und da geht es mir jetzt nicht vordergründig um politische Ansichten, sondern um den Konflikt, in den die eigene Lebensart irgendwann gerät, im Vergleich mit anderen Kulturen. Das war so, als ich in die Mittelschule ging und im Schülerheim lebte. Die anderen lasen diese sogenannten Schundhefte aus dem Westen, auch Landser-Literatur – mich stieß das ab, ja, so muss ich das ausdrücken. Mich stieß das ab. Karl May zum Beispiel. Für mich unerträglich.

GYSI: Wobei Karl May und Landser-Literatur, da gibt es schon einen Unterschied.

SCHORLEMMER: Für mich damals nicht.

SCHÜTT: Klingt elitär.

SCHORLEMMER: Wie es klingt, ist mir egal und war mir auch damals egal. Ich konnte mir einfach nicht gestatten, unter mein eigenes Niveau zu gehen. Dieses Niveau hat sich bei mir sozusagen im Bett ausgebildet. Wenn Stromsperre war, blieben wir bei den Eltern im Bett, und mein Vater erzählte uns von Kleist, von Fontane, von Theodor Storm. Er konnte faszinierend erzählen. Ich war eben auf anderes aus als auf Schundromane. Klar, auch dadurch kam die Einsamkeit in mein Leben, und wenn man jung ist, halten sich die Gefühle zerrend schmerzhaft in der Waage: Du fühlst dich wohl außerhalb aller Welt, und gleichzeitig möchtest du aufgehen in der Gemeinschaft. Aber meine Mitschüler hörten Schlager, und ich hörte Verdi. Einen einzigen Freund hatte ich, der mich verstand, der ähnlich dachte und fühlte wie ich. Abseits der anderen führten wir schöne, feurige Gespräche über »Die Marquise von O.«. Es war erfüllend, es war Reichtum. Aber ihm wurde der Kontakt mit mir verboten, die Eltern meinten, es würde seiner Entwicklung schaden. Das war bitter, aber andererseits habe ich gar nicht so sehr darunter gelitten, weil gemeinsamer Geist trösten kann, auch wenn er sich nicht unmittelbar mitteilen, austauschen darf. Die Einsamkeit war eben auch eine sehr schöne Einsamkeit. Ich schlug mich buchstäblich in die Büsche und las Kleist oder Schiller.

GYSI: Aber ich nehme doch an, dass Sie nicht vollkommen wie ein Eremit lebten und nur rein geistig.

SCHORLEMMER: Ganz und gar nicht! Ich musste hart im Garten arbeiten. Und bewaffnet war ich auch.

GYSI: Mit Hacke und Beereneimer.

SCHORLEMMER: Von wegen! Mein Freund Heinz und ich haben, als wir vierzehn waren, einen Browning gefunden, eine Pistole mit sechzehn Schuss – wenn du den kühlen Stahl umfasstest, kamen sie von ganz allein, die Gedanken an eine gut bewaffnete Revolution, an deren Spitze wir uns logischerweise stellen würden. Aber, das schworen wir uns: Auf Menschen geschossen wird nicht!

GYSI: Keine Gewalt! Früh verinnerlicht.

SCHORLEMMER: Versteckt haben wir die Waffe erst im Garten, dann im Gewölbe der Kirche. Ein Jahr später warfen wir die Pistole weg. Die Angst, entdeckt zu werden, war doch zu groß. Mein Vater hat erst 1990 davon erfahren, als er einen Text von mir las, in dem ich über die Geschichte geschrieben hatte. Die war über dreißig Jahre her – aber er sprach ein halbes Jahr nicht mit mir. Er malte sich aus, was mit ihm geschehen wäre, wenn man die Waffe gefunden hätte: Bautzen? Waldheim? Er war noch im Nachhinein zu Tode erschrocken.

GYSI: Unerlaubter Waffenbesitz war ein anzeigepflichtiges Delikt.

SCHORLEMMER: Das wussten wir auch, Herr Anwalt.

VII.

Kompromiss: eine Grundschule
Härte, aber kein Hass
Das Anwaltsspiel am Rednerpult
»Ich habe vier Leben«

Gysi: Es ist viel geglaubt worden.
Schorlemmer: Und zu wenig nachgedacht.

SCHÜTT: Herr Schorlemmer, sind Sie in Ihrem Wesen ein echter Protestant?

SCHORLEMMER: Sie meinen, humorlos.

GYSI: Das ist ja 'ne freche Vermutung.

SCHORLEMMER: Gar nicht. Ich habe große Freude an der Ernsthaftigkeit. Die Welt war mir immer zu bedeutsam, um mit seichten Ablenkungen in ihr leben zu wollen. Ich ging früh auf in der Lesewelt meines Vaters. Er las Feuchtwanger und Hesse, Tucholsky und Thomas Mann. Als ich fünfzehn war, gab er mir Wolfgang Leonhards Buch »Die Revolution entlässt ihre Kinder«. Dieses Buch hat mich politisch ebenso geprägt wie das Tagebuch von Helmut Gollwitzer, einer der Galionsgestalten der Achtundsechziger-Bewegung, ein Tagebuch über die sowjetische Kriegsgefangenschaft. Für mich eine frühe Lektion in Dialektik: Nichts an der Wahrheit über die stalinistischen Verbrechen wird ausgespart, aber Gollwitzer denkt dennoch ungetrübt auch über einen partei- und doktrinfreien Kommunismus nach, über die Idee also einer freien Assoziation freier Menschen. Es geht ihm um die Emanzipation des Einzelnen – der nicht von der Gesellschaft verschluckt wird. Wie Marx es sehr schön sagt: der in sich reiche Mensch, dem der andere Mensch zum Bedürfnis wird. Indem ich solche Bücher zu Gesicht und Geist bekam, verdanke ich meinem Vater, dass ich kein Antikommunist wurde.

GYSI: Ist ja interessant: Schorlemmer gehörte als Pfarrerskind zu den Außenseitern, in sehr harter, fast gnadenloser

Weise wurde er dazu gemacht. Er wurde von den Kommunisten geächtet. Mit meinem besten Schulfreund gehörte ich auch ein bisschen zu den Außenseitern – weil wir aus einem kommunistischen Elternhaus kamen. So verrückt waren die Verhältnisse. Wir wollten übrigens nicht Außenseiter sein. Wenn du ein Kind bist, willst du nicht gegen die gesamte Klasse stehen, du willst dazugehören. Und daher waren mein Freund und ich ständig mit Taktik beschäftigt: Wo wehren wir uns, wo halten wir still? Der Kompromiss als Grundschule.

SCHÜTT: Sie haben die Kommunisten wirklich nicht gehasst, Herr Schorlemmer?

SCHORLEMMER: Hass gehört nicht wirklich zu meiner Ausstattung. Hass hat Ursachen, die man verstehen kann, aber erfahrungsgemäß verselbständigt er sich – und nährt nur wieder den Hass des Gegners. Hass generalisiert. Er zerfrisst. Vielleicht wäre alles anders geworden, wenn ich eingesperrt worden wäre. Auch das war ein Grund, eine Inhaftierung möglichst nicht zu riskieren: Ich wollte mich nicht ausgerechnet von den Kommunisten zum Antikommunisten machen lassen.

SCHÜTT: Wenn Sie gestatten, erzähle ich Ihnen von einem Pfarrer aus Berlin-Altglienicke, Klaus-Dieter Lydike, 1936 geboren. Den Unterschied zwischen Christen und Kommunisten benannte er ironisch so: »Die Christen sagen: Was mein ist, ist auch dein! Die Kommunisten: Was dein ist, ist auch mein!« Er hat sich der SED-Diktatur verweigert, aber ebenso einer »Kirche im Sozialismus«, die sich pragmatisch um Kompromisse mühte. Und eine jetzige gesamtdeutsche reiche Kirche war seine Sache auch nicht. Entschieden lebte er ein sozial schwieriges Leben, lange Zeit auf engstem Raum mit neun Kindern, mit einer Frau, die nach einer Schluckimpfung an Kinderlähmung erkrankt war. Den Söhnen des offen Staatsunwilligen wurde

das Studium verwehrt. In den Westen aber ging der Pfarrer nicht. Er wartete auf jenes Wunder, das im Herbst 1989 kam. Und seither fuhr er jedes Jahr nach Israel.
An einem der Abende saßen wir in einem Hotel in Jerusalem, Lydike erzählte von einem Dezembertag 1989, als er mit anderen Bürgern in der Zentrale der Staatssicherheit in der Berliner Normannenstraße war. Das Herz schlug ihm heftig in jener Stunde. Er hatte Angst, er musste sich Mut andenken, er erinnerte sich an einen seiner Verwandten, der auf der »Republikflucht« erschossen wurde, er dachte an Freunde und Bekannte, die vom Regime aus politischen Gründen zu langen Haftstrafen verurteilt worden waren. Dann stand der Pfarrer also unvermittelt im Zentrum des »Spinnennetzes«. Es kam zu offenen Gesprächen mit den teils verschüchterten, teils arroganten Beamten. »Einer sagte zu mir, als flehe er um Gnade, unter den Nazis habe er seinen Vater im KZ verloren. Möglich«, so Lydike, »dass dieser Sohn mit der Absicht in den Apparat gegangen war, Ähnliches möge sich nie wiederholen. Aber es gibt ein Räderwerk der Macht, das schleift die edelsten Motive.«
Warum erwähnte er das jetzt, hier in Jerusalem? »Weil ich damals dieses mir verhasste Stasi-Gebäude betrat – und plötzlich sah: Die das Kainszeichen tragen, sind Menschen. Mittäter, Schuldige, Werkzeuge, ja – aber eben Menschen. Dieser eiskalte Dezembertag offenbarte mir das großartige Mysterium des DDR-Untergangs: Gebundene sind frei, Hoffnungslose schauen nach vorn, aber auch dem Geschlagenen bleibt Leben. Das war einer jener Momente, in denen ich mir sagte: Mag der Zeitwind noch so stark gegen die Vertreter des Systems stehen – es muss sehr, sehr strenges Recht, aber es darf keine Rache geben! Wir müssen miteinander reden. Es sind immer die Abpanzerungen, die einen Neuanfang unmöglich machen; sie müssen aufgebrochen werden.«

GYSI: Das ist ein Denken und Handeln sehr im Gegensatz zu anderen Opfern. Es erinnert mich an den Pfarrer Holmer in Lobetal, der die Honeckers bei sich aufnahm. Das sind Menschen, die vermitteln: Hass ist eine Entladung, aber sie macht nicht frei.

SCHORLEMMER: Der für mich »zuständige« – schon wieder so ein zupackendes Wort: zuständig, über meinen Zustand herrschend und ihn bestimmend –, also dieser zuständige Stasi-Major hieß Gröber. Ich habe 1992 lange mit ihm geredet. Er sagte, wenn ich mich umgebracht hätte, wäre er in gewisser Weise am Ziel seiner Arbeit gewesen. Junge, Junge! Ihm habe seine Tätigkeit Spaß gemacht, sagte er, denn er habe mit Menschen zu tun gehabt. Er bat um Entschuldigung. Er wirkte müde, gebrochen, erledigt. Ein Besiegter, der mir – rein dienstlich gesehen – ans Leben wollte. Er hat mich nach seiner Erzählung, bei der er eine ganze Schachtel Zigaretten rauchte, bis in meine Träume verfolgt. Aber ich konnte ihn nicht hassen.

GYSI: Es ist so, dass der Hassende meist derart identisch wird mit seinem Hass, dass er alles Böse in sich selbst abspaltet und auf das Hassobjekt projiziert. Irgendwann gibt es keinen Weg mehr zurück zum Frieden. Weil man keine Zweifel mehr hat, vielleicht auch selber anfechtbar zu sein. In gewisser Weise fühle ich mich an meinen Beruf erinnert, wenn Schorlemmer von seiner Unfähigkeit zum Hassen und von dem Glauben an den gebrochenen, zerrissenen Menschen spricht. Das ist in meinem Beruf doch auch so. Ich verteidigte Mörder, Erpresser, Vergewaltiger, Räuber, Diebe, aber ich verteidige nie die Tat, ich verteidige den Täter. Ich will helfen, Ursache und Beweggründe aufzuhellen und zu verstehen. Dieses Missverständnis, mich gewissermaßen mit Mandanten gleichzusetzen, erstreckte sich übrigens noch bis zu meiner Wahl als Parteivorsitzender. Dass ich Systemkritiker verteidigt hatte, machte mich in den Augen mancher Genossen zum unsicheren Kantonisten. Ich musste auf dem Sonderparteitag viele Fragen beantworten, und einer fragte, ob ich denn immer noch der Anwalt von Bärbel Bohley sei. Das war ganz klar die kritische, wenn nicht gar unversöhnlich gemeinte Frage, wie ich so etwas mit meiner Gesinnung vereinen könne.

SCHORLEMMER: Brecht schrieb: »Auch der Haß gegen die Niedrigkeit / Verzerrt die Züge. / Auch der Zorn über das Unrecht / Macht die Stimme heiser. Ach, wir / Die wir den Boden bereiten wollten für Freundlichkeit / Konnten selber nicht freundlich sein.«

SCHÜTT: Jetzt muss ich mal unterbrechen. Herr Schorlemmer, Sie sind Theologe – und ein großer Liebhaber des poetischen Materialisten Brecht. Wie geht das zusammen?

SCHORLEMMER: Ich bin ein Theologe geworden, der die Bibel nur mit Brecht (und Brecht nur mit der Bibel) lesen kann. Brecht hat geschrieben: »Ich erwarte keine Antwort, aber die deine.« Das ist doch ein sagenhafter Satz.

GYSI: Man stelle sich das im Parlament vor, wo doch bislang jeder das Wort ergreift, und man weiß meistens, in welche Richtung die Rede gehen wird. Aber ich stelle mir vor: Abgeordnete sprechen plötzlich nicht mehr *zu* anderen, sondern *vor* anderen. Sie offenbaren sich in öffentlicher Selbstprüfung. Also: Jeder politischen Entscheidung mögen Bedenken, Zweifel, ein gegenseitiges In-den-Gedanken-Fallen vorausgehen. Austausch!

SCHORLEMMER: So vielleicht entstünde die Kunst guter Politik: Sie ginge niemals mehr federnd, hochmütig oder fahrlässig gewiss voran, nein, jede Rede begibt sich ins Wagnis, von vornherein Angriffsflächen zu haben. Und sie gern zu bieten! Sie baut darauf, dass sie an ihren gefährdeten Stellen, dort, wo ihr Kraft fehlt, einfach Glück hat – weil andere Redner das nicht ausnutzen, sondern ihren eigenen Zweifel beisteuern. Das kann nicht garantiert, aber durchaus vorbereitet werden.

Gysi: Wir wollen über das reden, was bleibt – jetzt reden wir über das, was wahrscheinlich niemals kommen wird. Aber manchmal hat man halt verrückte Ideen. Man stelle sich vor, jeder Politiker beginnt seine Rede mit einem Gedicht. Da kriegst du doch eine ganz andere Geistes- und Körperhaltung für deine Polemik gegen den politischen Gegner.

Schorlemmer: Wenn Frau Merkel irgendwann Kleist rezitiert, es kann auch Rilke sein, dann ist das Land vielleicht noch zu retten. Wie ist denn das bei Ihnen überhaupt mit der Selbstsicherheit am Rednerpult, Herr Gysi?

Gysi: Die kommt erst beim Reden. Vorher etwas Beklemmung. Außerdem betreibe ich ein Anwaltsspiel, ich versetze mich ins Denken der Gegenseite. Ich sage mir zum Beispiel: Was würdest du jetzt Schlaues sagen, um den Gysi zu widerlegen? Manchmal fällt mir Besseres ein als meinen Gegnern. Um für sich etwas zu erreichen, darf man nicht nur abblocken, man muss die Interessen der anderen mitdenken.

Schorlemmer: Das ist der Parlamentsauftrag: dafür zu sorgen, dass Antworten mehr sind als nur die Verhinderung von Fragen.

Gysi: Herr Schorlemmer, Sie fragen mich nach meinem Leben am Rednerpult, so als stünden Sie selber sehr weit abseits – im Stillen, Unerkannten, Geruhsamen.

Schorlemmer: Eigentlich habe ich gar nicht Öffentlichkeit als Beruf. Ich bin Vertreter einer Kleingruppe. Es geht im Gottesdienst schließlich nicht darum, dass ich selber eine große Rolle spiele, sondern ob ich vermittelnd genug sein kann zwischen Text und zuhörendem Menschen, indem ich von »dem Unsagbaren« das Sagbare erkenntnisfroh, tröstlich, aufrichtend, motivierend zu benennen versuche. Durchaus auch tastend, stammelnd, zweifelnd.

SCHÜTT: Auch Friedrich Schorlemmer gehört wie Gregor Gysi – verzeihen Sie den Ausdruck – zu den medial »Unvermeidlichen«.

SCHORLEMMER: Ja, ich weiß. Es ist deshalb schon lange meine Sehnsucht: aufnehmender zu werden; ich möchte nicht mehr so unter Druck stehen, dauernd abgeben zu müssen.

GYSI: Ich stelle fest, wir teilen bestimmte Sehnsüchte, etwa zu schweigen.

SCHORLEMMER: Und es gelingt uns bislang trefflich, sie in der Öffentlichkeit zu verheimlichen.

SCHÜTT: Gibt es eine Anerkennungssucht aus Unsicherheit?

SCHORLEMMER: Das passiert doch automatisch, wenn man sich mit seiner Arbeit anderen Menschen aussetzt – es entsteht da eine Leerstelle in einem selbst, man hat sich verausgabt und sehnt sich nach einer Rückkopplung.

SCHÜTT: Sind Sie redend Routinier, Herr Gysi?

GYSI: Das denken alle. Ich bin vorher nervös, immer.

SCHORLEMMER: Gestehen Sie Ihren Trieb zum Unterhaltungsgewerbe.

GYSI: Wenn das Leben nur aus Bundestagsdrucksachen und Parteipapieren bestünde, würde der Mensch eng. Wenn man nur solche Dinge liest, denkt man irgendwann auch nur so, und noch schlimmer: Man sieht auch so aus, man ist nicht mehr lebendig, man raschelt nur noch und fühlt sich abgeheftet. Ich spaziere wohl recht locker zwischen den verschiedenen Welten. Ich denke, ich kann mich in einer richtigen Stampe genauso natürlich benehmen wie im Fünf-Sterne-Hotel. Ich fühle mich wohl in der Mitte, so zwischen Bürger und Proletarier.

SCHÜTT: Sitzen Sie manchmal in Gremien und denken daran, dass Sie mit einem abwechslungsreicheren Leben als andere gesegnet sind?

GYSI: Ich habe vier Leben! Ich bin Politiker und also in den

Medien, ich bin Anwalt, ich habe mein Privatleben und darf viertens Publizist und Moderator sein. Ein jedes dieser Leben macht mich auf besondere Weise unabhängig. Ich kann, aber muss nicht Politiker sein, das macht mich souveräner, freier.

SCHORLEMMER: Vier Leben. Das heißt doch: keines richtig.

GYSI: Den Satz kann man wagen, ja. Wobei ich natürlich – damit kein Missverständnis aufkommt – am intensivsten Politiker bin. Aber klar: Irgendwo zahlt man drauf, wenn man mehrere Kreise zieht. Nur welches von den Leben soll ich denn hergeben? Ich will keines hergeben.

SCHORLEMMER: Auch Sie werden älter.

GYSI: Ich frage schon vorsichtig und furchtsam manchen Rentner, was er den ganzen Tag zu Hause macht. Ich will später nicht unerträglich werden: Ich habe kein Hobby, ich kann doch nicht anfangen, Briefmarken zu sammeln.

SCHORLEMMER: Sie hatten mich unterbrochen. Ich möchte noch etwas zu Brecht sagen: Ohne das »Prinzip Zweifel« gab es für Brecht nicht das »Prinzip Hoffnung«. Aber der Zweifel ersetzt nicht das Handeln. In diesem Land wimmelt es inzwischen wieder von sogenannten Unpolitischen, die zusehen, was die anderen machen. Wenn sie zur Verhinderung einer Katastrophe aufgerufen werden, sagen sie: Warum gerade ich? Wenn sie die Katastrophe trifft, fragen sie: Warum gerade mich? Sie haben manchmal fast schon ein Argument auf der Zunge. Doch Zünglein an der Waage sein? Nee.

SCHÜTT: Schriftsteller Vaclav Havel hat einmal einen Prager Gemüsehändler beschrieben: In dessen Schaufenster hängt zwischen all den Rüben und Gurken ein Transparent: »Proletarier aller Länder, vereinigt euch!« Der Mann glaubt nicht an diese Losung. Aber er reagiert damit auf einen öffentlichen Zustand des Bekenntniszwanges, dem sich alle unterordnen, die meisten jedenfalls.

SCHORLEMMER: Der Mitläufer in heutiger Form ist Produkt der arbeitsteiligen Industriegesellschaft: Er möchte nur so viel wissen, dass er nicht in die Lage kommt, mehr wissen zu müssen.

GYSI: Aber den Gemüsehändler bei Havel muss man doch auch verstehen. Das ist ein Sinnbild für Anpassung als Überlebenskunst. Mit dem Transparent zeigt der Händler etwas vor, und zugleich verkriecht er sich dahinter in seine Ladennische. Er bleibt unbehelligt, und das kann ein redliches, weil kreatürliches Lebensziel sein. So wird der sich Anpassende zum nützlichen Sachwalter jener ausbalancierenden Trägheit, die eine Gesellschaft erst lebbar macht – weil somit Revolutionäre und Reaktionäre von der Mitte ausgebremst werden.

SCHÜTT: In der »Süddeutschen Zeitung« stand ein Porträt der Weitspringerin Heike Drechsler. Worte von ihr: »Der Leistungssport war ein Teil des DDR-Systems gewesen, und ich war auch ein Teil dieses Systems. Wir waren Diplomaten im Trainingsanzug und mussten uns viel anhören (in ihrem Fall waren das Doping-Vorwürfe, die für ihr Teenager-Alter dokumentiert waren – ›Süddeutsche Zeitung‹). Ich habe mich versteckt in meinem Sport … Zu DDR-Zeiten hatte ich in vielen Bereichen die rosarote Brille auf, ich habe über manche Sachen gar nicht nachgedacht – ich dachte nur, Hauptsache, sie lassen mich in Ruhe meinen Sport machen … Es ist natürlich einfacher, wenn man von außen sieht, was falsch ist, als wenn man selber tief drin ist in der Geschichte, man braucht Zeit und Abstand … Ich war 'ne andere Heike zu der Zeit … Man hat wenig selbst entscheiden können, man hatte nur einen Auftrag – seine Ziele zu erfüllen, zu gewinnen … Bestehen konnte man nur mit Leistung, sonst ist man untergegangen … Natürlich war es schlimm, dass der Mensch wenig gezählt hat … Da zählten ja leider immer nur Siege … Als erstes war ja wichtig, den Klassenfeind zu schlagen, um jeden Preis. Und wenn man minderjährig war und mit Doping konfrontiert worden ist, ohne dass man es wusste oder dass es die Eltern wussten – das ist eine schlimme Sache.«

SCHORLEMMER: Ich kann mir vorstellen, dass viele Leute im Osten enttäuscht waren über solche Sätze. Aber Heike Drechslers Worte lassen an das Missverhältnis von Leben und dessen befohlener Deutung denken.

SCHÜTT: Auch manches Ereignis des bundesrepublikanischen Sports strotzt vor unangenehmer patriotischer Umgarnung.

SCHORLEMMER: Der national beflaggte Autokorso darf jedoch Spiel bleiben. Mir ist kein Athlet bekannt, den die Unlust zur vaterländischen Losung umgehend die Karriere gekostet hätte. In der DDR aber wurde mit dem weltmeisterlichen Sprung in eine Sandgrube ein tief persönliches Bekenntnis zum gesellschaftlichen Fortschritt abgefordert. Man lieferte das Bekenntnis, weil es dazugehörte, weil man sich daran gewöhnt hatte …

GYSI: … mancher auch, weil er glaubte.

SCHORLEMMER: Aber vielleicht nicht genug nachdachte.

GYSI: Glauben und zugleich denken, ist das für die Christen nicht auch ein Problem?

SCHORLEMMER: Der blinde Glauben ist überall ein Problem.

VIII.

Brecht als Staatsfeind
Die Tugend des inneren Stolzes
Lob der Putzfrau
Schildbürger? Schildgenossen!

Gysi: Vorher waren Sie OPK?
Schorlemmer: Dann OV.
Schütt: Stopp, meine Herren!

Schorlemmer: Brecht hat auch von den Unbedenklichen geschrieben, die niemals zweifeln. »Ihre Verdauung ist glänzend, ihr Urteil ist unfehlbar / ... Ihre Geduld mit sich selber / Ist unbegrenzt. Auf Argumente / Hören sie mit dem Ohr des Spitzels.« Diese Verse verwendete ich in einer Morgenandacht in meinem Studentenwohnheim Anfang der siebziger Jahre in Halle. Jeder Teilnehmer erhielt einen Durchschlag. Mit dabei war ein Pastorensohn, der Medizin studieren wollte, aber wegen seiner Herkunft nicht zugelassen worden war. Er legte es regelrecht darauf an, entdeckt, verhaftet, ins Gefängnis gesperrt und irgendwann in den Westen abgeschoben zu werden. Ein Untersuchungskommando stürmte in jenes Haus 8 in den Franckeschen Stiftungen, für das ich als »Inspektor« zuständig gewesen war; acht Leute von der Staatssicherheit – man suchte nach der DDR-Umrisskarte und nach dem Buch mit dem Brecht-Gedicht. Natürlich sagte man mir nicht, wonach da geschnüffelt wurde; es hieß, ein Mord sei geschehen und man müsse allen möglichen Spuren nachgehen. Ich musste als Konviktsinspektor Zeuge spielen, dass alles seine Richtigkeit habe, und ein Protokoll über die mitgenommenen Gegenstände aus dem Zimmer des Studenten unterschreiben. Ich hatte Angst vor einer Durchsuchung im gesamten Studentenwohnheim und schaffte von dort alles weg, was nach DDR-Gesetz verdächtig war. Darunter Texte von Reiner Kunze, Erich Fried, Wolf Biermann, Dorothee Sölle. Als der Junge dann vor Gericht stand, durften die Eltern sich das Strafmaß anhören, aber bei der Begründung des Urteils mussten sie den Saal verlassen. Ich erzähle das nur, weil ich ebenfalls still blieb. Warum sind wir nicht auf die Straße gegangen?

GYSI: Der Student kam ins Gefängnis?

SCHORLEMMER: Ja, aber er wurde sehr bald durch die Vermittlung von Egon Bahr in den Westen freigekauft, er studierte Medizin und wurde Arzt. Für ihn war die Sache bald erledigt. Für uns nicht. Danach ging die Spitzelei im Studentenheim, das ich damals leitete, erst richtig los. Man muss sich das vorstellen: Brecht als Staatsfeind, gehegt und gepflegt bei den Theologen – und die Büttel des Staates, die doch offiziell meinten, ihn zu besitzen, die greifen strafend zu. Es war absurd und beschämend. Das Wohnheim von 36 Studenten wurde intensiv beschnüffelt. Mehrere Studenten, die zu Verhören geholt wurden, sollten Geheimmitarbeiter der Stasi werden, IM nennen wir das heute. Einer der Stasileute borgte sich von mir ein Buch über die Theologie der Revolution und Texte von Ernesto Cardenal. »Aus Interesse«, sagte er. Ihm ging es um meine Fingerabdrücke.

SCHÜTT: Wenn man bedenkt, was Sie beide über die Geschichte des Sozialismus sagen …

SCHORLEMMER: Ich weiß schon, worauf Sie wieder hinauswollen: Dann bleibt letztlich doch die Frage berechtigt, wieso denn überhaupt noch diese erhebliche Mühe lohnt, dem untergegangenen System den einen oder anderen Ehrenwert abzutrotzen.

SCHÜTT: Wenn man schon auf den Wert der eigenen Biographie pocht, so sollte man der Vollständigkeit halber auch das mittragen wollen, was Sie selber schon erwähnt haben und was oft genug den kleinen Frieden der Zufriedenheit und des Unbehelligtbleibens in der DDR erst ermöglichte: dieses Einverständnis mit den unsinnigen politischen Ritualen, vom Pionierappell bis zur montäglichen Parteiversammlung; dieses gedankenlose Zettelfalten an Wahltagen; diese ohrenbetäubend stille Duldsamkeit gegenüber Kellnern und Abschnittsbevollmächtigten; diese Beflissenheit, mitzutun, ohne aufzufallen, oder umgekehrt: aufzufallen, ohne wirklich etwas zu tun. Es geht um dieses unmerkliche Zusammenstoßen von Karrieretrieb und Anstand. Wer siegt in welchem Moment? Eine Diktatur kann nicht funktionieren, wenn nicht zwischen Herrschaft und Mehrheit eine gewisse Übereinstimmung besteht. Wie viele von uns hatten einen großen Mund, und man wusste, warum: Sie kannten keine Fremdsprache, aber redeten perfekt mit zwei Zungen.

SCHORLEMMER: Sag ich doch aber die ganze Zeit. Man könnte freilich hinzufügen, das alles sind Verhaltensweisen, die der Sozialismus nicht erfand.

GYSI: Aber wir »Sozialisten« wollten doch nicht weniger sein als die einzige lohnende geschichtliche Alternative.

SCHÜTT: Bewiesen haben wir die Beständigkeit des Menschen im Ewigen: seiner Geschmeidigkeit, die alles beim Alten hält.

GYSI: Die Einheit hätte das ändern können. In diesem Prozess nach 1989 haben sich zwei Bevölkerungen gewissermaßen sehr überstürzt zu vermischen begonnen, mit heftigem Begehren die eine, die östliche, weit weniger berührt die andere, die westliche.

SCHORLEMMER: Um es in ein Bild zu fassen: Man warf sich ineinander, stolperte gegeneinander, prallte voneinander ab, um erneut ins Miteinander gewirbelt, gestoßen, gelockt zu werden. In diesem Prozess nun hatte die Bundesrepublik unentwegt, im wahren Sinn des Wortes, nichts Besseres zu tun, als ihre eigene Sozialstaatlichkeit zu verteidigen und hervorzuheben.

GYSI: Die aber doch immer mehr bröckelte.

SCHORLEMMER: Das war der Fehler: Man hinterließ im Osten verletzte, beleidigte Menschen, deren Lebensleistung plötzlich nur noch reduziert schien auf unzählige Spiel- und Arbeitsarten der Zuträgerschaft für die Stasi.

GYSI: Ich ärgere mich zum Beispiel nach wie vor sehr über die Art, wie diese deutsche Einheit hergestellt wurde.

SCHORLEMMER: Sie ärgern sich für die Ostdeutschen.

GYSI: Ja, aber mehr noch für die Westdeutschen. Weil ihnen durch den bloßen Beitritt des Ostens zum Gebiet des Grundgesetzes Chancen verbaut blieben. Natürlich meine ich damit nicht die Praktiken des Geschichtsunterrichts und unsere wahrhaft mangelnde Ausbildung in Weltbürgertum. Aber es gab doch interessante Entwicklungen, die zumindest einer Prüfung wert gewesen wären. Frauen erklommen in den Hierarchien der Gesellschaft zwar nicht durchgehend die höheren Stufen, aber in den Kreisgerichten gab es viele Frauen, Mädchen stellten die Mehrheit der Studierenden, es gab ein flächendeckendes Netz an Kinderkrippen, an Kindergärten, und das Mittagessen in der Schule war fast gebührenfrei. An jeder Schule existierte ein stellvertretender Direktor oder eine Direktorin einzig für außerunterrichtliche Angebote. Es gab eine Berufsausbildung mit Abitur. Leider gab es politische Ausgrenzung, Friedrich Schorlemmer hat sie erlebt, aber es gab keine sozial begründete Ausgrenzung. Auch hätte man sich die Polikliniken, die heute Ärztehäuser heißen, mal ansehen können, um die Verwendbarkeit von Strukturelementen zu prüfen. Das hätte den Westdeutschen, da bin ich sicher, an manchen Stellen Verbesserungen ihrer eigenen Gesellschaftsstrukturen gebracht und das Selbstbewusstsein der Ostdeutschen gestärkt – deren Leben mehr war als Mitläuferschaft in stalinistischen, diktatorischen Organisationsformen oder deren Abwehr. So aber reduzierte sich alles darauf, dass die Westdeutschen anlässlich der Einheit ein

Glas Wein tranken, danach ging es mit ihnen sozial bergab, denn sie merkten: Der Osten ist ein Fass ohne Boden, da steckt man ständig Geld rein, es kommt aber keins wieder aus; und dann nörgeln diese Ostdeutschen auch noch bockig rum und wählen komisch. Ich verstehe diese Reaktion – wenn ich in Passau aufgewachsen wäre, würde ich das wahrscheinlich auch so sehen. Und diese Sachlage ärgert mich! Das will in meinen Kopf nicht rein: Warum können Sieger nicht aufhören zu siegen?

SCHORLEMMER: Es muss zum Beispiel auch gefragt werden, warum die Eliten nicht vereinigt wurden. Gänzlich »Unbelastete« gab es freilich nicht im totalitären Staat.

GYSI: Das wollten die im Westen nicht, auch mit Rücksicht auf diejenigen im Osten, die sich dem Staatsdienst verweigert hatten. Aber es gab doch weit mehr Eliten als die politischen, gar die des orthodoxen Marxismus-Leninismus. Wobei mich wunderte, dass sich die Ost-Eliten in der Wissenschaft etwa, in der Medizin, so reibungslos ihrer Abschaffung fügten. Keine Spur von Widerstand. Und klar: dass man möglichst wenig aus der DDR übernahm, das war eine Frage der politischen Haltung. Abgrenzung als oberste Tugend, um sich die Hände nicht schmutzig zu machen an einem bösen Regime. Dazu noch mal ein Beispiel: In der alten Bundesrepublik machte sich jeder erwachsene Mann strafbar, der mit einem Jugendlichen eine intime Beziehung einging. In der DDR zum Schluss nicht mehr, nur noch dann, wenn sich auch Heterosexuelle strafbar machten, sie zum Beispiel unter Ausnutzung eines Abhängigkeitsverhältnisses handelten. Als wir Westen wurden, hieß es im Osten: Wir dürfen doch nicht wieder unter Strafe stellen, was bis gestern erlaubt war, und im Westen hieß es: Wir können doch nicht einfach DDR-Recht übernehmen, wo kommen wir denn da hin? Das Ergebnis: drei Jahre unterschiedliches Strafrecht. Nun hat man das in Städten, die weit entfernt voneinander lagen, nicht bemerkt, aber in Berlin wirkte es idiotisch: In Kreuzberg war kriminell, was in Friedrichshain erlaubt war. Die Schwulen eroberten den Osten Berlins. Strafrechtsvereinheitlichung? Sie kam, klar, aber doch sehr verzögert, damit niemand die Übernahme von DDR-Recht merkte.

SCHÜTT: Herr Schorlemmer, nehmen wir an, die DDR sei grundsätzlich bereit gewesen, ihre Strukturen zu ändern, liberaler zu werden. Musste sie sich nicht wirklich echt bedrängt fühlen von Menschen wie Ihnen, die fortwährend störten und also indirekt jenen Hardlinern recht gaben, die betont auf Sicherheit setzten?

SCHORLEMMER: Man darf Staat und Gesellschaft nicht verwechseln.

SCHÜTT: Ich rede vom Staat.

SCHORLEMMER: Sie reden vom Staat. Und der Staat dachte, er sei die Gesellschaft. Und er habe die Macht und die Mittel, den Menschen zu vergesellschaften. Das war der Grundirrtum des Systems. Aber ich will mich nicht überschätzen – wir Oppositionellen waren doch lange Zeit eine verschwindende Minderheit. Wobei mir Opposition so groß klingt.

SCHÜTT: Was war es denn, was war Ihr Urtrieb?

SCHORLEMMER: Nicht die Staatsgegnerschaft. Die war die unausbleibliche Folge, und zwar des Entschlusses, im eigenen Leben auf Wesentliches zu kommen, den Opportunismus, zu dem jedes Leben zwingt, möglichst klein zu halten. Ich wollte einfach so leben, dass ich mich beim Blick in den Spiegel aushielt. Es gibt einen inneren Stolz, mit dem noch jeder Mensch das Schicksal strafen kann. Ich wollte mich so verhalten, dass Vertrauen ein Hauptwort blieb zwischen mir und den Menschen, mit denen ich zu tun hatte. Ich habe großes Glück gehabt: Kein einziger meiner wirklichen Freunde hat sich mit denen eingelassen, die in diesem Staat DDR dafür sorgten, und zwar nicht nur bei der Stasi!, dass rundum die Ängste wuchsen, die Gleichgültigkeiten, die Aggressionen, die Abkehrkräfte, die Zynismen.

SCHÜTT: Und trotzdem bedauern Sie, dass diese DDR den Bach hinunterging?

SCHORLEMMER: Es gibt für mich nichts, was mir die DDR im Nachhinein angenehmer machen könnte, nichts. Aber ich bestehe für mein Denken und Fühlen auf bestimmten Ideen, die mit der Existenz dieses Systems verbunden waren und mit dessen Verschwinden nicht aus der Welt sind. Wir dürfen doch dieser pieseligen DDR und diesem Sowjet-System, diesem tschekistischen Bolschewismus, nicht erlauben, die großen Menschheitsideen mit in den Orkus zu reißen. Das Antirassistische, das Antikolonialistische. Zum Beispiel auch: dass das Bildungsprivileg gebrochen wurde, Gysi hat es erwähnt, das bleibt doch eine historische Leistung. Und natürlich weiß ich, dass das Plädoyer sofort auch wieder den Einwand hervorbringt. Es ist doch einerseits etwas sehr Humanes, dass die Tochter einer Putzfrau – die man offiziell Raumpflegerin nannte, um ihre Würde zu betonen – Medizin studieren konnte. Da andererseits die Studienplätze nicht unbegrenzt waren, räumte man ihr größere Chancen ein als vielleicht dem Sohn eines Arztes – der also letztlich nicht Arzt werden konnte, obwohl er möglicherweise weit besser befähigt gewesen wäre. Das ist die Kollision zwischen Gleichheit und Gerechtigkeit. Die Rechnung ging nie auf, aber Grundlage des Ganzen war doch der Wille zu einer humaneren Neuordnung der Entwicklungsmöglichkeiten.

SCHÜTT: Das sagen Sie, der als Pfarrerssohn unter dieser Praxis zu leiden hatte?

SCHORLEMMER: Alle meine Geschwister auch. Immerhin

fünf. Keines von ihnen konnte auf landläufigem Wege das Abitur ablegen.

SCHÜTT: Verstehen Ihre Geschwister, wie Sie über das DDR-Bildungssystem reden?

SCHORLEMMER: Meine Geschwister denken in manchem anders als ich. Ja, teils weit, weit schärfer, wenn es um Kommunisten und DDR-System geht. Sie sind jünger, haben eine andere Sozialisation, dazu gehört offensichtlich auch ein gelasseneres Denken über Deutschland. Ich empfand die Teilung stets als hart, und ich fand es verdammt ungerecht, dass wir Ostdeutschen auf Dauer die Zeche des Krieges zahlen sollten. Aber ich sah ein, dass die Teilung etwas mit der deutschen Geschichte zu tun hatte, mit dem Zweiten Weltkrieg, mit den Verfehlungen eines Volks, zu dem ich gehöre.

SCHÜTT: Aber nicht als Verantwortlicher, Schuldiger.

SCHORLEMMER: Aber doch als Zuständiger.

GYSI: Ich finde interessant, was Schorlemmer über diese Sicht auf jüngste Vergangenheit sagt. Wie wichtig dieses Wegräumen all der ideologischen Barrieren wäre, die jeden offenen Blick auf ein erledigtes Gelände verhindern – als sei es noch immer vermint. Es kann doch auch Spaß bereiten, über Vergangenheit so nachzudenken, als sei sie ein Übungsfeld für kommende verrückte Ideen. Ohne dass gleich reflexartig die Frage gestellt wird: Wie rechnet sich das? Wie ist das mit der gerade gültigen politischen Korrektheit vereinbar?

SCHÜTT: Und es fiel das schöne Wort vom gelassenen Herangehen an die Dinge.

GYSI: Ein Traumzustand! Der Regisseur Frank Castorf, den ich ganz gut kenne, der sagte immer: Mein Name ist Oblomow. Du hattest in der DDR Zeit. Du hast im Mangel Phantasie entwickelt.

SCHÜTT: Als Lebenshaltung auch heute erstrebenswert.

SCHORLEMMER: Jetzt erst, da die Leute alle verfügbaren Sorten von Käse oder Wurst haben können, begreifen sie, dass es auch schön sein kann, mit einer unerfüllten Sehnsucht in der Welt zu sein. Oder mit dem Willen, sich nicht nur überall und immer abzuhetzen.

GYSI: Übrigens hatte die Gelassenheit auch einen sozialgeschichtlichen Aspekt. Es gibt eine Anekdote, die Volker Braun in einem seiner Bücher erzählt, ob Tatsache oder erfunden, weiß ich nicht. Brecht schickt seine Assistenten hinaus aufs Land, sie sollen in der ostdeutschen Nachkriegszeit Zeichen des Neuen ausfindig machen. Sie kommen zurück, mit unbeschriebenem Papier. Sie haben nichts Neues gesehen. Brecht kann das nicht fassen, geht selber mit ihnen auf die Felder. Was er sieht, sind faul Herumsitzende, die Pflüge stehen im Acker und rosten vor sich hin. Eifrig notiert Brecht und freut sich. Ja, er freut sich über rostige Arbeitsgeräte und sagt den Assistenten: Seht ihr, die Bauern und Landarbeiter haben keine Angst mehr, denen ist ihr Wohlbefinden wichtiger als die Arbeit. Sie sind ganz gelassen, sie denken an sich selber und nicht an die Leistung. Die wird ihnen nicht mehr abgepresst. Das genau sei das Neue. So schreibt es Volker Braun. Find ich philosophisch witzig. Nun muss mir keiner einen Vortrag halten über Effektivität in der Planwirtschaft, und deren massives Elend will ich keinesfalls verklären. Es war schon vertrackt: Die Waren zum Beispiel mussten nicht um die Käufer werben, das hatten sie nicht nötig, jede Ware wurde gebraucht, aber zugleich litt die erweiterte Reproduktion. Der Einzelne litt keine Not, die gesellschaftliche Notlage aber wurde immer größer. Es gibt bei allen Erscheinungen dennoch diese ganz andere mögliche Perspektive, die Dinge zu betrachten und erstaunt zu sein. Aber die Grundideen waren das Entscheidende. Sie bildeten den Grund, auf dem ich mit der Gewissheit stand, es sei die richtige Seite in der Geschichte.

Friedrich Schorlemmer hat bereits das Absurde so mancher Logik angeschnitten, die damit verbunden war. Da war also die Idee, soziale Schranken zu überwinden. Kinder aus der Arbeiterklasse wurden immer stärker gefördert. Dann kamen Ingenieure zu mir und sagten: »Ich war ein Kind aus der Arbeiterklasse, deshalb bin ich Ingenieur geworden – und nun ist mein Sohn kein Kind aus der Arbeiterklasse mehr und darf nicht Ingenieur werden?«

SCHÜTT: Ausgangspunkt war meist die Vernunft, dann übernahmen oft genug die Schildbürger.

SCHORLEMMER: Oder, wenn es um die Vergabe von Arbeit ging, auch die Schildgenossen, die Genossen von Schild und Schwert. Als wir 1971 nach Merseburg zogen, in die Chemiehölle, fand meine Frau als Allgemeinmedizinerin keine Anstellung. Der Kreisarzt zuckte mit den Schultern: keine Planstellen. Dann wurden doch welche ausgeschrieben, die galten aber nur für Angehörige der Volksarmee, die wieder ins zivile Leben zurückkehren wollten. Später gab der Chef der Poliklinik Professor Bittersol in Leuna meiner Frau eine Anstellung, mit der persönlich gegebenen Order, keine Werbung für die Kirche zu betreiben. In einem vertraulichen Gespräch mit diesem Arbeitsmediziner erfuhr sie, warum sie in Merseburg keine Arbeit gefunden hatte: Es hing mit meinen »Aktivitäten« zusammen, und sie solle vorsichtig sein, auch im Krankenhaus sei der Staat »präsent«, an Stellen, wo man es nicht vermutet.

SCHÜTT: Für ein beruhigtes Empfinden sorgt so eine Information nicht.

SCHORLEMMER: Warum sagen Sie das jetzt?

SCHÜTT: Und warum lachen Sie?

SCHORLEMMER: 1976 kamen wir von einer Veranstaltung aus dem Merseburger Dom, auf der eigentlich Reiner Kunze zur Orgel hatte lesen sollen. Vor dem Gemeindehaus standen an die zehn Männer. Ich ging auf sie zu und fragte, ob sie auf jemanden warten. Nee. Na, warum stünden sie denn dann so geschlossen direkt vor unserer Tür, nachts, im Nebel? Da sagte einer, offenbar der Chef von denen: »Beunruhigt Sie das?« Diese Antwort wurde bei uns zum geflügelten Wort. – Aber Fakt ist: In der DDR stellten die Menschen ihrer Arbeit nicht nach wie Bettler, sondern sie gingen ihr nach, indem sie aus ihr erst hervorgingen. Der Soziologe Wolfgang Engler erfand den Begriff »arbeiterlich«, das war die DDR eben auch. Es war die Gesellschaft einer herrschenden wie angeherrschten Klasse, die umsorgt lebte und zugleich frech sorgenlos.

GYSI: Man war in der DDR ganz anders mit der Arbeit verbunden als im Westen. Zwischen Arbeit und Leben wurden nicht die gleichen Abgrenzungslinien gezogen wie in der Bundesrepublik. Gewiss: Die Dinge im Osten gehörten nicht mehr den Herren, und so wurden sie mehr denn je herrenlos. Vieles verwahrloste, vor allem die positive Einstellung. Interessant bleibt auch, dass ein Arbeiter mitunter mehr verdiente als ein Leiter, zumindest auf mittleren Ebenen. Der Aufstieg der Werktätigen war gewollt, aber es war nicht einfach, Arbeiter für Schulen, für Weiterbildung zu gewinnen, schon gar nicht für ideologische Funktionen: Sie fürchteten finanzielle Einbußen.

SCHÜTT: Der Theaterregisseur Benno Besson sagte: »Sehen Sie, ich hatte in der Volksbühne in Berlin aus ethischen Gründen die Pflicht und den Willen, einer Garderobenfrau höflich, zugewandt zu begegnen – also anders als in einem bürgerlichen Theater. Die Autorität der Werktätigen war eine gesellschaftliche Qualität. Sie hatte mit der Freiheit zu tun, sich nicht mehr zu beugen. Was zerstörend wirkte, war die Führungsarroganz der Parteileute.«

SCHORLEMMER: Die Heiligsprechung der Arbeit führte aber auch zu idiotischer Beschäftigungstherapie: Es wurden Höfe gekehrt, die gar nicht dreckig waren.

Gysi: Na, die meisten Höfe hätten schon gekehrt werden können – blieben häufig aber dreckig.

Schorlemmer: Natürlich gab es entfremdete Arbeit, unangenehme, peinigende Arbeit, es wird sie immer geben. Aber der grundsätzliche Verlust heute ist doch, dass es immer seltener diese Kontinuität, diese innere Stabilität gibt, die für einen Arbeitsplatz wichtig ist. Angst herrscht, Nervosität, Unsicherheit. Das ist die Folge eines wirtschaftlichen Denkens weltweit, bei dem es zuallererst um den »Plan« geht, eine immer höhere Effektivität mit immer weniger Menschen zu erreichen. Wenn die DDR etwas geleistet hat, dann die Verbreitung des Grundgefühls: Du bist gebraucht! Gleichzeitig aber der Fluch: Du hattest gefälligst dankbar zu sein, für die Arbeit, für die neue Wohnung, für die Schulbildung, fürs Studium, für die medizinische Versorgung. Also, statte deinen Dank ab, geh drei Jahre an die Friedensgrenze! So erzog die Pflicht zur Dankbarkeit auch sehr viele Unterwürfige.

Gysi: Ich hatte im Deutschen Theater Günter Gaus zu Gast. Er schrieb 1986 das Buch »Die Welt der Westdeutschen«. Er stellte fest, dass die Sozialdemokratie für die Schwachen, die Unterprivilegierten in den sechziger, siebziger Jahren wirklich viel getan hat. Aber das hat das Verhältnis der politischen Elite zu Arbeitern nie positiv geändert. Die Tendenz ging zum Feinsinn, zur neuen Innerlichkeit. Es wurden damals schon die mentalen Grundlagen dafür befestigt, dass man unter der Regierung Schröder das Zerreißen der Sozialsysteme kalt hinnahm. Die geistige Opposition, sagte Gaus, hat die unteren sozialen Schichten seit jeher nur als literarische Figur gekannt. Sehr wenig habe man prinzipiell im Sinn gehabt mit konkreten Arbeiterproblemen und Gewerkschaftsfragen. Ein stolzer Frontgeist, inspiriert durchs Wirtschaftswunder und bestärkt durch die uncharmanten Zustände im Osten, hat in der Bundesrepublik mehrheitlich geistige Selbstbeschränkungen hervorgerufen. Die Folgen reichen bis heute: Es gibt eine große Distanz zwischen Begünstigten und Unterprivilegierten. Kurzum: Man kennt einander nicht. Wobei man in der DDR über die gepriesene Einheit von Volk und Partei auch nur lachen konnte. Honecker und andere im Politbüro haben in einem fort nur noch Bedürfnisse und Träume aus den zwanziger Jahren artikuliert – und das am Ende des zwanzigsten Jahrhunderts. Das war doch grotesk.

SCHORLEMMER: Wer heute noch immer den Kopf darüber schüttelt, wie denn der umsorgte DDR-Bürger billige Wohnungen, verlässliche Arbeit und geruhsame Tristesse gegen den rigiden Wind der Freiheit tauschen konnte, der lese den Dichter Wolfgang Hilbig und seinen Unterricht in Sachen politischer Psychologie: »ihr habt mir geld aufgespart / lieber stehle ich. // ihr habt mir einen weg gebahnt / ich schlag mich durchs gestrüpp seitlich des wegs. // sagtet ihr man soll allein gehen / würd ich gehn / mit euch.« Hilbig, Fühmann, Kunze, Maxie Wander oder de Bruyn lesen, wenn es um die DDR geht! Auch darum, dass sie Menschen mit Angeboten eines lukrativen Gehorsams umsorgte – der die einen einlullte, andere bis auf den Nerv peinigte. Man nahm doch längst das Soziale hin und träumte von ganz anderen Dingen. Da fruchteten Beteuerungen, dass Arbeit und Brot und Dach wichtiger seien, überhaupt nichts.

GYSI: Das ist wie bei so vielem: Erst wenn etwas weg ist, fühlt man den Verlust.

SCHÜTT: Gysi sprach vom Grundgefühl: Du wirst gebraucht. Sie, als kritischer Pfarrer, wurden nicht gebraucht.

SCHORLEMMER: Von der DDR wurde ich nicht gebraucht, stimmt.

GYSI: Aber *in* der DDR schon. Die Partei- und Staatsführung brauchte Leute wie Schorlemmer nicht, in der Gesellschaft waren sie dringend nötig.

SCHÜTT: Die Gesellschaft ist nichts Abstraktes, sie besteht aus konkreten Leuten. Und wenn das Oben nur funktioniert, weil das Unten stillhält, dann heißt das auch: Viele haben den staatlichen Groll gegen kirchliche Kritiker geteilt, sie wurden sogar ermutigt, in ihrem Atheismus anmaßend zu werden.

SCHORLEMMER: Ich hatte das Gefühl, dass es den paar Studenten, mit denen ich in der Studentengemeinde an der Hochschule für Chemie »Carl Schorlemmer« zu tun hatte, sehr wichtig war, einen solchen Treffpunkt für Gespräch und Besinnung und Bekräftigung und gegenseitig mutmachenden Mut zu haben.

GYSI: Besinnung und Bekräftigung ... Das habe ich natürlich auch erlebt. Über manchen meiner Mandanten habe ich im Sinne der Selbstprüfung nachgedacht: Woher nimmt der seinen Mut? Spricht er nicht aus, was ich auch denke? Was hält mich ab, eine Zurückhaltung zu sprengen, die ich doch mehr und mehr auch als Fessel empfinde? Warum bleibe ich nach wie vor bei Argumenten, denen ich doch immer weniger vertraue? Rudolf Bahro hatte in seinem Buch »Die Alternative« auch über den Einzug sowjetischer Panzer in Prag 1968 geschrieben. Stets und überall, so schrieb er, würden dort, wo man einen humaneren Sozialismus versucht, diese Panzer anrollen. Aber dann fragte er: Und wenn es je zu Reformen in Moskau selbst kommt – woher sollen dann die Panzer kommen? Das war für mich ein gewisses Hoffnungszeichen, vor allem aber eine sehr akzeptable Ausrede, eine Art Erlaubnis zur Geduld, so nach dem Prinzip: Es ist zur Zeit sinnlos, in Sachen Reform etwas in der DDR zu tun, viel zu gefährlich, die Sowjets verhindern alles – erst muss es in

Moskau rumoren, dann brechen auch bei uns die Festungen.

SCHÜTT: So kam es dann auch, mit Glasnost und Perestroika.

GYSI: Ja, aber eigentlich ist nicht entscheidend, nur das zu tun, von dessen Erfolg man überzeugt ist, sondern das, von dem man überzeugt ist – unabhängig, ob es Erfolg haben wird. Durch Leute wie Schorlemmer wurde man über den Stand des Widerstandsgeistes im Land informiert. Wie gesagt: immer auch unter einem besonderen kritischen Blick: Was tust du selber? Ein wenig beruhigte ich mich mit dem Gedanken, dass ich solche aufrührerischen, unangepassten, mutigen Leute verteidigte. Aber in Wahrheit sollte ein Argument her – für eigenes Abwarten oder Einlenken. Und es war nur in geringen Maßen ein wirkliches Argument. Dass Schorlemmer nun, da alle auf die DDR einhacken, auch auf andere Seiten dieses Systems verweist, das ist doch keinesfalls Schönrednerei. Es hat wieder etwas mit Mut zu tun: sich dem Zeitgeist nicht zu beugen. Das ist mir allemal lieber als das Verhalten anderer: Sie haben damals gesagt, was die SED-Führung wollte – sie sagen jetzt das, was Mainstream ist. Nämlich das Gegenteil.

SCHORLEMMER: Jetzt kommt mir übrigens in den Sinn, dass wir 1962, vor Beginn des Theologiestudiums in Halle, zur Kartoffelernte auf die Felder geschickt wurden und dort bezeichnenderweise mit künftigen Juristen zusammengelegt wurden. Deren FDJ-Gruppe traf sich regelmäßig, um über uns »Pfaffen« zu befinden, im Grunde war das die DDR im Kleinen, im Konkreten: Kontrolle, Observation, Einschüchterung. Es hätte doch eine gute Gelegenheit der Annäherung, des wirklichen Gesprächs sein können – aber nein! Ich sage das jetzt, weil Gregor Gysi vom Zeitgeist sprach. Und nach 1990 meldeten sich ausgerechnet mehrere dieser einstigen Jurastudenten bei mir, längst erfahrene Staatsanwälte. Ich war schon erstaunt, wie sehr sie nun Beihilfe zur Demokratisierung anboten, ganz selbstverständlich.

GYSI: Waren Sie misstrauisch?

SCHORLEMMER: Ja, aber mein Grundvertrauen siegte. Es siegt immer. Wir wissen nicht wirklich, wie in einem Menschen Veränderung und Wandlung geschieht. Für mich gilt Offenheit und also die Risikobereitschaft, an Taten abzulesen, wie es in einer Seele arbeitet.

GYSI: Das Entscheidende an einem Menschen ist sein Charakter. Charakter ist Schicksal. Der bleibt, immer. Wenn Charakter in der DDR was taugte, dann taugt er auch jetzt etwas. Und wenn er damals nüscht taugte, dann taugt er auch heute nüscht.

SCHÜTT: Denken Sie an bestimmte Leute?

GYSI: Ja, ich könnte Beispiele bringen, das lass ich aber, es hätte etwas Denunziatorisches, das liegt mir nicht.

SCHORLEMMER: Zu bleiben, wie man ist, das kann auch Starrsinn sein. Aber selbstredend klingt Standpunktfestigkeit viel besser.

GYSI: In einem Gespräch mit alten Genossen sagte ich mal: Ihr habt eure Kindheit in der Weimarer Republik verbracht, dann habt Ihr die Nazi-Diktatur erlebt, dann die Besatzungszeit, dann die Gründung der DDR, deren Entwicklung, deren Ende, und jetzt seid ihr Bürger der Bundesrepublik Deutschland. Das umfasst fünf Generationen – und ihr habt das alles in einem einzigen Leben erfahren. Nun meine Frage an euch: Kann man das nicht auch als Bereicherung empfinden? Die lehnten sich zurück und machten zumindest einen nachdenklichen Eindruck.

SCHÜTT: Bereicherung, ja, aber eben auch eine Zumutung. Was hat einer in so langer Zeit glauben dürfen und wieder vergessen müssen.

SCHORLEMMER: Aber doch auch glauben müssen und wieder vergessen dürfen.

GYSI: Ab und zu muss man sich vergegenwärtigen, dass Brüche auch Spannungen mit sich bringen, die dem Leben Farbe verleihen.

SCHORLEMMER: Gegen das Grau!

GYSI: Genau, Herr Schorlemmer-Brecht. Wissen Sie, wenn es die DDR noch gäbe – ich wäre höchstwahrscheinlich noch immer Rechtsanwalt. Ich mochte meinen Beruf, ich mag ihn immer noch, aber vieles damals endete doch in Eintönigkeit: Alles war geregelt, alles war ordentlich eingefädelt und wurde ebenso ordentlich, in beständiger mittlerer Temperatur, abgearbeitet. Mit 1989 und 1990 ist mein Leben richtig spannend geworden, und irgendwie bin ich auch dankbar dafür.

SCHORLEMMER: Ich wollte noch etwas zur Geduld sagen, zum Abwarten jenes Moments, da sich kritisches Eingreifen lohnt. Wie lange hält man aus, wie lange wartet man ab? Rainer Kirsch hat in einem Gedicht über den Aufschub geschrieben: »Damit wir morgen reden können, schweigen wir.« Es ist eine schwierige Frage: Wann hat eine Tat Sinn, wann bleibt sie nur etwas, was verpufft? Und zwar, weil sie zu früh kam.

GYSI: Ein Rezept gibt es nicht. Taktik ist unumgänglich, wenn du etwas erreichen willst. Du darfst sie nur nicht so verinnerlichen, dass sie deinen Charakter frisst. Irgendwann erklärst du dann auch deine Feigheit zum rein taktischen Manöver und leugnest damit, dass sie zu deinem Wesen gehört.

SCHORLEMMER: So eine Abwartehaltung lag irgendwann über der gesamten DDR. Es schien, als blickten überall unbekannte Menschen einander an und waren sich über den wahren Zustand des Regimes einig. Dann aber ging man weiter seiner Wege. Der friedlichen Revolution ging die Revolution der flüchtigen Blickkontakte voraus, wenn ich das jetzt etwas ausschmückend sagen darf. Und es gehört zur Wahrheit, wie Gysi das vorhin gesagt hat, dass es auch in der Partei denkende, aufrichtige, klarsichtige, mitfühlsame, mutige Menschen gab. Wenige! Aber sie gab es. Und wie hätte denn ich, in der Volkshochschule, wie hätten denn meine Geschwister die Schule überleben können, wären da nicht anständige Lehrer gewesen. Es waren mitunter nur leise, beiläufige, heimliche Zeichen, die sie gaben, Signale der Anerkennung, der Bestätigung, der Ermunterung. Aber diese Zeichen gehören dazu, neben der herrschenden Verachtung und Ächtung, der wir Pfarrerskinder offiziell oft ausgesetzt waren.

GYSI: Wir haben schon mehrfach über das Gleichheitsempfinden von DDR-Bürgern gesprochen. Ein Jahr nach der deutschen Einheit stehe ich am Flughafen Köln/Bonn und will mit dem Taxi nach Bonn fahren. Ein Mann kommt dazu und fragt, ob er auch mit einsteigen darf. Ich glaube, er war aus Dessau. Er fing zu erzählen an und sagte: »Stellen Sie sich vor, bei uns ist jetzt 'ne Reise nach Ägypten angeboten worden – für zwölftausend Mark. Das ist doch eine Unverschämtheit!« Und ich sehe, wie mein Taxifahrer vorn zu vibrieren beginnt. Bis er's nicht mehr aushält und sich umdreht: »Wissen Sie, unverschämt ist doch was ganz anderes, nämlich dass Sie ein Jahr nach der Einheit schon nach Ägypten fahren wollen. Ich bin schon vierzig Jahre Taxifahrer und war noch nie in Ägypten!« Daraufhin fingen die beiden an, sich mit Worten und Widerworten zu verkeilen, und ich musste schlichten. In mir erwachte der Verteidiger, und ich habe dem Taxifahrer gesagt: »Das Ganze ist ein Missverständnis. Der Herr will nicht nach Ägypten, er regt sich lediglich darüber auf, dass ihm etwas angeboten wird, das er sich nicht leisten kann. Das wiederum stört Sie nicht, da Sie im Westen schon immer Produkte kannten, die für Sie nicht in Frage kamen. Das ist relativ neu für einen DDR-Bürger. Produkte gab es schwer, aber sie waren immer bezahlbar. Er hat eine gewisse Gleichheitssehnsucht, die sich der Mensch im Westen beizeiten abgewöhnt.« Für mich war das eine aufschlussreiche Episode, und wir Linken müssen an dem Punkt immer ein bisschen aufpassen: Wir dürfen nicht in den Verdacht geraten, wir wollten so eine Art Gleichheit in Armut. Das ist Blödsinn. Aber eines ist auch wahr, das hat ein Mandant von mir wunderbar lakonisch ausgedrückt. Es war ein DDR-Schriftsteller, den hatten sie wegen sogenannter Hetze angeklagt, dieser Autor ging wahrlich nicht sanft mit der DDR um, aber er sagte: »Arm lebt sich's in der DDR besser, wohlhabend in der Bundesrepublik.« Stimmt. Ich muss jetzt wahrscheinlich bekräftigen, dass ich geschichtlich nicht wieder zurückwill, aber die Frage bleibt: Wie gelingt es, dass auch Ärmere ein gelingendes Leben haben? Wie kann Armut überwunden werden, ohne das Prinzip der Konkurrenz aufzugeben? Und wie kann Konkurrenz praktiziert werden möglichst ohne Gier?

SCHORLEMMER: Arm lebte sich's in der DDR besser? Na ja. Der Alltag war ein ständiges Beschaffungsabenteuer, von der Luftpumpe bis zum Fahrradventil, von der Zahnpasta über die Zahnbürste bis zum Toilettenpapier.

GYSI: Miete war nicht das Problem, Strom war nicht das Problem, Grundnahrungsmittel waren nicht das Problem …

SCHORLEMMER: Aber die Häuser, ganze Städte verfielen. Ich ging als Pfarrer öfter in Altersheime, na, das war vielleicht eine Katastrophe! Es existierte ein Alltag, bei dem vieles, im wahren Sinn des Wortes, zum Himmel stank. Und speziell vor Wahlen wurde dann das Blaue vom Himmel gelogen, das es gar nicht gab, weil der Himmel verdreckt war. In Bitterfeld trugen die Leute aus Trotz gegen Ruß und Staub weiße Hemden, und Bitterfeld, das war dort, wo die Meinungsfreiheit größer war als anderswo – da in dem Dreck konnte der Staat niemandem mehr drohen, es war ja schon die Endstation.

GYSI: Dem widerspreche ich doch überhaupt nicht, aber …

SCHORLEMMER: Das Brot! Weiß ich doch auch.

GYSI: Die Preisstabilität war ein ruinöses Instrument, aber sie gab dem Alltag Sicherheit, du wurdest nicht gekündigt in der Wohnung und auch kaum im Arbeitsverhältnis. Und was die billigen Dinge des Alltags betrifft, will ich noch eine Winzigkeit anführen. Kino- und Theatervorstellungen waren bezahlbar. In der DDR kostete die Straßenbahnfahrt 20 Pfennig, der Kaffee 35 Pfennig. Da bezahlst du für einen, der mit dir in die Bahn steigt oder mit dir im Café steht, schnell mal mit. Wenn der Kaffee über zwei Euro kostet, ist das schon einer etwas längeren Überlegung wert. Ich will damit sagen: Wir leben jetzt in einer Gesellschaft, in der die stetig steigende Kostspieligkeit die Kultur der kleinen Gesten abzutöten droht.

SCHORLEMMER: Das Recht auf Faulheit gab es in der DDR nicht, dafür gab es den traurigen, entsetzlichen Begriff des »asozialen Verhaltens«.

GYSI: Aber Arbeitslosigkeit ist auch nur sehr bedingt mit einer Freiheitsfeier gleichzusetzen. Es gab ein Meinungsforschungsinstitut beim ZK der SED. Das wurde geschlossen.

SCHORLEMMER: Was sonst?! Das ist sie wieder, die Wirklichkeitsallergie.

GYSI: Das Institut wurde geschlossen, weil die von der Führung nicht mehr wissen wollten, wie es im Lande tatsächlich aussieht. Kurt Hager hat dem letzten Botschafter der DDR in Italien noch im Frühjahr 1990 gesagt, er wisse überhaupt nicht, was die DDR-Bürger wollten. Sie hätten doch eine warme Wohnung, zu essen und zu trinken, sie hätten Arbeit und Kleidung. Das waren die Bedürfnisse der zwanziger und dreißiger Jahre, nicht des Jahres 1989. Der Vorsitzende des Freien Deutschen Gewerkschaftsbundes der DDR, Harry Tisch, sagte im Herbst 1989 während einer Reise nach Stuttgart gegenüber der Presse, befragt nach seiner Meinung zur brodelnden Lage im Lande, er werde sich an Schlammschlachten nicht beteiligen. Allen Ernstes erwiderte er auf Anfrage zum sozialistischen Mitspracherecht, zu Meinungs- und Gedankenfreiheit: Wenn Bürger der DDR Fragen zur Gewerkschaft hätten, brauchten sie ja bloß zu ihm ins Büro zu kommen. Ein düsterer Verteidigungsenthusiasmus, der völlig in die unfreiwillige Satire umkippte.

SCHORLEMMER: Von Galileo Galilei wird erzählt, dass er, als er sich sein berühmtes Fernrohr baute und einige Leute einlud, durch dieses Fernrohr zu blicken, immer wieder zu hören bekam: nein, danke, wir möchten da nicht durchschauen. Was heißt: Wir wissen es besser, wir lassen uns von der Realität nicht betrügen.

GYSI: Ja, auch so entstand in der DDR das gefährliche Paradoxon, dass nur noch die Staatssicherheit die Führung über das informierte, was im Lande geschah, und die Führung blieb im Getto. Nach der Wende hat mir jemand erzählt, das ehemalige Politbüromitglied Erich Mückenberger, über achtzig Jahre alt, habe zu Honecker gesagt, er sei zu alt, er könne nicht mehr, er wolle abtreten. Honecker antwortete, das lehne er ab, denn er wolle um sich herum keine neuen Gesichter sehen.

SCHORLEMMER: Wir beide haben einen sehr unterschiedlichen Alltag in der DDR erfahren.

GYSI: Bestreite ich nicht, im Wolkenkuckucksheim habe ich allerdings auch nicht gelebt.

SCHORLEMMER: Aber in Berlin.

GYSI: In der privilegierten Stadt, ja. Wissen Sie, wie wir in Ostberlin sagten? Wir sagten: »Ich fahre in die DDR.«

SCHORLEMMER: Jaja, das habt ihr uns spüren lassen, dass ihr was Besseres wart. Übrigens waren auch Pfarrer in Berlin, politisch gesehen, privilegiert. Eppelmanns Blueskonzerte in der Samariterkirche wären in Wittenberg sofort bedrängt und abgewürgt worden. Sie bleibt eben ein schwieriges Land, diese DDR.

GYSI: Was schwierig ist, kriegt man so leicht nicht los. Und wenn Sie von Beschaffungsabenteuer sprechen, Herr Schorlemmer – meinen Sie, das ging mir anders? Als ich geheiratet hatte, wohnte ich zwei Jahre im Parterre, mit Außentoilette. Außentoilette war eine Berliner Spezialität, sie wurde von mehreren Mietparteien benutzt und lag im Treppenhaus. Später, nach der Scheidung, zog ich mit meinem kleinen Sohn für ein Jahr zu meiner Schwester, dann erst bekam ich eine Zweiraumwohnung. Die hatte eine Ofenheizung. Das Kind, die ständige Heizerei – das war mir zu viel. Also beantragte ich eine Genehmigung für zwei – was für ein Wortungetüm! – Außenwandgasheizkörper. Die Genehmigung bekam ich. Was aber fehlte: die Heizkörper. Einen bekam ich. Nirgends war ein weiterer aufzutreiben – was blöd war, weil die Genehmigung für den Einbau nur für ein einziges Jahr Gültigkeit hatte. Es gab nirgends weitere Außenwandheizkörper. Kurz vor Ablauf der Einbaupflicht gehe ich in Beeskow an einem Laden vorbei, da steht, purer Zufall, einer im Schaufenster. Als DDR-Bürger ging man nicht stracks hin und kaufte, man fragte erst mal ganz vorsichtig und devot, ob man den wirklich kriegen könne. Klar, sagte der Verkäufer. Wie bitte?! Ja, denn in Beeskow würde nicht mit Gas geheizt, aber sie hätten trotzdem so ein Ding geliefert bekommen. Das war die DDR – du suchst dich dumm und dämlich, und dann kommst du zufällig nach

Beeskow. Es gibt ein Foto, mein kleiner Sohn und ich stehen stolz neben dem Außenwandgasheizkörper. Werde ich nie vergessen.

SCHÜTT: Hätten Sie in der DDR eigentlich zum Staatsanwalt getaugt?

GYSI: Das kam für mich nie in Frage, ich hätte da stets die Weisungen des übergeordneten Staatsanwaltes erfüllen müssen. Und zum Richteramt war ich zu jung, und außerdem fehlte mir die Entscheidungsfreude. Ich hätte vor ewiger Abwägung nachts nicht schlafen können.

SCHORLEMMER: Sie waren auch Scheidungsanwalt.

GYSI: War ich, aber Scheidungen bearbeite ich überhaupt nicht mehr. Familienrecht ist so emotionsgeladen, das überfordert mein Herz. Es sind Schlachten um verlorene Kinder, die will ich mir nicht mehr antun.

SCHÜTT: Sie waren auch der Anwalt von Peter Hacks. Wie haben Sie denn dem geholfen?

GYSI: Sage ich natürlich nicht. Was ich toll fand, war der Stil seiner Briefe. Er schrieb an den Verwaltungsdirektor des Deutschen Theaters und erhielt keine Antwort. Nach vier Wochen verfasste er einen weiteren Brief, den begann er so: »Sehr geehrter Herr Soundso, welche verborgenen Verdienste berechtigen Sie, unverschämt zu werden?« Schon grandios.

SCHORLEMMER: Herr Gysi, wissen Sie, was Freunde von mir sagen? Die sagen: »Der Gysi, das ist ein Schlitzohr, der weiß um seinen Unterhaltungswert, und da ist er ganz ausgezeichnet, aber in seinen politischen Argumentationen kann er auch äußerst demagogisch sein.« Wenn du so einer Ansicht widersprichst, wirst du schnell in die Nähe eines Roten gerückt – also: Sie ist nach wie vor tief in dieser Gesellschaft verankert, diese unerträgliche Kommunismusphobie. Und zwei Probleme sind nach wie vor nicht ausgeräumt: Gysi hat, wie auch immer, dafür gesorgt, dass die

Partei das SED-Vermögen behalten konnte, und als Anwalt hat er in der Zusammenarbeit mit der Stasi möglicherweise Grenzen überschritten, die ein Anwalt nicht überschreiten darf.

GYSI: Also, vielleicht ganz kurz: Das mit dem Vermögen ist natürlich völliger Blödsinn. Wenn wir das Geld verschoben hätten, wie sollten wir es einsetzen? Wie sollte das möglich sein, ohne auffällig zu werden? Ich habe damals mit meiner Unterschrift dafür gebürgt, dass bei Bestätigung eines Betrugsverdachtes das Vielfache der jeweiligen Summe zurückgezahlt würde. Die gesamte Geldreserve der Partei ließ ich an den DDR-Ministerrat überweisen, das gesamte Auslandsvermögen wurde an die Bundesrepublik Deutschland abgetreten. Also das mit dem Geld ist wirklich Unsinn. Wäre es anders, ginge es meiner Partei wahrlich besser. Wir sind finanziell, im Unterschied zu den anderen Parteien, auf Mitgliedsbeiträge angewiesen und natürlich auf die üblichen staatlichen Zuschüsse. Wobei Letztere nicht allzu üppig sind, denn die Höhe des staatlichen Zuschusses hängt von drei Faktoren ab: erstens von den Wählerstimmen, zweitens von der Höhe der Mitgliederbeiträge, aber drittens auch von der Höhe der Spenden. Ja, je höher die Spenden, desto höher auch der staatliche Zuschuss. Aber Spenden in unserem Falle könn' Se doch vergessen. Die Deutsche Bank spendet doch nicht an uns, die Allianz auch nicht.

SCHÜTT: Bleibt das Thema Staatssicherheit.

GYSI: Wenn ich diesen falschen Weg gegangen wäre, glauben Sie wirklich, ich hätte mich 1989/90 derart in Position gebracht?

SCHORLEMMER: Böse Zungen würden jetzt sagen: Böhme und Schnur haben's auch gemacht.

GYSI: Über zwanzig Jahre ließe sich eine eindeutige Faktenlage, bei derartiger Zwangsneurose der Medien und politischen Gegnern zur Enthüllung, nicht aus der Welt schaffen. Eine Faktenlage, die für mich spricht. Ich muss mir wirklich gar nichts vorwerfen. Die Staatssicherheit war ein Untersuchungsorgan; so viel, wie ich mit der Polizei zu tun hatte, hatte ich auch mit denen zu tun. Und ansonsten besaß ich ein Privileg, das waren meine Beziehungen zur Abteilung Staat und Recht im ZK der SED. Die waren doch viel wichtiger als Leute bei der Stasi. Denn letztlich entschied die Partei, was die Staatssicherheit zu tun hatte. Zumindest glaubten die SED-Funktionäre, dass sie alle Fäden in der Hand hatten. Und wenn man so einen Fall wie den von Robert Havemann nimmt – da lag sogar alles in den Händen von Honecker.

SCHORLEMMER: Haben Sie also mit Honecker über Ihren Mandanten Havemann gesprochen?

GYSI: Nein, ich bin Honecker nie persönlich begegnet, auch Ulbricht nicht. Als Honecker nach Moskau ausgeflogen war, in Jelzins Regierungszeit, rief die erste Sitzreihe im Bundestag immer dann, wenn ich am Rednerpult stand, ich solle gefälligst dafür sorgen, dass Honecker zurückkommt und nach Moabit gebracht werden kann. Ich hörte mir das an und sagte dann: »Bei der Gelegenheit, meine Herren hier in der ersten Reihe: Sie alle kennen doch, im Gegensatz zu mir, Erich Honecker. Wie ist der eigentlich so? Sie gaben sich doch bei ihm gegenseitig die Klinke in die Hand.«

SCHÜTT: Sie standen für die SED.

GYSI: Und wie! Ich wurde von Helmut Kohl zur Verabschiedung der russischen Truppen aus Deutschland eingeladen. Anwesend beim Empfang: Boris Jelzin, das Staatsoberhaupt. Alkoholisch gesehen, war er schon, wenn man so sagen darf, in einem anderen Zustand. Als die Kellnerin kam und ihm noch etwas eingießen wollte, deckte Kohl schnell und entschieden das Glas Jelzins mit der flachen Hand ab.

Das gefiel mir schon mal. Dann sprach Jelzin und sagte: »Nie wieder Krieg zwischen Deutschland und Russland!« Alle applaudierten, er spürte, dass der Satz sehr gut angekommen war und wiederholte ihn viermal, und jedes Mal lauter. Und alle applaudierten wieder, und wissen Sie, was ich plötzlich merkte: Die guckten alle mich an. Als sei ich der Verantwortliche für Russland. Die Russen übrigens wurden wirklich verabschiedet, die Truppen der USA, Großbritanniens und Frankreichs zunächst nur symbolisch. Ist ja auch interessant, nicht? Jedenfalls bekam ich für diese Empfänge keine Einladung – und habe mich bei Kohl beschwert: wenn, dann nähme ich an allen Verabschiedungen teil, denn ich sei froh, dass alle verschwänden. Man muss ihm lassen: Er schickte mir eine Einladung. Noch etwas zum Thema der Festlegung: Eberhard Diepgen gab als Berlins Regierender Bürgermeister einen Empfang für die Außenminister. Da sagt der doch zu mir, ich solle mich ein wenig um den sowjetischen Außenminister kümmern. Es war der Nachfolger von Schewardnadse, ehrlich gesagt, ich kannte den nicht, ich wusste nicht mal, wie er aussieht. Ich fand den nicht im Saal, und Diepgen fragte nach, und ich musste mit den Schultern zucken. Ich habe mich geärgert, denn ich dachte: Wieso bittet er mich nicht, mich um den französischen Außenminister zu kümmern? Gysi, Osten, links – also Schublade auf: die Russen! – Aber ich will ja nicht ablenken, Sie hatten das Thema Staatssicherheit, Herr Schorlemmer.

SCHORLEMMER: Was steht in Ihren Akten?

GYSI: Bei mir hatte die Staatssicherheit einen Vorlauf angelegt, um zu prüfen, ob ich als IM geeignet sei. Sie kamen zu dem Schluss, ich sei ungeeignet. Sie haben diesen sogenannten Vorlauf – und nicht etwa eine IM-Akte! – archiviert und danach gegen mich eine Operative Personenkontrolle eingeleitet, OPK genannt, so etwas wie die mildere

Variante zum Operativen Vorgang, der zum Beispiel auch gegen Sie betrieben wurde.

SCHORLEMMER: Seit 1977.

GYSI: Was?

SCHORLEMMER: Der OV.

GYSI: Aber vorher waren Sie OPK.

SCHORLEMMER: Ja, dann OV.

SCHÜTT: Klingt ja furchtbar. Stopp, meine Herren!

GYSI: War schon entsetzlich, das alles. Die geheime Methode genau so wie das offene Visier – denn manchmal haben die großen Wert darauf gelegt, wahrgenommen zu werden. Als ich Rudolf Bahro verteidigte, stand immer ein Bauwagen vor dem Haus, in dem unser Rechtsanwaltsbüro war, und da kamen nicht etwa Bauarbeiter raus, sondern nur Leute in Anzügen. Die wollten, dass ich das mitkriege. Es sollte einschüchtern: Herr Gysi, bitte hübsch die Grenzen wahren – die wir festlegen!

SCHORLEMMER: Grüße aus dem Rechtsstaat!

GYSI: Ich bin trotzdem als Rechtsanwalt richtig zufrieden gewesen! Denn es herrschte bei den Rechtsanwälten, im Rechtsanwaltskollegium eine offene, angenehme Atmosphäre. Ich weiß das sehr wohl zu vergleichen, denn vorher war ich in einer wahrlich ideologieproduzierenden Öde, in der juristischen Fakultät an der Humboldt-Universität. Und eine Fakultät, die Ideologie produziert und nicht wirklich Wissenschaft betreibt, ist ziemlich unerträglich. Ich wusste sofort: Da kann ich nicht bleiben. Parteiversammlungen erlebte ich am Gericht, bei der Staatsanwaltschaft – und dann im Rechtsanwaltskollegium. Ein himmelweiter Unterschied! Ein Labsal geradezu. Es war das Gegenteil jener Vergatterungen, die woanders exerziert wurden. Ich spürte bei den Rechtsanwälten, dass ich an einem Ausnahmeort angekommen war, in einer Nische, in der Geist erlaubt war. Das beruhigte mich. Das Besondere des Kollegiums bestand bis zu einer gewissen Zeit übrigens darin, dass es lauter gebrochene Biographien vereinte. Du wurdest in der DDR ja nicht a priori Rechtsanwalt – das galt als bürgerlicher Beruf, als Relikt. Der Staatsanwalt sprach, ich als Verteidiger widersprach ihm, oder das Gericht verurteilte, und ich legte Berufung ein – das war atypisch. Du wurdest in nicht wenigen Fällen Rechtsanwalt, weil du aus irgendwelchen, meist politischen Gründen nicht mehr im Staatsdienst sein durftest. Das machte unser Kollegium zu einer recht bunten Truppe, und das gefiel mir.

SCHÜTT: Der neue sozialistische Mensch brauchte keinen Verteidiger, er handelte bewusst und richtig.

GYSI: Ja, also verteidigten wir lauter Leute, die es angeblich sowieso bald nicht mehr geben würde in dieser aufs Lupenreine zusteuernden sozialistischen Gesellschaft. Und die verurteilt werden mussten – wieso eigentlich sollten die noch verteidigt werden? In der offiziellen Abneigung gegen meinen Berufszweig spiegelte sich in gewisser Weise der Fehler des Marxismus wieder, sich nicht für die seelischen Tiefen von Menschen zu interessieren.

SCHORLEMMER: Alles schön und gut, aber nach wie vor begreife ich nicht, dass Leute wie Gysi oder de Maizière keinen lauten kritischen Satz gegen das politische Strafrecht in der DDR sagten. Bei aller Differenzierung in der Sicht auf das untergegangene System: Wenn ich in diesem Strafrecht lese, dann verstehe ich wieder jeden, der sich eine Sauwut auf diese Gesellschaft erhalten hat. Auch deshalb habe ich in meiner Seelsorge Menschen nicht geraten, einen Grenzdurchbruch zu wagen, ich habe ihnen angesichts des Strafrechts und dessen elender LTI-Sprache klarzumachen versucht: Wenn die euch schnappen, machen die euch fix und fertig, das kriegt ihr ein Leben lang nicht los. Warum haben kluge, mitfühlsame Anwälte zu diesem politischen Strafrecht so beschämend geschwiegen?

Gysi: In dieser Absolutheit, wie Sie es sagen, stimmt das nicht. Wir haben immer wieder Vorstöße versucht, aber ich gebe Ihnen recht: zu wenig, zu leise. Nachdem ich Kollegiumsvorsitzender geworden war, so um 1988 herum, hatte ich ein Gespräch bei Egon Krenz, habe die großen Mängel im Strafrecht und im Strafvollzug aufgezählt, er machte sich handschriftliche Notizen.

Schorlemmer: Welche Mängel zum Beispiel?

Gysi: Zum Beispiel, dass der Strafvollzug nicht dem Justizministerium untersteht, sondern der Polizei. Oder dass Willkür zugelassen wird – ich hatte einen Mandanten, der wurde in der Untersuchungshaft immer wieder gezwungen, im Entengang zu laufen, zum Gaudi eines Wärters. Aber klar räume ich ein: Es war alles nicht entschieden, nicht mutig genug. Als im Januar 1988 Vera Lengsfeld, Bärbel Bohley und andere, nach den Vorfällen bei der Luxemburg-Liebknecht-Demonstration in Berlin, eingesperrt und wieder freigelassen wurden, weil sie sich bereit erklärten, eine gewisse Zeit in den Westen zu gehen – da habe ich im Rechtsanwaltskollegium gesagt: Ein Staat hat zwei Möglichkeiten: er kann ein Verhalten unterbinden, oder er kann es erlauben. Wenn er beides nicht mehr kann, ohne sein Gesicht zu verlieren, dann ist er am Ende. Das war nun auch kein besonders mutiger Satz, aber er verwies auf die immer größere Idiotie des Strafrechts. Da untersagst du im Prinzip allen Bürgern das Recht auf Reisefreiheit – und diejenigen, die den Staat heftig kritisieren, werden mit einem Aufenthalt im Westen belegt!

Schorlemmer: Wobei ich natürlich gestehen muss: Ich habe wegen dieses Strafrechts, das Ende der siebziger Jahre noch einmal verschärft worden war, selber auch keine schriftliche Anfrage an die Staatsorgane gestellt. Habe nicht protestiert gegen diese Paragrafen, die einem wirklich Angst machen konnten. Was ich tat: Ich begleitete Menschen, die Opfer dieser Gesetze geworden waren. Aber, lieber Herr Gysi, es bleibt meine, gelinde gesagt, Verwunderung, dass die SED so wenig aus der eigenen Partei heraus zur Rechenschaft, zur Reform gezwungen wurde. Im gleichen Atemzug nehme ich mich zurück: Wer seine Stimme entschieden erhoben hätte, wäre wahrscheinlich in den bösen Genuss genau jener Paragrafen gekommen, gegen die er protestierte.

GYSI: Von Opportunismus will ich mich nicht freisprechen. Wir waren eine Berufsgruppe am Rande, es gab keinen Rechtsanwalt in der Volkskammer, keinen in der Kreisleitung, keinen in der Bezirksleitung, geschweige denn im ZK. Und deshalb hat es mich und meine Kollegen durchaus befriedigt, dass es Tendenzen zu einer weiteren Verrechtlichung gab. Zunächst hatte ich erlebt, dass im Strafrecht im Grunde immer die Anträge der Staatsanwaltschaft Erfolg hatten. Aber dann kam eine neue Richtergeneration, die sich dagegen wehrte, sie entschied zunehmend eigenständig. Diese Richter bestanden auf der Eigenständigkeit ihres Berufes, sie wollten nicht einfach nur staatsanwaltliche Vollzugsbeamte sein. Diese Entwicklung gab es, freilich mit einer beständigen Ausnahme: Wenn es um politische, wenn es um Machtfragen ging, und seien es auch nur vermeintliche politische Fragen: das blieb schwieriges Gelände bis zum Schluss.

SCHORLEMMER: Ich bleibe dabei: Wenn man sich das Strafgesetzbuch der DDR anguckt, kann einem der ganze Horror dieses SED-Regimes noch mal richtig aufstoßen. Aber richtig aufstoßen, das muss ich schon sagen.

GYSI: Jeder Gesetzgeber dieser Welt hat bei jedem Strafrecht eine sich wiederholende unangenehme Angewohnheit: Er versucht, die Gesetze so zu formulieren, dass möglichst wenig von dem bewiesen werden muss, was dem Angeklagten vorgeworfen wird. Es geht ihm immer darum, möglichst leicht Leute verurteilt zu bekommen, deren Verhalten er negativ einschätzt.

SCHORLEMMER: Sogenannte Normalbürger hatten es verdammt schwer, mit ihrer kritischen Haltung zum Staat zu ihrem Recht zu kommen, zum Recht, das seinen Namen verdient. Bei den Prominenten stand der Staat unter Druck, dieser Umstand arbeitete Ihnen doch gewiss zu.

GYSI: Ja. Aber einfach war es bei den politischen Fällen, die Sie ansprechen, doch auch nicht, und es gibt deshalb Dinge, auf die ich durchaus ein bisschen stolz bin. Havemann stand unter Hausarrest, er hatte gerade ein Strafverfahren am Hals, als ich ihm das erste Mal begegnete. Danach ist der Hausarrest aufgehoben worden, er bekam nie wieder ein Strafverfahren, es gab keine Durchsuchungen und Beschlagnahmungen mehr, keine Ordnungswidrigkeitsverfahren – setzen Sie das erst mal durch beim ZK! Stunden verbrachte ich bei denen, redete mir den Mund fusslig, redete auf sie ein. Nee, da werf ich mir nüscht vor, und deshalb gehe ich gegen Stasi-Beschuldigungen auch immer wieder vor – und wie man sieht: erfolgreich. Und das angesichts der Tatsache, dass die Gerichte in der Bundesrepublik Deutschland nun wahrlich nicht durch die Bank Gysi-Fans sind.

SCHÜTT: Volker Braun schreibt in seinem Buch »Werktage«, Anfang Januar 1990: »rechtsanwalt gysi scheut sich, nachdem er die partei mit gutem recht usurpiert hat, sie auch zu enteignen, denn das bedeutet nach bürgerlichem rechtsverstand, sie zu liquidieren. gregor, gebt die feudalen ambitionen auf! Nur der selbstlose gewinnt sich achtung. sonst achtet man auf ihn nur wie auf einen taschenspieler.«

GYSI: Klingt edel wie Marquis Posa, ist bloß nicht machbar. Parteien sind und bleiben, wohl noch für eine ganze Weile, unser Instrument für den politischen Umgang miteinander. Und was die schon besprochene Enteignung anbetrifft: Wir haben sogar eine ganze Insel abgegeben. Der SED gehörte tatsächlich eine Insel.

SCHORLEMMER: Die Insel Vilm.

GYSI: Und zwar mit Kirche. Unvorstellbar: Meine Partei war Eigentümerin einer Kirche.

SCHORLEMMER: Wahrscheinlich sogar mit Friedhof.

IX.

Ein Merkmal von Mutterliebe
Tagebuch aus dem Elend
Gaddafis Geschenk
Prinzgemahl? Nein danke.

Gysi: Plötzlich redeten alle mit.
Schorlemmer: Muss man ertragen lernen.

Schorlemmer: Wenn ich an die DDR denke, denke ich natürlich immer auch die Verzweiflung mit, die unsere Familie von Zeit zu Zeit traf, verwundete, verwandelte. Einmal ging mein Vater zu diesen verhassten sogenannten Volkswahlen, weil eines Abends, schon in der schützenden Dunkelheit, eine Lehrerin zu uns ins Pfarrhaus in Werben gekommen war und warnte: »Herr Pfarrer, Ihre Tochter ist eine so ausgesprochen gute Schülerin – aber wenn Sie nicht zur Wahl gehen, kann sie nicht zur Oberschule. Bitte, um Ihrer Tochter willen: Gehen Sie zur Wahl!« Es war eine unglaubliche Zumutung für meinen Vater, er muss diesen Gang als schwere Demütigung empfunden haben, wie einen Spießrutenlauf oder ein Dahinkriechen auf offener Straße vor den hämischen Augen aller – vielleicht hat das alles seine Phantasie besetzt, wie Dämonen ein Gemüt besetzen. Er kam so verstört zurück, das ich ihn streicheln, beruhigen musste. Es war furchtbar. Und dann kam es, wie es wohl kommen musste: Meine Schwester durfte trotzdem nicht auf die Oberschule.

Schütt: Das war dann der nächste Schlag für den Vater?

Schorlemmer: Was soll ich Ihnen sagen?! Genau das Gegenteil trat ein. Natürlich war er einesteils traurig, wütend, aber zugleich, und das schien im ersten Moment allen Ärger zu dämpfen, zugleich war er sehr, sehr erleichtert. Er atmete auf, er atmete wieder frei – er würde sich nicht vorwerfen müssen, ein Recht für sein Kind durch Unterwerfung und Entwürdigung erkauft zu haben. Der Staat hatte sich verhalten, wie es von ihm zu erwarten war, die Fronten standen einem wieder klar vor Augen. Und was mir noch sofort einfällt, wenn ich an meinen Vater denke: Wir hörten, seit ich denken kann, gemeinsam RIAS, und mein Vater hatte eine Glatze, die spannte. Besonders unterm Sonnenlicht des Sommers, und da saßen wir nun beide am Radio, und ich massierte ihm die Glatze. Und stets seine mahnenden Worte, das Gehörte niemals weiterzuerzählen. So prägte sich mir früh ein, dass es im Lande zwei Welten gab. Damals hörten wir auch Kommentare eines gewissen Egon Bahr – später sagte er mir über jene Zeit: Ja, er sei ein richtiger Antikommunist und kalter Krieger gewesen. Einen zeitweiligen Bruch zwischen mir und meinen Eltern gab es, als ich den Wehrdienst verweigerte. Ich fühlte mich plötzlich zu wenig geborgen, ich hätte eine größere Stütze erwartet. Es lag so ein nicht ausgesprochener Vorwurf in der Luft: Nun übertreib mal nicht! Meine Mutter sagte: »Junge, wir wollen doch nicht, dass du in deren Gefängnisse kommst.« Ich fühlte mich alleingelassen. Aber ich hatte Wolfgang Borchert gelesen: »Sag nein!« Das saß tief in mir und bestimmte meine Entscheidung gegen die Armee und gegen den Eid.

GYSI: Aber sehen Sie, das war doch ebenfalls Mutterliebe, so wie Sie es vorhin für meine Mutter beschrieben haben.

SCHORLEMMER: Natürlich, Sie haben recht. Manches begreift man erst später.

SCHÜTT: Zur Armee sind Sie nicht eingezogen worden.

SCHORLEMMER: Nein. Andauernd hat die Kirche Rückstellungsanträge gestellt. Dann gab es die Bausoldatenregelung, aber die konnte ich für mich nicht akzeptieren, denn man war als Bausoldat doch trotzdem in eine militärische Struktur eingebunden.

SCHÜTT: Ist Ihr Vater in Frieden mit sich von dieser Welt gegangen?

SCHORLEMMER: Ja. Zum Schluss gehörte er noch zu den Gründungsmitgliedern der Sozialdemokratischen Partei in Herzberg, war sogar Alterspräsident der Partei dort. Das fand ich großartig. Aber eigentlich beschäftigte er sich in seinen letzten Lebensjahren weniger mit der DDR, sondern mit einem Thema, das ihn nie losgelassen hatte: dem Zweiten Weltkrieg. Er war Sanitäter, war vom ersten Tag des Russlandfeldzuges mit dabei, bis kurz vor Moskau, und was er erlebte, vertraute er einem Tagebuch an. Wenn es in falsche Hände gekommen wäre, hätte es seinen sicheren Tod bedeutet. Er war Sanitätsgefreiter, er kehrte 1946 aus amerikanischer Kriegsgefangenschaft zurück, und ich musste mich erst an ihn gewöhnen, ich nannte ihn »Onkel Vati«. Übrigens fand er es nicht so gut, dass ich nach 1989 eine etwas größere Rolle in der Öffentlichkeit spielte. Er hat es mir nicht explizit so gesagt, aber seine Ansicht schimmerte durch: Friedrich, du überschätzt dich. Da kann ich rückblickend nur sagen: Lieber Vater, das war mein Lebensproblem schon immer – ich überfordere mich, und ich werde überschätzt. Aber wichtiger ist: Ich selber überschätze mich wirklich nicht.

GYSI: Mein Vater war natürlich zu einem beträchtlichen Teil enttäuscht über diese Niederlage eines Systems, in dem auch seine Lebensanstrengungen gesteckt hatten. Klingt jetzt ein wenig pathetisch, war aber so. Er glaubte jedoch an den Fortbestand der politischen Idee und war dadurch etwas entschädigt. Die Befreiungstheorie von Karl Marx ist ja tatsächlich nicht erledigt. Mit dieser Überzeugung ist mein Vater gestorben. Mit der Parteiführung selber hat er kaum Mitgefühl gehabt, von denen konnte er die meisten nicht leiden. Und er machte daraus auch keinen Hehl, und gewiss spielte da eine Rolle, dass er eh nicht mehr in einer Funktion war gegen Ende des Staates. Meine Mutter war anders, ich hab das zu beschreiben versucht vorhin. Sie war eine sehr direkte und damit berechenbare Frau. Ich denke, sie hat immer unter der Scheidung von meinem Vater gelitten, und vielleicht hat sie ihren Weg sogar bereut – nicht politisch, sondern, wie soll ich sagen: lebenskulturell. Man darf ja nicht vergessen, meine Familie wohnte in Nikolassee, Westberlin, und ist erst 1949 nach Ostberlin, nach Johannisthal, umgezogen. Ich überlege manchmal, was aus mir in Westberlin geworden wäre.

SCHORLEMMER: SEW vielleicht? Der SED-Ableger in der sogenannten Frontstadt?

GYSI: Na, ich weiß ja nicht. Lieber nicht weiter drüber nachdenken ... Er hat ja dann noch mal geheiratet. Ich bin der letzten Frau meines Vaters sehr dankbar. Nachdem er einen Schlaganfall erlitten hatte und pflegebedürftig war, hat sie sich sehr um ihn gekümmert, so wie meine Schwester für unsere Mutter gesorgt hatte, als die in der gleichen Notlage war. Es spricht sicher gegen mich, wenn ich in solchen Fällen meine Hilflosigkeit bekenne. So ein Füreinander-Dasein ist am Ende das Entscheidende, es ist auf jeden Fall wesentlicher und hilfreicher und konkret nützlicher, als irgendwelche politischen Reden zu halten. Das muss ich schon sagen.

SCHORLEMMER: Sie fragten, wie mein Vater gegangen sei. Also, erstens geht man sowieso nicht gern. Zweitens hat er es vorgefühlt, dann gewusst, er starb also mit klarer Einsicht in das, was kommt. Er ist in Frieden mit sich gestorben. Um ihn gekümmert haben sich meine Schwester, meine Nichte und mein Neffe in Herzberg. Er war glücklich, dass nun, nach dem Ende der DDR, seine Enkel und all die anderen Verwandtenkinder befreit sein würden von den Fesseln, die seine Kinder im Mauerstaat zu ertragen hatten. »Jetzt gilt eure Leistung«, sagte er, »aber denkt daran, es gilt nicht nur das, was ihr fachlich leistet, sondern vor allem das, was ihr menschlich leistet.« Ihr Vater, Herr

Gysi, glaubte weiter an sein politisches Ideal, das eine bessere Welt daran knüpft, dass auch der Mensch sich grundsätzlich bessere. Mein Vater machte sich keine Illusion, er war überzeugt, dass die Menschheit doch immer wieder in die alten Fallen der Gier, des Egoismus, des Wölfischen und des Hündischen tappen würde.

SCHÜTT: Herr Gysi, Sie erzählen gern Geschichten von Ihrem Vater. Nähkästchenplauderei. Gibt es eine Lieblingsgeschichte?

GYSI: Gaddafi kam zu Besuch in die DDR und wunderte sich, dass es keine Moscheen gab. Nun ja, sagten die SED-Leute, es gebe ja auch keine Muslime, die Leute aus den arabischen Botschaften würden nach Westberlin gehen. Unmöglich!, sagte Gaddafi, ihr müsst eine Moschee haben, das Geld schicke ich euch. Und er überwies es tatsächlich. Aber es wurde natürlich für andere dringende Dinge ausgegeben. Als Gaddafi nach Jahren wiederkam, geriet man in der Staatsführung in Panik. Noch immer keine Moschee! Die haben doch tatsächlich das Wasserwerk in Potsdam, das aussieht wie eine Moschee, vollständig ausgeräumt, haben Teppiche reingelegt und es zur Moschee umkostümiert. Zum Glück wollte Gaddafi die »Moschee« dann aber gar nicht sehen.

SCHORLEMMER: Klingt wie ein Witz.

GYSI: Ist aber die blanke Wahrheit.

SCHÜTT: Wir haben über die Väter gesprochen. Reden wir über die Mütter. War eine Pfarrersfrau in der DDR ein emanzipiertes Wesen?

SCHORLEMMER: Ganz und gar nicht. Wir waren sieben Geschwister, einer meiner Brüder starb 1957 an den Folgen einer Kinderlähmung. Meine Mutter hatte schwer zu arbeiten. Erst 1964 besaßen wir eine Waschmaschine. Bis dahin kochte unsere Mutter die Wäsche in einem großen Kessel. Im selben Kessel wurde später dann das Pflaumenmus gerührt. Erst die Windeln, dann die Pflaumen, so war das. Ab und zu hatten wir Wasch- und Abwaschhilfe von älteren Frauen, aber im Grunde lag die ganze Arbeit für die Großfamilie in den Händen meiner Mutter. Mein Vater bestellte den ziemlich weitläufigen Garten, und was er geerntet hatte, schmiss er einfach, so ungesäubert, wie es war, in die Küche. Man kann sich vorstellen, wie die danach aussah. Wenn mein Vater Gottesdienst auf den Dörfern hielt, fuhr meine Mutter mit, auf der AWO, einem richtig schweren Motorrad, bei Wind und Wetter. Sie spielte in den Dorfkirchen Orgel – lange, ohne einen einzigen Pfennig dafür zu bekommen. Erst in den siebziger Jahren bekam sie einen kleinen Lohn von der Kirche. Ich denke, dass meine Mutter eine überforderte Frau war. Sie hat meinen Vater begleitet, gestützt, geschont, bekocht – wohl blieben ein paar heilige, anmutsvolle Stunden, in denen beide miteinander gesessen und Kaffee getrunken haben, aber ansonsten gab es hauptsächlich Arbeit, also Erschöpfung; sie kam kaum dazu, ein Buch zu lesen. Außer einem, zu dem sie immer wieder griff: dem Roman »Marie Antoinette« von Stefan Zweig. Und eine hervorragende Doppelkopfspielerin war sie, ich kann mich an ihr gelöstes Gesicht dabei erinnern. Mein Vater spielte oft mit uns, meist eigentlich gegen unseren Willen. Aber er hatte keine Geschwister gehabt, auch keine schöne Kindheit, nun holte er das nach, wir waren das Mittel für diesen leidenschaftlich betriebenen Zweck. Tiefer gehende Gespräche mit meiner Mutter hatte ich kaum. Aber ich weiß noch, dass ich ihr Vorwürfe machte wegen der mangelnden Ordnung in der Küche. Es war ungerecht. Obwohl die Kritik nicht aus der reinen Beobachterposition kam, wir Kinder waren mittendrin, wir mussten abwaschen, jeden Tag. Das Wasser wurde aus einem riesengroßen Topf geschöpft, der stand auf dem Ofenrost, darunter die Glut. Ich glaube, meine Mutter erwachte jeden Morgen mit der Frage, wie sie das auch heute wieder alles schaffen solle. Sie sang übrigens sehr schön. Am ersten Advent zum Beispiel – da bereiteten die Eltern uns Kindern ein wirklich großes, inniges Fest, mit Kerzen und kleinen Engeln, mit Tannengrün und eben – Gesang. Gemeinsamer Gesang. Die Stimme meiner Mutter, ihr Sopran, stach hervor. Als mein Bruder Christoph so plötzlich starb, verlor sie ihre schöne Stimme. Mich hat lange beschäftigt, wie so etwas passieren kann. Dieser Tod und als Reflex darauf: der Verlust dieser Stimme. Mit achtundvierzig Jahren ist meine Mutter an Magenkrebs gestorben.

Gysi: Meine Mutter hatte eine bürgerliche Herkunft, ich erwähnte es, als wir über Bildung sprachen. Ihr Großvater war ein sehr erfolgreicher Kapitalist, er besaß die zunächst einzige Nagelfabrik in Großbritannien. Mit diesem Monopol wurde er reich. Als ihm jemand Konkurrenz machte, verlor er die Lust und ging nach Russland. Produzierte Hufnägel, Russland war ein Land der Panjewagen. Dann baute er die Kolomna-Werke auf, die Lokomotiven herstellten – und eine Werft betrieb er auch noch. Lenin soll ihn als einen Mann gewürdigt haben, der Industrie nach Russland gebracht habe. Nach Hause, zu seiner Frau, fuhr er einmal im Jahr – das ergab in zehn Jahren zehn Kinder, eines davon war der Vater meiner Mutter, also: mein Großvater. Er arbeitete auch in Russland, seine Tochter, meine Mutter, wuchs in Sankt Petersburg auf, sie konnte perfekt russisch sprechen. Kurz nach Ausbruch des Ersten Weltkrieges wurden sie zu feindlichen Ausländern erklärt und kamen zurück nach Deutschland. Meine Mutter spielte in ihrer Jugend mit Gustav Stresemann Tennis. Eigentlich hatte sie promovieren wollen, aber dann kam Nazideutschland. Als sie meinen Vater kennenlernte, änderte sich ihr Leben von Grund auf. Sie schloss sich ihm auch politisch an, und ohne meine Mutter hätte mein Vater die Zeit des Faschismus nicht überstanden. Sie hat ihn geschützt und gewissermaßen logistisch durch diese Jahre gebracht. Eine so tapfere wie kluge Frau. Ich will noch sagen, mein Großvater beging den Fehler, alles Geld, das er in der Schweiz hatte, nach Deutschland zu holen, und das genau einen Tag vor der großen Inflation. Er hatte einen Expertentipp bekommen, Sie sehen, schon damals waren die sogenannten Experten die Dümmsten.

SCHORLEMMER: Und damit die Gefährlichsten.

GYSI: Meine Mutter hatte einen leichten Stich ins Adlige. Sie kochte zum Beispiel nicht selber, die Küche war nicht ihre Welt, dieses Dampfige und Dünstende. Sie bekam gern vorgesetzt und achtete auf Stil. Erst war sie in der Zentralverwaltung für Industrie, dann leitete sie verschiedene Verlage und später die Abteilung für Internationale Beziehungen im Kulturministerium. Anfang der fünfziger Jahre war mein Vater beim Kulturbund entlassen worden, zu jener Zeit galt Westemigration als Makel, er war ein halbes Jahr arbeitslos, das hat ihn berechtigterweise tief getroffen. Meine Mutter arbeitete als Verlagsleiterin, und er saß zu Hause und dachte wohl etwas zerknirscht: Die Frau wird mit Dienstwagen abgeholt und ich, der das alles mit aufgebaut hat? Meine Mutter bekam mal eine Einladung, auf der stand »mit Gatten«. Natürlich verweigerte er sich: »So weit kommt's noch, ich als Prinzgemahl!«

SCHÜTT: Die Schauspielerin Jutta Hoffmann hat mal ihre Kollegin Inge Keller als extravagant beschrieben …

GYSI: Sie war irgendwie die diensthabende Gräfin der DDR.

SCHÜTT: Und die Hoffmann meinte, das Extravagante sei so notwendig gewesen gegen das Grau in der DDR, gegen das Einförmige und Direkte mancher Umgangskultur.

GYSI: Ja, meine Mutter wirkte auch extravagant. Sie erwähnten vorhin das »Sie«, mit dem der Regisseur Adolf Dresen an seine Genossen schrieb. Das ist es! Solche Distanz konnte meine Mutter einzigartig produzieren, und damit verbreitete sie natürlich Unsicherheit um sich herum, sie schuf sich eine Aura. Ich besuchte sie mal im Kulturministerium, sie war Abteilungsleiterin für Internationale Beziehungen, und da passierte etwas, bei dem ich mehrere Tode gestorben bin. Ich war vielleicht achtzehn, da hat man ja noch eine ganz spezielle Zurückhaltung gegenüber allem, was in der Öffentlichkeit mit der eigenen Mutter zu tun hat. Jedenfalls kam ein junger Mann herein, Genosse, im grauen Anzug, wie es sich gehörte, Parteiabzeichen, und er sagte einen schönen Gruß vom Staatssekretär und sie solle dies und das erledigen und dies und das dabei beachten. Jetzt meine Mutter! Hört zu und setzt an: »So, junger Mann, jetzt gehen Sie noch mal raus. Und dann klopfen Sie an die Tür, ja? Und nur für den Fall, dass ich ›Herein‹ sagen sollte, kommen Sie herein. Dann dürfen Sie mich fragen, ob Sie mich stören dürfen. Da kann ich ›Nein‹ sagen, nun, dann gehen Sie wieder. Oder aber ich sage ›Ja‹, dann übermitteln Sie mir zügig, was der Herr Staatssekretär meint mir über Sie mitteilen lassen zu müssen. Haben wir uns verstanden?«

Das Fragezeichen wurde natürlich als Ausrufezeichen gesprochen, es war wie ein abschließender Hieb, aber mit der feinsten Klinge. Ich stand daneben und hoffte, der Boden würde sich unter mir auftun, was er natürlich nicht tat. Aber der erbarmungswürdige junge Mann ging hinaus und klopfte natürlich nicht mehr an. Heute sage ich: Alle Achtung, das ist Stil! Wissen Sie, in der DDR herrschte kein Respekt vor Geld. Also wenn man vor Gericht einen reichen Kohlenhändler verteidigte, hatte man im Grunde keine bessere Chance. Vor dem Adel, vor der Etikette zeigte man Respekt. Nicht aus eingeschriebenem Kulturempfinden, sondern aus Verklemmtheit. Adel gab es im Osten kaum, der war in den Westen gegangen. Wer noch da war oder zumindest eine höhere Kultur offenbarte, dem begegnete man mit Ehrerbietung. Denken Sie an die Art, wie die DDR bestimmte Leute hofierte: von Ardenne, von Brauchitsch, von und zu Putlitz. Ist ja aufschlussreich, wie sich soziokulturelle Traditionen und Hierarchien, und sei es in winzigen Spurenelementen, noch lange erhalten. Da hatte eben der Arbeiterjunge, der jetzt an der Macht war, dennoch Respekt vor denen, die er gewissermaßen davongejagt hatte – parallel zum neuen geschichtlichen Selbstbewusstsein. Ich habe jedenfalls vorwurfsvoll zu meiner Mutter gesagt: »Musste das denn sein?«, und sie antwortete klipp und klar: »Ja, das musste unbedingt sein!« Irgendwie passte meine Mutter nicht richtig in die DDR-Gesellschaft, und doch lebte sie wie selbstverständlich darin, auf ihre Art, sich die Welt, ja: gefügig zu machen. In der Kultur, die ich zu beschreiben versucht habe, war sie im Übrigen niemals unverbindlich oder diplomatisch im äußerlichen Sinne. Ein Freund meiner Schwester war bei uns zu Besuch und erzählte irgendwann, dass er an die Staatssicherheit Informationen über meine Schwester liefere. Meine Mutter schmiss ihn raus, kaum dass der ausgeredet hatte. Eine Sekundensache. »Du gehst. Wer so was macht, kann hier nicht bleiben.« Zack.

SCHORLEMMER: Das wird der auch weitergemeldet haben.

GYSI: Das störte meine Mutter überhaupt nicht! Sie beherrschte vier Sprachen, Russisch, Deutsch, Englisch, Französisch, und sie war sehr oft dienstlich im Ausland. Ich muss schon sagen, ihre Erzählungen von Reisen bis nach Hongkong weckten schon eine Sehnsucht in mir, die mit dem Unverständnis darüber verbunden war, dass mir das wahrscheinlich nie vergönnt sein würde. Und sie konnte wunderbar Filme nacherzählen, so plastisch, so spannend, so sinnlich, dass ich irgendwann nicht mehr wusste: Habe ich den Film gesehen, oder kenne ich ihn nur aus ihrer Nacherzählung?

SCHORLEMMER: Bei Pfarrersfamilien liegt es oft auf der Hand, dass die Kinder beruflich auch einen kirchlichen Weg gehen. Wie war denn das bei einer Familie wie der Ihren?

GYSI: Zunächst wollte ich eine Diplomatenlaufbahn einschlagen, ich sollte in Moskau studieren. Als ich beim Aufnahmegespräch erfuhr, dass alle Vorlesungen auf Russisch stattfinden würden und ich meinen versprochenen, aber dann doch nie erhaltenen Motorroller nicht nach Moskau mitnehmen dürfe, war die Sache für mich erledigt. Meine Eltern wollten eine gewisse Zeit lang, dass ich Schauspieler werde. Bis zum Stimmbruch synchronisierte ich Kinderstimmen in französischen und anderen ausländischen Filmen. Aber so oppositionell war ich schon, dass ich dem Wunsch meiner Eltern nicht folgte. Außerdem hätte mir bei diesem Beruf – wenn ich denn Talent gehabt hätte – eines maßlose und letztlich wohl unüberwindbare Pein bereitet: eine Rolle Abend für Abend zu spielen, vielleicht jahrelang. Ekkehard Schall spielte den Arturo Ui am Berliner Ensemble über fünfhundertmal. Unfassbar. Wo soll beim vierhundertsten Mal noch die Leidenschaft herkommen?

SCHORLEMMER: Wo kommt sie denn beim Sitzungsmarathon im Bundestag und in der Partei her?

GYSI: Deshalb habe ich ja gesagt: Ich habe vier Leben.

SCHÜTT: Jeder Ostdeutsche hatte zumindest zwei Leben: eines als DDR-Bürger und eines als heimlicher Westdeutscher. So suggeriert der Aufarbeitungstenor. Herr Schorlemmer, waren Sie in der DDR in der Tiefe Ihres Empfindens ein verkappter Bundesbürger?

SCHORLEMMER: Nein, war ich nicht. Ich hatte trotz der DDR in der DDR ein glückendes Leben als Deutscher.

GYSI: Was der Westen unterschätzte, war jenes psychologische Moment, dass viele Leute die DDR zwar irgendwie satthatten, aber sich deshalb doch nicht automatisch schon als Bundesbürger fühlten. Millionen Menschen im Osten wollten sehr Verschiedenes: eine andere DDR, Reisefreiheit, mehr Geld, Westgeld, Meinungsfreiheit, bislang verbotene Bücher lesen, einen wirklichen Sozialismus, ihre Ruhe, »Bild« oder »Zeit« statt ND, bessere Autos, kein Parteilehrjahr mehr, keine 1.-Mai-Umzüge, echte Bluejeans, richtigen Kaffee. Was sie nicht alle wollten: BRD-Bürger sein. Noch kritischste Künstler, die aus dem Land getrieben wurden, gingen von hier *nicht* weg, weil sie unbedingt *dorthin* wollten.

SCHÜTT: Nur das sei menschlich und akzeptabel, was in einem DDR-Leben von früh an auf eine westdeutsche Existenz orientiert war – dieser anmaßende Duktus schnitt im Osten, nach dem Ende des Systems, viele Wege zur Selbstkritik ab. Denn wenn man nicht beglaubigen will und kann, unter allen Umständen schon immer dieser verhinderte Westmensch gewesen zu sein, dann stattet man sich mit einem Übermaß an Legitimation früheren Verhaltens aus, das es schwerer und schwerer macht, eine wirklich ehrliche Rückschau zu halten.

SCHORLEMMER: Das macht jede Diskussion über die Schattierungen zwischen Wahrheit und Wirklichkeit so schwer.

GYSI: Die Menschen aus dem Osten haben zum Beispiel in einer Gesellschaft gelebt – wir haben darüber geredet –, in der die Arbeit eine wesentliche Rolle spielte, einschließlich des sozialen Umfeldes, das damit zusammenhing. Nun, im Westen, war das Leben ganz anders programmiert. Die gemachten Erfahrungen zählten nichts mehr. Da fängt man doch an, sich die Erinnerung an diese Erfahrungen wie ein Antiquitätenkabinett einzurichten. Um im etwas gewagten Bild zu bleiben: Keiner kauft dir mehr ab, was du erlebt hast. Das ist deprimierend. Soll ich Ihnen sagen, was der Westen getan hat? Er hat den Beitritt der Ostdeutschen zur Bundesrepublik organisiert, schnell organisiert, massiv organisiert, er hat Ostdeutsche an die Struktur und das Wesen dieser Bundesrepublik angeschlossen. Aber fatalerweise hat er ihnen auch die gesamte Erinnerungskultur, die gesamte Tradition, die Wahrnehmungs- und Deutungsweise der Welt aufgezwungen. Von heute auf morgen hatte man auch die DDR zu sehen, wie sie bislang Westdeutsche von außen gesehen hatten: als Gefängnis und Schauder, als Grauzone mit Todesstreifen. Auch architektonisch: weg mit fast allem! Bereinigung! Ein Ding war dieser Staat, von dem man sich mit Grausen abwendet, wenn man Herz und Verstand hat. Diese Haltung, das macht's so kompliziert, deckte sich mit den Ansichten der Bürgerrechtler und Dissidenten, die genau diese Erfahrungen aus dem Binnenleben in verhasste »Zonen« mitbrachten und als deren Anwalt sich der freie Westen sehen durfte. So geriet praktisch eine Mehrheit aus der DDR in die Position der ständigen Rechtfertigungsnöte.

SCHÜTT: Kurz nach dem Zusammenbruch der DDR wurde ich in die Berliner Wohnungsrunde eines »Spiegel«-Redakteurs eingeladen und war sofort von jener Frage umstellt, die, so neutral und neugierig sie ausgesprochen wurde, doch die Richtung der einzig akzeptablen Antwort enthielt: Wie konnten Sie nur in diesem Land leben? Kopfschütteln rundum, und die Frage ließ nur das geknickte Geständnis zu, sich bislang tief an der eigenen Existenz vergangen zu haben. Zusatzfragen betonierten das Urteil: Wie haben Sie Ihren Kindern erklärt, das Schreckliche mittragen zu müssen? Wie hält man das aus, so unter der Knute? Jeden Tag doppelzüngig, macht das nicht krank? Sind solche Fragen erst im Raum, weiß man, dass ein Gespräch nicht mehr möglich ist. Auch wenn es in jenem untergegangenen Staat eine Knute gab, auch wenn die Doppelzüngigkeit wahrlich krank machte und ihr propagandistischer Gebrauch mein Metier war: Aber so insistierend befragt zu werden hat zur Folge, dass man plötzlich, wohin man auch blickt, nur in lauter unschuldige Gesichter schaut. Alles ist Unschuld, nur du bist es nicht, und das ist kein Vorwurf, das ist eine Vernichtung. Weil du dir jetzt ein wenig leidtust, sickert Selbstgerechtigkeit in dich ein, und darauf reagiert die Unschuld ringsum allergisch: Aha, ein Verstockter. Schnell bist du das Gegenteil dessen, was du an diesem Abend sein wolltest, nämlich gesprächsbereit, aber dir nunmehr Trotzigem fehlen natürlich die Worte, mit der die anderen dich gnadenlos erklären, kurz und knapp und ohne Diskussion, und selbstredend gilt nur deren Urteil, stammle also nicht rum!

SCHORLEMMER: Ich verstehe das: Der allgemeinen Unschuld gegenüber gehen einem die Fragen ganz schnell aus. Natürlich auch die unbequemen Fragen, die man an sich selber zu richten hat. Die Erkundigung zum Beispiel: »Habe ich umsonst gelebt?«

SCHÜTT: Diese Frage ist aber nur dann eine Bereicherung der eigenen Existenz, wenn nicht schon die Frage selbst wie ein trotziges »Natürlich nicht!« klingen muss, weil man sich im Spießrutenlauf fühlt. Diese Frage, soll sie jemand ehrlich beantworten, im Sinne einer Weitergabe, einer Mahnung – sie darf nicht als Kampf aufgezogen werden, den man, die Frage ablehnend, gegen andere führen muss. Diese Frage ist eine Form der Selbstbegegnung, eine Freiheit, die man sich gegen sich selbst nehmen muss.

SCHORLEMMER: Wahrscheinlich verträgt diese Gewissensfrage nichts weniger, als öffentlich gestellt zu werden.

SCHÜTT: Ohne Öffentlichkeit, finde ich, geht es nicht. Es verhält sich wohl so, wie der Leipziger Aphoristiker Horst

Drescher schrieb: »Ich denke, jeder Mensch über fünfzig sollte einmal einen Abend oder eine Nacht darauf verwenden, darüber nachzudenken, wann sein Leben beendet war; man kommt bei angemessener Ehrlichkeit bis auf den Tag.« Dann setzt Drescher das entscheidende Achtungszeichen: »So ein Abend oder so eine Nacht aber, die gehören noch zum Leben!« Überspitzt von Beendigung des Lebens zu sprechen, das meint hier, genau nachzuforschen: Wann habe ich im gesellschaftlichen Gefüge, in das ich verstrickt war, eigentlich aufgehört, genau zu prüfen, den inneren Einwänden zu folgen, auch wenn die Überzeugung auf dem Spiel stand; wann habe ich aufgegeben, fremde Einflüsterungen als solche zu empfinden; wann habe ich nachgelassen, Verunsicherungen ernst zu nehmen; wann habe ich begonnen, unter Verweis aufs Große und Ganze eigene Beschädigungsspuren und solche am Großen und Ganzen hässlich schönzureden?

SCHORLEMMER: Im Nachhinein oft schwer.

SCHÜTT: Man kommt auf die Stunde, auf die Sekunde, glauben Sie mir.

GYSI: In der Bundesrepublik erlebte der DDR-Bürger einen unvermeidlichen Bedeutungsverlust. Viele Träume zählten plötzlich weniger, denn sie schienen erfüllbar. In der DDR warst du wer, wenn du den Staat an bestimmten rituellen Punkten gepackt hast. Die Wahlen zum Beispiel, die konnten als Erpressungsmittel eingesetzt werden. Drohte jemand mit Wahlverweigerung, weil er keinen Handwerker für Hausreparaturen bekam, dann war das schon eine Methode, um Abhilfe zu schaffen.

SCHORLEMMER: Das relativiert die Wahlfälschung nicht.

GYSI: Natürlich nicht!

SCHORLEMMER: Und für eine Handwerkerleistung Pseudowahlen zu unterstützen ist und bleibt ein seltsamer Vertrag.

GYSI: Auch klar, da sind wir wieder beim Opportunismus als Gesellschaftskitt – aber worauf ich hinauswollte: Ob du in der Demokratie zur Wahl gehst oder nicht, das kümmert keinen Menschen. Demokratie ist vor allem Arbeit an sich selbst, sie ist Selbstprüfung. Das war für Menschen aus der DDR eine ganz neue Erfahrung. Machten sie im Osten den Mund auf und kritisierten das System und kündigten gar an, in den Westen zu wollen, da kümmerten sich ganze Apparate um sie und versuchten die Umstimmung. Jedenfalls so lange, wie man nicht so konsequent und unbestechlich war wie Schorlemmer oder andere seiner Art. Aber plötzlich kommst du in einen Staat, dem völlig egal ist, ob du bleibst oder gehst. Bist du in einer östlichen Diktatur als Künstler oppositionell, sperren sie dich ein, und du wirst vom Westen berühmt gemacht. Siehe Biermann, siehe Ai Weiwei. Im Westen dagegen kannste quatschen, was du willst, du wirfst im Grunde nur mit Wattebällchen gegen Eisenwände. Du gewinnst Freiheit, die auch anstrengend sein kann, und verlierst ganz schnell Relevanz, wenn du dich im Markt verschätzt.

SCHORLEMMER: Zur Wahrheit gehört, dass manche Künstler, nachdem sie in den Westen gegangen waren, auch deshalb an Bedeutung verloren, weil die Kraft ihres Kunstwerkes nicht Schritt halten konnte mit der Kraft ihres politischen Mundwerkes, das sie vorher und auch nach dem Grenzwechsel hatten.

GYSI: Zu Bundespräsident Richard von Weizsäcker habe ich 1990 gesagt: »Sie werden eine neue Abteilung gründen müssen, denn Sie werden Abertausende Eingaben von DDR-Bürgern bekommen, was so alles zu ändern sei im Staat.« Er wusste mit dem Begriff der Eingabe gar nichts anzufangen. Und in der Tat, wie er mir später bestätigte: Er bekam Eingaben in Hülle und Fülle. Das legte sich dann zwar wieder, aber es zeigt die nachwirkende Gewohnheit, sich auch unter neuen Bedingungen wie unter den bisher gelebten Strukturen zu verhalten.

SCHÜTT: Von vielen Ostdeutschen hörte man irgendwann – traurig, furchtsam oder fast böse – den Satz, die Westdeutschen wollten den Menschen aus der DDR die Biographie wegnehmen.

GYSI: Man kann keinem Menschen die Biographie stehlen. Der Satz ist ein Reflex auf die von mir eben angesprochene Arroganz, sich der Vielfalt von Erfahrungen aus dem Osten zu verweigern. Eigentlich gab's die DDR gar nicht mehr, eben auch nicht in der Erinnerungskultur. Wenn Angela Merkel als CDU-Chefin staatstragende Reden hielt, redete sie von Anfang an über Adenauer und die Entwicklung der Bundesrepublik, als wäre sie im Westen groß geworden, sie war so selbstverständlich westdeutsch, als hätte es in ihrem Leben nie etwas anderes gegeben. Das ist Verdrängung in historischer Mission. Aber wenn von dieser Art Tilgungsleistung die Rede war, so muss eben auch die andere Seite des Problems genannt sein: Natürlich hatten wir West-Neubürger Schwierigkeiten damit, dass die ersehnte Meinungsfreiheit auch wirklich Meinungsfreiheit bedeutet: Es gab in keiner Weise mehr Zensur, und also durfte von nun an auch jeder ungebremst sagen, was er über die DDR denkt. Plötzlich redeten alle mit.

SCHORLEMMER: Alle! Die Kompetenz wie die Inkompetenz. Das muss man erst mal ertragen lernen.

GYSI: Ich war ein bisschen befreundet mit einer Verwaltungsrichterin aus Westberlin. Jedes Mal, wenn sie in die DDR kam, kaufte sie mit Behagen Schallplatten und Bücher bei uns. Sie hatte fortwährend Angst, die Sachen würden ihr abgenommen an der Grenze und man würde sie deshalb verhaften. Ich beruhigte sie regelmäßig, aber – was nicht verwunderlich war – das Grenzregime flößte ihr Furcht ein. Diese Frau nun ruft mich kurz nach dem Mauerfall an und erklärt mir, wie ich in der DDR hätte leben müssen. Das stand ihr einfach nicht zu! Punkt.

SCHORLEMMER: Ich will einfach nicht zulassen, dass Leben unter einer Tendenz plattgemacht wird. Mein Leben in der DDR war intensives Leben, war dichter Austausch, war wichtiges Gespräch. Wir freuten uns aufeinander und aneinander. Wir redeten viel, sangen, hörten und machten Musik – und Witze. Wir dachten über Größeres nach als nur über uns selbst und diese SED-DDR. Wir definierten den Lebenswert nicht über den Preisvergleich.

Ich habe – alles in allem – ein glückendes Leben gehabt. Auch hinter der Mauer. Was daran schwer war, lag nicht nur an der DDR. Erloschene Träume, enttäuschte Liebe, gescheiterte Pläne, schwere Zerwürfnisse, hausgemachte Konflikte, bedrückende Ängste, zugefügte Verletzungen und erlittene Verwundungen – all das gab es auch ohne DDR, aber in der DDR.

Mancher, der in den Westen entfloh, merkte erst dort, dass er oder sie ihre Probleme mitgenommen hatte. Nachträgliche Kämpfe, unendliches Nachtreten, unentwegtes Aufrechnen führten dazu, dass die eigene Lebensgeschichte verdunkelt wird und man der DDR und ihren Funktionären gestattet, weiter über unsere Seelen und Gedanken zu herrschen – als perpetuierte Negativgefühle. Das Glück ist ein eigentümlicher Wechselbalg. Und das Glück und das uns Glückende gehören zum Fatum, zum Geschick, zum Lebensschicksal. Ich sage: zur Fügung. Das schließt das Dennoch-Sagen wie auch das Nein-Sagen ein, das Subjektsein, statt dass man sich reduzieren lässt als sogenanntes »Ensemble der gesellschaftlichen Verhältnisse« (Marx).

SCHÜTT: Erstickte der Kollektivismus im Osten alles?

GYSI: Wissen Sie was? Es gab keine Weltläufigkeit in der DDR, aber inmitten der Verklemmtheit, ausgerechnet im Rahmen der allseitigen pädagogischen Bevormundung, vermute ich mehr Individualität, als sie manchmal heute im Westen anzutreffen ist. Wo alle die gleichen Anzüge tragen, das immerwährend gleiche gefrorene Lächeln. Es gibt heute einen Lifestyle, den man durchaus als Uniformiertheit bezeichnen kann. Wie die Fußgängerpassagen in allen Innenstädten: austauschbar. Noch eine Drogerie, noch ein Shoppingcenter, noch ein McDonald's – nur die Buchhandlungen werden weniger. Die Aufspaltungen aller Lebensbereiche, selbst das Bröckeln der Familie – das alles vollzieht sich in einem Tempo, dass ich mich frage, wie lange überhaupt noch der Sinn für etwas Gemeinschaftliches bewahrt und gepflegt werden kann. Und gerade weil es den von Ihnen angemerkten Kollektivismus in der DDR gab, blühte auf trotzigen, frechen, unbekümmert eingerichteten Inseln das Individuelle.

SCHORLEMMER: Es gab in vielen Lebensläufen diese Spannung zwischen Unmündigkeit und dem Willen, etwas dagegenzusetzen: Selbstbestimmung, Mündigkeit. Wie heftig oder weniger heftig diese Spannung in den einzelnen Biographien war, darüber kann, darüber muss man reden.

GYSI: Ich glaube, daraus entwickelte sich viel mehr Eigensinn, als westliche Interpretationen dem Leben in der DDR zugestehen wollen. Allerdings sollte man, was diese Spannung zwischen Anpassung und Courage betrifft, immer auch über heute reden.

SCHÜTT: Die Schriftstellerin Irina Liebmann schrieb: »Die SED würde bis zum Ende tun, was schon im Beginn angelegt war: jedes Verlangen nach Offenheit und Kritik als einen feindlichen Anschlag betrachten. Sie wird den Weg in den Pragmatismus der Plattenbauten und Sozialmaßnahmen wählen und so tun, als ob das Sozialismus wäre. Sie wird an einem Menschenbild des lenkungsbedürftigen, schwachen oder sogar feindlichen Bürgers festhalten, den sie verwalten und kontrollieren muss.«

GYSI: Das ist vollkommen richtig. Dennoch müsste man verdeutlichen können, dass es doch auch kluge Leute waren, die zu den Kommunisten stießen, dass das Leben vielfach auch solidarisch war und deshalb viele darauf hofften, 1990 den Systemwechsel ohne moralischen Misskredit zu überstehen. Das aber traf nur bedingt ein.

SCHÜTT: Woher kommt der merkwürdige Umstand, dass die Töne über die DDR, gerade bei ehemaligen SED-Distanzierten, mit den Jahren ausgleichender wurden? Ich hab vorhin gesagt: milder.

GYSI: Na, so viele Differenzierungswillige sind's ja nun auch nicht.

SCHORLEMMER: Der unnachgiebig harte, unversöhnliche Ton der anderen hat erwiesenermaßen sein Gutes, denken Sie an Ihre eigene Partei: Wie viele Genossen gestanden erst unter Druck eine Stasizuträgerschaft? Wie schnell funktionieren immer wieder Vergessen und Verdrängen?

GYSI: Ja, man lobt die Großmütigkeit eines Friedrich Schorlemmer, weil einem damit erspart bleibt, was das Bitterste ist: sich anders zu erinnern, als einem lieb ist.

SCHÜTT: Etwas sarkastisch gesagt: Wenn ein sehr Fremder bestimmte Leserbriefe im »Neuen Deutschland« liest, versteht er womöglich gar nicht mehr, warum die Mächtigen dieser DDR vertrieben wurden und die DDR in den Orkus geschickt wurde. Angesichts wieder zunehmender Lobhudeleien und Selbstbeweihräucherungen versteht man doch, warum einige, sagen wir: Unversöhnliche immer wieder auf die wunde Stelle schlagen. Beizeiten hat Schorlemmer gewarnt vor einer Umwandlung von Bürgerrechtlern in »Bürgerrächer«. Das war ein Appell, das Leben in der DDR nicht zu dämonisieren. Aber es besteht doch auch das Risiko einer falschen Beruhigung: War alles nicht so schlimm, und keiner habe doch keinem geschadet, und endlich müsse ein Schluss-Strich gezogen werden. Und immer waren es Einzelne ganz oben, die schuld sind, nie die Struktur. Wenn Täter zur Milde eingeladen werden, geschieht immer auch, was der Aphoristiker Horst Drescher notierte: »Menschen, die man auf dem Gewissen hat, bleiben einem irgendwie unsympathisch; unsympathisch auch dann noch, wenn man ihnen sozusagen schon lange verziehen hat, dass man sie auf dem Gewissen hat.« Großmut und Barmherzigkeit, das ist für einen Menschen, der einen Zuständigkeitsschmerz zu verwalten hat, ein großes Glück, aber auch eine große Gefahr. Wie haben Sie eben so treffend gesagt, Herr Gysi? Weil einem damit erspart bleibt, was das Bitterste ist: sich anders zu erinnern, als einem lieb ist.

SCHORLEMMER: Wo ich die Versöhnung zwischen Tätern und Opfern ansprach, habe ich immer betont: Versöhnung ja, aber in der Wahrheit. In der Wahrheit, sich zu Verstrickungen zu bekennen, bevor die geschreddert geglaubten Akten auf dem Tisch liegen. Wahrheit, bevor man einen Posten im neuen öffentlich-gesellschaftlichen Hierarchiegefüge antritt. Wahrheit im Bekenntnis zu all den Gründen, warum man in aktivem oder eben auch hyperaktivem Einverständnis mit dem Regime gelebt hatte.

GYSI: Jede Diskussion über die DDR hat politisch doch nur Sinn, wenn ich sie als lehrenden Vergleich dort heranziehe, wo Probleme übertragbar sind, Probleme und Fragen, die verhindern, dass nunmehr die Großartigkeit des bürgerlich-demokratischen Rechtsstaates so hanebüchen unkritisch gesehen wird. Wie steht es denn hierzulande um Schnüffeldienste, um Anpassungsstrategien, um Minderheitenrechte?

SCHORLEMMER: Natürlich muss man auch warnen vor der Gleichmacherei aller Schuld, vor der Übertragbarkeit sämtlicher politischen Kriminalität auf alle Verhältnisse. Denn triebe man das auf die Spitze, ist man rasch bei der

Wahrheit einer allwaltenden Bösartigkeit von Macht – und also unfähig, überhaupt noch eine einzige moralische, politische Verwerflichkeit hervorzuheben und ein Urteil darüber zu fällen. Die DDR gibt es nicht mehr, aber ihre einstigen Bürger – und niemand kann hier wirklich schützend eingreifen – müssen das lastende oder befreiende Los einer politisch konjunkturellen Bewertung ihres bisherigen gesellschaftlichen Lebensraumes ertragen. Eine Bewertung, in der Wahrheit und Lüge, humane Vorsicht und tendenziöse Forschheit rücksichtslos durcheinanderwirbeln. Ein einzelnes Leben reicht niemals aus, um in Gewissheit aus dieser Welt scheiden zu können, man habe selber alles getan, um gerecht beurteilt zu werden. Es gibt diese Gerechtigkeit nicht. Primitiv ausgedrückt: Immer sieht's der eine so, der andere so. Auch eine gestorbene Gesellschaft durchläuft wechselnde Stadien der Analyse; die Tragik einer soeben ausgelöschten Ordnung besteht darin, dass die Menschen dieser Ordnung weiterleben, ihr Charakter offenbart sich im Unterscheidungsvermögen: Was am jeweiligen historischen Urteil betrifft mich, was nicht? Es ist schon seltsam, wie die Empfindungen wechseln. Mal kommt mir der ganze DDR-Schmutz unvermindert heftig hoch, diese Einschränkung, diese Zurechtweisungskultur, diese Anmaßung des Geistlosen, diese Bevormundung, was ich zu sehen, zu hören und zu lesen habe – und an anderen Tagen frage ich mich: Darf dies der Grund dafür sein, auch all das zu leugnen, was doch, zum Beispiel, an Theaterstücken gezeigt, was an Büchern verlegt und gedruckt wurde? 1962 ist das Gesamtwerk von Wolfgang Borchert erschienen, nun wahrlich keine sozialistische Literatur für einen militarisierten Friedensstaat.

Gysi: Alles hat mitunter so etwas Gehetztes: Man möchte jeder Wahrheit die Gegenwahrheit hinzufügen. Ja, es gab Zensur – aber es gab auch Kulturförderung. Es gab Arbeitsförderung – und es gab tötend sinnlose Beschäftigung. Es gab die Volkssolidarität – und es gab unwürdige Bedingungen in Altersheimen. Es gab eine gediegene Bildung, die keine sozial abhängige Klassenbildung war – aber es war auch eine ideologisch dominierte, politisch diskriminierende Bildung. Schorlemmer kann ein Lied davon singen. Nehmen Sie Erwin Strittmatters »Wundertäter«, Band 3 – wer wissen will, was Staatssicherheit ist, der lese dieses Buch, es erspart jede Aktenlektüre. Auch Kafka erschien im Osten. Wir kämen jetzt ins Endlose, würden wir eine Aufzählung dessen versuchen wollen, was auch den hohen Stand der DDR-Kultur belegt.

SCHORLEMMER: Die Theater, die bildende Kunst, die Musik!

GYSI: Gewiss gab es auch viel Propaganda- und Ideologieliteratur, aber ich werfe dem Westen auch nicht vor, dass er nicht nur Weltliteratur, sondern auch Dreigroschenromane hervorbrachte.

SCHORLEMMER: Ich schon.

GYSI: Das ist er doch aber, wie er leibt und lebt – »Ihr« ambivalenter Mensch, der das eine wie das andere lesen möchte.

SCHORLEMMER: Ich hab ja zum Glück keine Macht, das zu verbieten. Nein, nein, im Ernst, wir sprachen über die Vielfalt. Wenn ich Karl Schlögels Buch über Moskau 1937 lese, dann stockt mir der Atem vor so viel stalinistischer Unmenschlichkeit – und gleichzeitig wurden Kulturhäuser gebaut, erhielten Arbeiter bislang ungeahnte Zugangswege zu Bildung und Kunst. Diese unbegreifliche Gleichzeitigkeit der Dinge, immer wieder. Gern wächst zusammen, was nicht zusammengehört. Und marschiert gemeinsam, wie Wolfgang Mattheuers Plastik »Der Jahrhundertschritt« offenbart – der Bronzemensch, eine Hand zum Hitlergruß erhoben, die andere zur Arbeiterfaust geballt. Unerträglich. Unerträglich wahrhaftig. Jener wahre Terror, der unser Bewusstsein sprengt, ist die ewige Gleichzeitigkeit von Schönheit und Schrecken. Ich muss an meinen Vater denken: Er besuchte eine SA-Führerschule in Wernigerode, wurde dann für kurze Zeit Scharführer, und als er im November 1934 seiner Mutter in einem Brief mitteilt, als Student sei er jetzt auf »Budensuche«, schreibt er auch: »Ich wohnte zuerst Laurentiusstraße 15. Ich stellte aber sogleich fest, dass es Juden waren, und bin daher sofort umgezogen.« Das erschreckt mich. Was war das für eine Stimmung, eine antijüdische Atmosphäre in Halle 1934. Ich habe dann aber bei meinem Vater auch nicht einen Hauch Antisemitismus gespürt.

GYSI: Oder was Marxisten über den Kapitalismus propagierten, unerträglich ideologisiert und einseitig – es stimmt doch aber in beträchtlichen Teilen, was die Aggressivität und Kälte und finanzielle Gewissenlosigkeit des gegenwärtig marodierenden Kapitals betrifft. Es gibt Sätze, vor allem im »Kommunistischen Manifest«, die sind erschreckend akut.

SCHORLEMMER: Es liegen Erfahrungen und Theorien aus zwei entgegengesetzten Welten vor, die man doch für eine notwendige radikale Erneuerung unserer Lebensart prüfen könnte. Kann es nicht einen Weg geben, bei dem die Leistung des einzelnen Menschen hervorgelockt und auch honoriert wird, aber neben dieser belebenden Konkurrenz aller Reichtum einer Gesellschaft gerechter geteilt wird, als das heute der Fall ist?

SCHÜTT: Jetzt reden Sie wie jemand, der bei den Linken sein könnte.

GYSI: Es gibt auch weiterhin Sozialdemokraten, die über eine bestimmte sozialistische Programmatik noch nachdenken. Insgesamt hat sich die Rolle der Sozialdemokratie in der Gesellschaft freilich sehr geändert, sie geht leider in

Richtung einer Arbeitsteilung mit der CDU. Es gibt Sozialeinschränkungen, die von der Union nicht forciert werden können, weil der Partei das um die Ohren fliegen würde. Also betreibt's die Sozialdemokratie – weil dann die Mehrheit glaubt, dass es wirklich notwendig sei. Denn eigentlich widerspricht das Antisoziale der SPD, und die Leute denken: Wenn diese Partei trotzdem unsozial ist, nun, dann muss die Lage tatsächlich so sein, dass unsoziale Maßnahmen unvermeidlich sind. Und schon ist man still. Um es zu konkretisieren: Es war kein Zufall, dass die Agenda 2010 von der Sozialdemokratie eingeführt wurde und nicht von der Union. Und Ihre Frage nach dem künftigen Weg der Gesellschaft, Herr Schorlemmer, das ist die Frage danach, was der Kapitalismus kann und was er nicht kann. Er ist zum Beispiel nicht in der Lage, ohne Krieg auszukommen, denn er verdient an jeder Waffe. Er kann auch den Hunger auf der Welt nicht beseitigen, das lässt sein Wesen nicht zu. Jährlich sterben Millionen Menschen an Hunger oder den Folgen von Hunger, darunter viele Kinder. Obwohl wir weltweit eine Landwirtschaft haben, die die Menschheit zweimal ernähren könnte. Das ist eindeutig kapitalistisch bedingt. Und: Der Kapitalismus kann keine soziale Gerechtigkeit herstellen. Er tendiert immer dazu, Armut auszudehnen und Reichtum in wenigen Händen zu konzentrieren, das hat mit Leistung meist wenig zu tun. Unter sozialer Gerechtigkeit verstehe ich natürlich auch den Zugang zu Bildung, zu Kultur. Was mich in dem Zusammenhang empört und bitter macht, ist die Chancen-Ungleichheit bei Kindern in der Bundesrepublik. Die Bildungsstruktur ist so organisiert, dass sich, im Kern, die soziale Stellung der Eltern in den Bildungswegen der nächsten Generation fortsetzt. Man gibt sich gar keine Mühe, das zu ändern. Dann: Dem Kapitalismus gelingt keine ökologische Nachhaltigkeit – die ökonomischen Interessen stehen zu stark dagegen. Ja, der Kapitalismus kann demokratisch sein, aber auch wo er es ist, deutet sich hier und da schon an, dass er es nicht zwangsläufig bleiben muss.

SCHÜTT: Günter Gaus hat einmal sinngemäß gesagt: Bisher vermochte die bürgerliche Nachkriegsgesellschaft mit ihren materiellen Möglichkeiten die vorgegebenen menschlichen Schwächen besser zu verkraften, als der real existierende Sozialismus es je konnte. Aber wenn erst wirkliche Not über die Erste Welt kommt, der der Puffer der Zweiten Welt abhandengekommen ist; wenn die Dritte Welt ungebremst das Nord-Süd-Problem, das in Deutschland vom Osten herkommt, über die bürgerliche Wohlhabenheitsgesellschaft bringt, dann werden Sie mal sehen, wie rigoros unsere jetzige Gesellschaft mit Andersdenkenden, mit Minderheiten, mit Fremden, mit ungebremst Herfliehenden umgeht.

GYSI: Nun habe ich das angedeutet, was der Kapitalismus nicht kann. Aber er kann freilich auch eine Menge. Und es ist ein großer Fehler der Linken, das regelmäßig zu unterschätzen oder gar bewusst auszuschalten. Seine ökonomische Effizienz, seine bürgerrechtlichen Errungenschaften, seine Schöpfungskraft in Wissenschaft, Technik und Kultur, das ist doch großartig. Dazu gehört eine Kunst, die sich im Übrigen zur Welt-Meisterschaft entwickelte, indem sie sich kritisch mit der Gesellschaft und der Entfremdung in ihr auseinandersetzte. Diese Potenz des Kapitalismus in einem Transformationsprozess mit einer anderen sozialen Grundordnung zu verbinden – den Traum, dass dies möglich sein könnte, mag ich nicht aufgeben.

SCHORLEMMER: Da sind wir uns sehr einig.

SCHÜTT: Also, es steht endgültig fest – ein Streitgespräch wird das hier nie.

X.

Der planerische Egoismus
»Jeden mit Glück erfüllen, auch sich«
Die Nacht im Sturm
Provinz fürchtet Veränderung

Gysi: Existenzielle Not? Nein.
Schorlemmer: Ich habe gehungert.

SCHÜTT: Was bleiben wird – das ist eine grundlegende, eine Existenzfrage. Eine Frage ans Leben – aber doch auch eine an den Tag. Was von einem Tag bleibt, hängt vielleicht schon von der Art ab, wie man in diesen Tag hineingeht. Wie ist das bei Ihnen?

SCHORLEMMER: Ich muss sagen, ich habe morgens keinen Mut, ich gewinne ihn erst, von Stunde zu Stunde. In der Nacht kommt auf mich alles, was unerledigt blieb. Oder was ich verpatzt habe. Nichts macht uns so müde, sagt Christa Wolf, wie das, was wir nicht tun können. Und wenn ich mir die Frage stelle, was bleibt, dann kann ich ganz einfach antworten: Aufgaben! Die sind zum Teil erfüllbar, zum Teil nicht. Ich weiß doch sehr wohl um die täglichen Gefahren: Wer anfängt zu handeln, stößt zugleich an die Grenzen des Machbaren; wer sich nicht bescheidet, wird bald resignieren oder fängt an zu diktieren; wer Unmögliches will, wird das Mögliche verfehlen; wer sich auf das Mögliche beschränkt, verfehlt das Notwendige. Also gehe ich jeden Tag an mein kleines Tagwerk mit einer Liedzeile von Paul Gerhardt: »Tritt du zu mir und mache leicht, / was mir sonst fast unmöglich deucht, / und bring zum guten Ende …«

GYSI: Was man für nötig hält, ist eben leider nicht immer das, was möglich ist.

SCHORLEMMER: Ich sage ein Beispiel: Jeder von uns denkt zuerst an sich. Dann merkt er, dass er ohne den anderen und die anderen nicht leben kann. Und dass ein An-sichselber-Denken noch schöner wird, wenn man zugleich an einen anderen denkt. Also: wenn das egoistische und das altruistische Menschenbild im Einzelnen sich annähern. Leider lebe ich jetzt in einer Gesellschaft, die ganz und gar auf den Egoismus baut und nach Kräften den Altruismus verlacht. Ich möchte, dass das Altruistische und das Egoistische sich ineinanderfügen und dieser, ich gebe zu: komplizierte Dualismus als glückhaft erfahren wird. Keiner erfasste dieses Glück besser als Bertolt Brecht in seinem Gedicht über das, was gut sei: »Keinen verderben lassen,/ auch nicht sich selber / Jeden mit Glück erfüllen, auch sich, das / Ist gut.«

Und das ist so eine Aufgabe, die bleibt. Sie hat schon eine ganze Kirchengeschichte hinter sich. Die Erfüllung dieser Aufgabe scheitert immer wieder an uns selbst. Wer dieses Scheitern nicht zugibt, wird zum Demagogen seiner Hoffnungen. Aber ich bestehe auf Hoffnung, dass es gelingen könnte, Egoismus und Altruismus zusammenzubringen. Und die Erfahrung, dass es gelingen kann, habe ich auch. Wir sind in der Lage, uns zu überschreiten – aber so, dass wir nicht gleichzeitig auch über Leichen gehen.

GYSI: Vor allem muss man unterscheiden: Es gibt einen dummen, und es gibt einen klugen Egoismus. Der dumme stellt ein kurzfristiges Interesse in den Vordergrund, der klügere denkt weiter voraus. In der politischen Sphäre ist die Haltung möglich, sich gegen Flüchtlinge zu sperren, weil die Geld kosten und der eigenen Bevölkerung etwas wegnehmen. Das ist der sehr kurzschlüssige Egoismus. Es gibt aber auch den planerischen, vorsorgenden Egoismus: Wenn ich jetzt Flüchtlingen helfe, wird mir in einer ähnlichen Situation höchstwahrscheinlich auch geholfen. Dieser Egoismus ist auch deshalb klug, weil er nicht so tut, als sei die Schonung vor einem bitteren Schicksal natur- oder gar gottgegeben. Das haben schon ganz andere Leute gedacht und sind eines Tages böse erwacht. Kluger Egoismus ist also immer auch Strategie. Es gibt zum Beispiel einen Verein von Millionären in Hamburg. Dieser Verein fordert, dass Vermögenssteuer gezahlt wird. Ihre Strategie: Wenn ich in der rechten Zeit nicht teile, kann ich eines Tages alles verlieren. Während andere Konservative nur denken: behalten, einstecken, einstecken, behalten – und die Taschen zunähen!

SCHORLEMMER: Was heißt hier: Konservative? Alle.

GYSI: Viele. Jedenfalls: Der kluge Egoismus öffnet auch dem Altruismus Wege. Ich habe mal gut gegessen in einem Restaurant, da kam jemand vorbei und sagte; »Aha, auch ein Linker will nicht arm sein.« Wir hatten ein kurzes Gespräch, ich habe dem Mann erklärt, dass ich nie arm war und es auch nicht werden will. Ein Linker bin ich, weil ich grundsätzlich gegen Armut bin. Und zwar auch aus einem durchaus egoistischen Motiv: Wenn ich von Armut umgeben bin, fühle ich mich nicht wohl. Ich will mich aber wohlfühlen. Ich kann auch dem Ratschlag nicht folgen, Urlaub in Entwicklungsländern zu verbringen, weil denen das Geld hilft, das ich dort lasse. Mal abgesehen davon, wer in diesen Ländern wirklich am Tourismus verdient – ich kann nicht am Strand liegen und mich erholen, während um mich herum Hunger und Armut existieren.

SCHORLEMMER: Die zentrale Botschaft des Jesus von Nazareth besteht neben der Reich-Gottes-Hoffnung in dem Grundvertrauen, das ein Mensch ins Leben haben darf. Du bist gewürdigt, du bist du und bist unendlich wichtig, du wirst nie übersehen. Dem folgt das Doppelgebot: »Du sollst Gott, deinen Herrn, von ganzem Herzen, von ganzer Seele und von ganzem Gemüte lieben.« Dem gleichgestellt ist der Satz: »Du sollst deinen Nächsten lieben wie dich selbst.« Beide Gebote gehören untrennbar zusammen. Die Mühe und die Kraft, die du aufwendest, um liebenswert zu sein – sie gibt dir auch die Kraft, Liebe zu geben. Wichtig, dieses »wie dich selbst«: Du weißt doch, was dir guttut, also kannst du auch wissen, was einem anderen guttut – oder auch wehtut. Das ist die wunderbarste humane Maxime, die ich kenne. Und in der Bergpredigt heißt es: »Du sollst deine Feinde lieben.« Feinde – das hat übrigens Tolstoi als Erster herausgefunden – heißt in der richtigen Übersetzung: Fremde. Und fremd ist uns zunächst jeder Mensch. An jedem Menschen ist etwas, was uns selber fremd ist. Er ist insofern wie du, weil auch du etwas hast und bist, das jedem anderen fremd ist. Daraus können, müssen »fremdenfreundliche« Verabredungen der Nähe, des Respekts, des Friedens erwachsen.

GYSI: Der Feind ist ja zunächst nie der andere, sondern ich trage den Feind in mir selbst. Es ist genau das, was sich gegen die möglichen Verabredungen sperrt, von denen Sie eben sprachen. Ethik ist immer auch Selbstüberwindung. Bei William Faulkner gibt es eine wunderbare Episode. Ein einsames Haus irgendwo. Es wütet ein Sturm. Nachts. Ein Mann klopft an die Tür, bittet um die Gelegenheit einer kurzen Rast. Der Hausbesitzer fragt den Mann von draußen, ob er an Gott glaube. »Nein«, sagt der, und da schlägt der Besitzer die Tür wieder zu. Da erscheint ihm Gott und sagt: »Den du abgewiesen hast, der ist fünfzig Jahre alt. So lange schon habe ich diesen Nichtgläubigen ausgehalten. Und du? Bist nicht einmal bereit, ihm auch nur eine einzige Nacht zu gewähren?«

SCHORLEMMER: Schön! Ich wollte diesen SED-Kommunismus nicht, aber jetzt lebe ich in einer Gesellschaft, in der Wachstum zum Hauptprinzip wurde: schneller, höher, reicher, weiter. Ohne zum Nebenmenschen zu schauen, ohne zu gucken, was man an Zerstörungsspuren hinterlässt. Es ist in vergleichbarem Maße abstoßend wie das, was ich zu DDR-Zeiten bekämpfte.

SCHÜTT: Ich komme davon nicht los – von der Frage nämlich, wieso Sie, Herr Schorlemmer, den Parteikommunismus mit schärfster Klinge bekämpften, ihm aber nicht glaubten, was er in seinen Zeitungen über den realen Kapitalismus berichtete. Nun klagen Sie an, was über dieses System schon immer in den DDR-Zeitungen stand.

SCHORLEMMER: Es ist eben so verrückt: Man glaubt die ganze Wahrheit nicht, wenn einem die Halbwahrheit verweigert wird.

GYSI: Ich hatte immer schon gute Freunde im Westen, die kapitalismuskritisch waren, ohne Kommunisten zu sein. Und die mir und anderen halfen, wenigstens zum Teil Illusionen über den Kapitalismus zu vermeiden. Illusionen konnten sich auch nur deshalb breitmachen, weil man keine Erfahrung mit der anderen Welt machen durfte. Die in dieser Hinsicht verordnete Unmündigkeit ist der SED schwer anzulasten, auch sie hat dazu beigetragen, eine Bevölkerung in einer falschen Hoffnung zu belassen.

SCHORLEMMER: Ich habe am Parteikommunismus bekämpft, was offenbar, auch wenn jetzt großartige Freiheits- und Bürgerrechte garantiert sind, irgendwann zum Grundproblem aller Gesellschaften wird: die Starre, die politische Kurzfristigkeit. Ich habe an der Provinz DDR das bekämpft, was überall Provinz schafft: die Furcht vor Veränderung. Wir haben bereits 1978 beim Kirchentag in Erfurt Thesen vorgelegt für die Suche nach dem menschlichen Maß. Sie sind bis heute gültig, leider. Noch immer bedrückt doch diese große Frage, was an unserem Handeln, in dem, was wir tun oder auch lassen, im Großen wie im Einzelnen, *enkelverträglich* ist.

SCHÜTT: Ich hatte gefragt, wie Sie in den Tag gehen. Wie ist das bei Ihnen, Herr Gysi?

GYSI: Ich muss einfach bekennen, dass ich Preuße bin, und das hebe ich nicht besonders erfreut hervor. Denn ich habe einen so plagenden Drang, Dinge umgehend und bis ins Letzte zu erledigen. Meine Freude, mich dem Leben hinzugeben, stößt ständig auf den erhobenen Zeigefinger meines Pflichtgefühls. Ich werde ungeduldig, wenn Aufgaben zu lange liegen bleiben. Diese Ungeduld hat mit den Jahren seltsamerweise zugenommen. Seltsamerweise deshalb, weil ich ursprünglich dachte, im Alter siegt die Gelassenheit über die Nervosität. Ist nicht ganz so. Und so gehe ich also relativ geordnet in den Tag. Gefühle, die der Strukturierung des Tages im Wege stehen könnten, bekomme ich schnell in den Griff. Manchmal zu schnell. Eben preußisch.

SCHORLEMMER: Geht mir ja letztlich genauso. Aber es ist doch wunderschön, am Morgen nicht zuerst die Nachrichten einzuschalten, sondern Johann Sebastian Bach aufzulegen.

GYSI: Ich geh natürlich immer auch mit dem Willen in den Tag, auch heute wieder zu staunen. Denn du weißt nie, wie das Leben zuschlägt. Mir fällt da mein »Lieblingsmärchen« der Brüder Grimm ein, das ist ganz kurz und heißt »Herr Korbes«: Ein Hühnchen und ein Hähnchen verreisen im Wagen mit roten Rädern, den vier Mäuschen ziehen. Sie nehmen unterwegs eine Katze, einen Mühlstein, ein Ei, eine Ente, eine Stecknadel und eine Nähnadel auf. Sie besetzen Herrn Korbes' Haus. Als er heimkommt, bewirft ihn die Katze mit Asche, die Ente mit Wasser, das Ei verklebt ihm die Augen, die Nadeln stechen ihn in den Hintern und in den Kopf, der Mühlstein schlägt ihn tot. Aus. Schluss. Das ist doch Wahnsinn von diesen Romantikern. Das Märchen endet mit dem Satz: »Der Herr Korbes muss ein recht böser Mann gewesen sein, wenn ihm so Böses widerfährt.« Mag stimmen, wer weiß. Mir tut Herr Korbes leid. Denn mich bewegt weit mehr, was dir unversehens, unvermutet geschehen kann, wenn du ahnungslos nach

Hause kommst – oder eben am Morgen das Haus verlässt. Vorsicht, Vorsicht!

SCHÜTT: Haben Sie jemals existenzielle Not erfahren, Herr Gysi?

GYSI: Nein.

SCHORLEMMER: Ich sehr wohl. Ich habe auch gehungert, doch nicht lebensbedrohend. 1944, als ich geboren wurde, war mein Vater noch im Krieg. Dann wurde in unserer Familie fast jedes Jahr ein Kind geboren. Bis wir sieben waren. Und es gehörte zu den großartigen Ereignissen, wenn meine Mutter, die selber Hunger hatte, mir ein Stück von ihrem Brot gab. Sie wusste am Monatsende oft nicht, wovon sie ein Mittagessen kochen sollte. Dann ging mein Vater schweren Herzens, man sah ihm das an, zu einer kleinen Eisenkiste, schloss sie auf und nahm Geld heraus. Das war die Kollektenkiste. Meine Mutter ging los, kaufte hundert Gramm Gehacktes. Das wurde gebraten und verlängert mit viel Zwiebeln und Speck, dazu Kartoffeln. Immer, wenn mein Vater an die Kollektenkiste ging, dachte ich an ein Eis. Es war wie eine Manie, ich steigerte mich mehr und mehr in diesen Gedanken hinein, und irgendwann stand ich vor der Kiste. Nahm zehn oder fünfzehn Pfennig raus und rannte zum Bäcker, wo es das Eis gab. Erst jetzt, im Jahre 2014 (!), habe ich von meinem Bruder erfahren, dass er ebenfalls in die Kiste gegriffen hatte. Wir wussten beide, dass wir nicht die Kirche, sondern »nur« unseren Vater bestahlen. Er musste das Kollektengeld, das in Bücher eingetragen war, stets vom eigenen Gehalt wieder auffüllen. Ganz geringe Summen, aber ich schäme mich noch heute dafür. Nebenbei: Bis heute habe ich die Angewohnheit, hastig zu essen. Das musstest du damals, um vielleicht noch einen Nachschlag zu bekommen.

GYSI: Ich esse auch schnell, aber ich behaupte, das schmälert nicht meinen Genuss.

Schorlemmer: Wir Pfarrerskinder galten in der Schule als Schwarzbrotfresser. Aber bei den Bauern, die uns Kinder aus der Schule holten, damit wir ihnen beim Kartoffellesen halfen, gab es am späten Nachmittag frisches, helles Brot mit Leberwurst. Das hörte auf, als die LPG aufkamen und die Bauern einander halfen. Als Kind erlebte ich, wie Bauern verhaftet wurden, weil sie das staatliche Liefersoll nicht schafften und das als Sabotage ausgelegt wurde. Hier, ich habe ein Flugblatt aus dem Jahr 1960 mitgebracht, vom »Ortskomitee zur sozialistischen Umgestaltung von Bornim«. Da steht: »Adenauer will dieses Jahr die atomare Aufrüstung der westdeutschen NATO-Armee vollenden. Sein Ziel ist – Revanche, Krieg und Vernichtung. Werktätiger Einzelbauer! Mit Deinem Eintritt in die LPG fällst Du den Kriegstreibern in den Arm. So hilfst Du mit, zu verhindern, dass die Militaristen zum Zuge kommen.« Wer nicht in die LPG wollte, war also nach dieser Logik ein Kriegstreiber. So wurde die Angst geschürt, so wurde gedroht.

Gysi: Die SED hat eine idiotische Eigentumspolitik betrieben. Ich habe mich zunächst gewundert, dass am Ende der DDR, als die Umwandlung von volkseigenen Betrieben in Privatunternehmen erfolgte, keine Belegschaft es ablehnte. Nie habe ich einen Betrieb erlebt, wo die Arbeiter sagten, sie wollten staatlich bleiben. Aber klar, Volkseigentum war eine Phrase gewesen, das Eigentum wurde als Abstraktum empfunden. Man hatte nie wirklich besessen, was einem nach der Theorie gehörte. Man schätzte Material, man hob jeden Nagel auf – aber nahm ihn mit nach Hause.

Schorlemmer: Es gab keine Vergesellschaftung, sondern nur Verstaatlichung.

Gysi: Aber nach dem Ende der DDR dachte ich, die Bauern zum Beispiel sind froh, dass sie aus der LPG rauskommen und wieder ihre eigenen Höfe bewirtschaften können. Das

Gesetz ermöglichte dies ja. Wissen Sie, wie viele Leute davon Gebrauch gemacht haben? Zwei Prozent. Da begriff ich, dass längst ein gravierender Generationenwechsel stattgefunden hatte. Im Gegensatz zu jener ersten Bauerngeneration, die Friedrich Schorlemmer beschrieben hat, deren LPG-Mitgliedschaft unter Druck zustande kam, sind sich die Nachkommenden sehr wohl der Vorteile bewusst gewesen, die so eine LPG hatte. Bauern sind eben schlau. Ich habe Höfe im Süden von Baden-Württemberg gesehen: reinste Selbstausbeutung, in höchster Form. So eine LPG war übrigens auch anders strukturiert als ein VEB, es galt ein Mitspracherecht, und auf Versammlungen wurde gemeinsam beraten und entschieden, der Eigentumsgedanke war also durchaus da – den die Arbeiter in den Betrieben kaum hatten.

SCHORLEMMER: Vielleicht setzen sich Genossenschaften wieder durch?

GYSI: So wie in Frankreich und Holland. Aber es gibt auch die andere Tendenz: Es bleibt beim alten Großgrundbesitz. Leider nimmt der zu in Deutschland. Kleine Gehöfte können sich immer seltener halten. Manche Bauern haben nicht mal mehr Geld für den Tierarzt, ich habe solche Menschen getroffen und gesprochen, etwa in Süddeutschland. Die Bauern leiden elend darunter, ihre Seele geht dabei kaputt. Oder wenn Bauernhöfe regelrecht zersiedelt, aufgefressen werden durch den Bau von Einfamilienhäusern rund ums Zentrum. Die Gehöfte zerfallen dann, unausweichlich. Deshalb ist die Idee der Genossenschaften eine gute Idee, und auch das wäre etwas Strukturelles, da hätte man in die Erfahrungswelt der DDR zumindest hineinschauen und prüfen können.

SCHORLEMMER: Ich bestätige die Bilder des Verfalls, Herr Gysi. Bei mir daheim in der Wische herrscht eine Lethargie, eine Unansehnlichkeit der Monokultur, das tut weh.

Gehöfte sehen zum Teil schlimmer aus als in den Jahren, da Bauern von der SED politisch erpresst und aus ihrer Einzelwirtschaft vertrieben wurden.

GYSI: Das so zu sagen, heißt eben nicht, sich die Planwirtschaft zurückzuwünschen, aber es heißt durchaus: Prüfung bestimmter Strukturen. Und Prüfung wiederum heißt: Chancen zu untersuchen, besagte ehemalige Strukturen mit marktwirtschaftlichen und demokratischen Grundsätzen zu verbinden.

SCHORLEMMER: Früher bestimmte der Rat des Kreises, was angebaut wurde – unabhängig von den jeweiligen Erfordernissen der Bodenbeschaffenheit und der Bodenpflege. Der Boden wimmerte gewissermaßen vor Schmerz wegen der schweren Technik. Alles wurde politisch angeordnet und durchgesetzt. Oft waren Idioten am Werk. Na ja, andererseits muss ich zugeben, dass der Rat des Kreises heute nur einen anderen Namen hat: Brüssel. Die Landschaft wimmert jetzt auch, unter Herbiziden und Pestiziden. Sie wird derart ruiniert, dass ich mich frage: Wo bleiben jene, die in der DDR gegen Verschmutzung und Vernutzung protestierten? Ganz zu schweigen von der gigantischen Vermaisung und Verrapsung der Anbauflächen.

SCHÜTT: Es ist die Frage, die man oft hört: Wo sind die ehemaligen Bürgerrechtler in den heutigen Kämpfen? Wie setzen sie sich auseinander, wie bleiben sie die Unbestechlichen, unverwandt Kritischen?

GYSI: Ich bin von Natur aus und von Berufs wegen ein Verteidiger. Deshalb neige ich sofort dazu, die kritisch Befragten in Schutz zu nehmen. Wenn du gegen etwas kämpfst und wenn dieser Kampf erfolgreich ist und also etwas Neues kommt, worin du dich freier und demokratischer bewegen kannst, dann empfindest du einen gesteigerten Lebenssinn. Ergeben sich plötzlich in diesem gelobten Land auch wieder unangenehme und hässliche Risse, musst du den Brustton, mit dem du gestern gekämpft hast, irgendwie überprüfen. Du willst doch nichts zurücknehmen von dieser ganzen Mühe, diesem ganzen Opfertum, dieser Gefahr, der du dich gestellt hast. Also wirst du ruhiger und übst dich in der Kunst der Relativierung aller neuen Konflikte und Probleme. Wer etwas durchlitten und durchstritten hat in der DDR, der möchte den Erfolg der Anstrengungen auch bei zunehmenden Abstrichen weiter genießen. Und außerdem: Wenn man Oppositioneller in der DDR war, lebte man herausgehoben, man wurde auffällig, und die jetzige Geschichtsschreibung tut recht daran, diese Courage auch immer wieder hervorzuheben. In der Demokratie aber bist du mit deinen Vorschlägen für eine bessere Gesellschaft vielfach eingemeindet in Parteien, in Parlamente, in Gremien anderer Art, in Kommunen. Insofern tut man Bürgerrechtlern unrecht, denn viele sind im demokratischen politischen Alltag tätig, nur merkt das keiner mehr so, wie es in der DDR der Fall war.

SCHÜTT: Schorlemmer merkt man.

GYSI: Die Stimme außerhalb der politischen Strukturen, die ich eben nannte und in denen auch ich tätig bin, diese Stimme darf und muss immer weit schärfer und radikaler sein, hemmungsloser, rücksichtsloser. Ja, vor allem rücksichtsloser.

SCHÜTT: Und: Sein Ziel war nie bloß er selbst.

GYSI: Ja, aber solche Selbstbezüglichkeit würde ich wieder nicht grundsätzlich allen unterstellen, die in den demokratischen Parteien und Institutionen tätig sind. Ich sagte doch, Kritiker ist man hierzulande nicht automatisch nur als Außenseiter. In den Zusammenhang gehört auch der psychologische Aspekt: Du kämpfst, unter DDR-Bedingungen, für eine andere Gesellschaft, du bist ausgegrenzt, wirst ausspioniert, sitzt womöglich im Gefängnis, und plötzlich lebst du in einer Gesellschaft, die dich annimmt, dich fragt, dir Chancen einräumt – das hat doch Einfluss auf dein politisches Gemüt. Es gibt so viele Verhaltensweisen, die aus unterschiedlichen Positionen in der DDR erwuchsen. Es gab Leute, die hatten viel zu verantworten, es gab andere, die stellten sich dagegen, es gab viele, die liefen mit, es gab welche, die sagten mal »Nein«, mal »Ja« und bemühten sich sehr um eine Balance zwischen Anpassung und Charakter. Das ist eine Verhaltensvielfalt, wie es sie wohl immer und überall gab und gibt. Was mich aber stört, und auch das findet sich zu allen Zeiten und an allen Orten: Menschen, die nachträglich versuchen, ihre Biographie zu schönen, oder andere, die aus Scham und schlechtem Gewissen nun besonders penetrant DDR-Kritik betreiben, aus einem Selbsthass heraus, der in grundsätzlichen antikommunistischen Hass umschlägt. Das sind Leute, die sich vorwerfen, damals nicht genügend Widerstand geleistet zu haben. Und weil sie sich das vorwerfen, glauben sie, nunmehr jedem Absatz ihrer politischen Reden Giftspritzer gegen Links beimischen zu müssen.

SCHORLEMMER: Aber selbstkritische Besinnung bleibt ehrenwert. Zerknirschung kann auch heißen: Ich breche, zerkaue endlich das allzu Feste in mir.

GYSI: Klar fragt man sich, wie in dem Zusammenhang das eigene Leben einzuschätzen ist. Ich gehörte in jeder Hinsicht zum politischen Mainstream in der DDR – hatte aber einen Nischenberuf. Das war ein Privileg und zugleich eine Chance, bestimmten Belastungen aus dem Weg zu gehen. Denn ich musste niemanden einsperren, ich musste keine Anklage erheben, kein Urteil fällen, sondern Betroffene verteidigen. Ich war bei aller politischen Treue stets auf der Seite der Positionen, die ich offenen Herzens teilen konnte. Dann kam das Ende der DDR – und nun geriet ich wirklich in Opposition. Aber paradoxerweise nicht gegen den bisherigen politischen Glauben, sondern gleichsam im

Dienste dieses Glaubens. Mir fiel es zwar überhaupt nicht schwer, mich von der widersinnnigen und blödsinnigen SED-Dogmatik zu verabschieden, aber ich kam doch schwer ins Grübeln bei dieser obwaltenden Leichtigkeit und Schnelligkeit, mit der sich bisherige und sture Dogmatiker grundsätzlich von der Idee eines Sozialismus verabschiedeten. Ich dachte: Irgendwie muss man doch die Idee aufrechterhalten; so eine Partei, die von August Bebel und Karl Liebknecht und Rosa Luxemburg gegründet wurde – wer bin ich denn, dass ich mir anmaße, die dichtzumachen? Ich wurde Parteivorsitzender mit dieser Frage im Kopf. Und noch etwas: Mir widerfuhr Anfang der neunziger Jahre etwas, was ich bis dahin in meinem Leben überhaupt nicht kannte: Öffentlichkeit. Die kam über mich wie eine gigantische Druckwelle, sie kannte nur höchste Wellenkämme und tiefste Wellentäler – ich wurde entweder geliebt oder gehasst. Man erdrückte oder zerfetzte mich. Ich war Freibeute für die jeweils extremsten Gefühlslagen. Entweder – oder.

SCHORLEMMER: Offenbar waren Sie keinem gleichgültig.

GYSI: Es ging gar nicht um mich persönlich, ich stand für die Explosivität der Lage, ich hatte eine Entscheidung getroffen, für mich und damit für die bebende, zitternde Partei, ich stand verwirrt und überfordert in den Wechselbädern – und sehnlichst, Herr Schorlemmer, sehnlichst wünschte ich mir damals, nicht heute, ich möge endlich vielen Leuten gleichgültig sein. Ich träumte in wenigen stillen Minuten davon, unbehelligt zu sein, mich zu langweilen.

SCHÜTT: Die Zuneigung wog den Hass nicht auf?

GYSI: Nein. Beides war schwer zu ertragen. Natürlich schneidet der Hass ganz anders ins Fleisch, aber auch die sehr speziellen linken Hoffnungen, die gerade 1990 in Hans Modrow und mich gesetzt wurden, die quälten und schmerzten.

Denn – wie sie erfüllen, wie ihnen gerecht werden?! Dann kam der Westen, und plötzlich half tatsächlich die Zuneigung vieler Leute – gegen diese anfängliche bundesdeutsche Kälte und Arroganz.

SCHÜTT: Sie sind der Politiker, der seit 1990 von bürgerlicher, konservativer Seite, von den Medien wohl am meisten beleidigt, beschimpft, verächtlich behandelt wurde. Wie erträgt man das?

GYSI: Ein bisschen habe ich den Hass schon während meines Berufes kennengelernt: Verteidige mal einen Kindsmörder im Angesicht der weinenden Eltern. Was die Zeit nach 1990 betrifft: Ich zähle mich eigentlich zu den sensiblen Typen und wundere mich manchmal noch heute, was ich an Schmutz aushielt. Irgendwann hatte ich schon viel erreicht, indem ich durchgehalten habe und als Sonderling galt – den man akzeptierte, wenn auch mit dem selbstbeschwichtigenden Zusatz, ich sei in der falschen Partei. Inzwischen liegt das Abgrundtiefe der Zurechtweisungen und des besagten Hasses wohl verschüttet. Manchmal stelle ich mir die Frage, ob ich die letzten vierundzwanzig Jahre, mit dem Wissen um die vielen Schläge, die ich ertragen musste, noch einmal erleben wollte. Wahrscheinlich nicht. Aber ich bin mir nicht sicher. Ich schwanke. Es war ja auch reizvoll. Es war eine Herausforderung. Ich habe ja auch erfahren, dass es Sinn haben kann, Opposition zu sein, sich zu wehren, nicht zu resignieren, nach Stürzen wieder aufzustehen, von Freunden gestützt zu werden. Und zu sehen, dass man von bestimmten Leuten zwar nie gewählt würde, sie aber durchaus interessierte, wichtige, sogar beständige Gesprächspartner sein können. Im Übrigen: Sie waren nicht besonders klug, meine schäumenden Widersacher. Hätten die sich fairer benommen, wäre ich wahrscheinlich schon aus der Politik ausgestiegen. Aber wenn man mich so behandelt, werde ich ein sturer Knochen. Wenn ich angegriffen werde, kann ich nicht anders: Ich wehre mich. Ich wurde zu oft an der Ehre angegriffen, um ohne Selbstbeschädigung weggehen zu können, und also beschloss ich für mich: So, jetzt müsst ihr mich erst recht aushalten!

SCHÜTT: Ist diese Verächtlichmachung typisch deutsch?

GYSI: Sie ist wohl ein gängiges Politikprinzip. Und doch unterscheidet sich die politische Kultur in Deutschland zum Beispiel sehr von der französischen. Wir Deutschen sehen alles ideologisch. Geschichte etwa: Selbst die Schlacht im Teutoburger Wald im Jahre nach der Zeitrechnung würde ein Unionspolitiker anders interpretieren als ein Linker. Jeder benutzt alles nur als Transportmittel für die eigene Ideologie.

SCHORLEMMER: Ohne das bagatellisieren zu wollen, was Sie an Entwürdigung und Missachtung durchmachen mussten, Herr Gysi – aber ist es nicht heutzutage immer wieder hervorhebenswert: Opposition mitten in der Gesellschaft und in Institutionen ausüben zu können, die vom Staat, vom Gesetz gestützt werden?

GYSI: Natürlich, eine phantastische Situation. Ich wollte auch in keiner Weise meine oppositionelle Erfahrung als Linker in der Bundesrepublik mit Ihrer Erfahrung in der DDR vergleichen: Opposition immer am Rande der Verhaftung oder sogar der Existenzgefährdung.

SCHÜTT: Vorhin, Herr Gysi, haben Sie von Radikalität gesprochen als einem Privileg des außerstrukturellen Widerstandes sozusagen. Haben Sie ein persönliches Verhältnis zur Radikalität?

GYSI: Mich treibt dieses Problem um. Es ist ein Hauptproblem linkspolitischer Existenz. Die Frage lautet, wie man Dinge radikal ändert, ohne Grundfesten zu zerstören. Es ist die Hauptfrage der Demokratie: Was wagt sie, welche Risiken geht sie ein, ohne sich zu gefährden? Radikal bedeutet nicht »extremistisch«, aber es bedeutet, an Wurzeln zu gehen, an Grenzen des Bestehenden. Und wie kann unter Demokraten ein politisches Empfinden dafür entwickelt werden, dass das Bestehende nun wahrlich nicht das Endgültige ist? Im Moment haben doch viele Leute das Gefühl, es müsse sich prinzipiell eine Menge ändern, und zwar mit Kraft und Wucht. Aber es gehört Mut dazu, sehr weit zu gehen, ohne die Gefahr heraufzuschwören, zu weit zu gehen.

SCHÜTT: Hätten Sie diesen Mut?

GYSI: Ich weiß es nicht. Einerseits träume ich ihn, andererseits sympathisiere ich mit jenen, die auf die Pflege und Wartung der Halteseile achten.

SCHÜTT: Volker Braun verwandelt in seiner Erzählung »Die hellen Haufen« den vergeblichen Arbeitskampf der Kalikumpel von Bischofferode – es ist über zwanzig Jahre her – in eine Zornphantasie. Bis nach Mansfeld und Leuna hinüber formieren sich die Haufen der Aufständischen. Arbeiter: Klasse! Ein Kriegszug für den ganz neuen Frieden, der Arbeit heißt; künftige Grundgesetze: »Nicht den Gewinn maximieren, sondern den Sinn! Verfügungsgewalt über gesellschaftliche Grundentscheidungen! Die Arbeit ist gerecht zu verteilen, unter allen, die Anspruch haben!« Dann aber widerruft der Dichter den Aufstand. Denn er wäre mit Gewalt verbunden. Blut würde fließen. Die Konsequenz ist demokratisch: Kritik? Ja, aber sie darf nicht einfallen in den Grundbau der Gesellschaft. Bürokratie statt Aufstand. Klingt langweilig.

GYSI: Ja. Keine Gewalt! Aber es ist ein Unterschied, ob wir über Kunst reden oder über praktische Politik. Kunst darf, muss uns ermuntern, alles Denkbare auch zu denken. In der Dichtung kann der Mensch unverhohlen radikal sein, um sich real, politisch in einer Art zu zügeln, die sich trotzdem der Träume bewusst bleibt. Keine Gesellschaft hat sich je so organisieren können, dass sie radikalen Hass auszutrocknen vermochte. Und keine Radikalität hat sich je so in die Geschichte einschreiben können, dass sie nicht selber verdiente, auch gehasst zu werden.

SCHORLEMMER: Volker Braun spricht interessanterweise auch von ostdeutschem »frühem Mut«, der habe einen Staat gestürzt, später jedoch: kein wirklicher Mut mehr, der einen gesellschaftsstiftenden Nachhall oder utopischer: einen Vorhall gebracht hätte. Der Zug der Tausenden in Leipzig gab 1989 ein Signal, dem dann, gegen die Demütigung durch den ausverkaufenden Westen, nichts Aufrüttelndes folgte.

GYSI: Es ist leider so: Für den hohen, weiten, ausgreifenden Gedanken bedeutet Demokratie meist – Enttäuschung. So ist sie aber näher am Leben. Wir kamen geschichtlich aus der Gewalt und sind nun zum Glück in der Gewaltenteilung.

SCHORLEMMER: Aber leider ist die Gewalt weiter in der Welt.

SCHÜTT: Und es bleibt die Sehnsucht, ungerechte Gesellschaften mit Gewalt zu stürzen.

GYSI: Ich setze, außer bei Diktaturen, auf Transformationsprozesse. Was mich ärgert: dass wir oft so brav denken. Wir nutzen den Parlamentarismus viel zu wenig für die Pflege der, ich sag's mal vereinfacht: originellen Idee. Wir sind zu sehr Getriebene, immer kurz vor Ladenschluss. Wir denken nicht so frei, dass uns gegenseitig die Kinnladen runterklappen: Mann, das ist ja ein toller Vorstoß! So in der Art stell ich mir die Debattenkultur vor – und weiß im gleichen Moment, wie lächerlich das ist, wenn man den landläufigen Betriebsgeist der Dinge berücksichtigt. Und noch etwas: Wenn ich radikale Veränderungen will, muss ich den Zeitgeist verändern, muss ich die Stimmung bearbeiten. Bis etwas kippt. Wenn der Zeitgeist dann plötzlich anders tickt, kommen auch CDU und CSU nicht umhin, bestimmten Änderungen zuzustimmen.

SCHORLEMMER: Eines Tages kam Bismarck nicht mehr an der Sozialversicherung vorbei.

GYSI: Deshalb habe ich von der Klugheit des Hamburger Millionärsvereins gesprochen: Wenn sie jetzt nicht teilen, gefährden sie ihren morgigen Gewinn. Als die Linke vor geraumer Zeit, genau in der Hochphase des neoliberalen Zeitgeistes, sehr ausdauernd von der sozialen Gerechtigkeit sprach, da wurde unsereins angesehen und behandelt, als sei man übrig geblieben aus dem vorletzten Jahrhundert. Das hat sich inzwischen geändert. Die Debatte um dieses Thema hat an Fahrt gewonnen. Ich war bei Günther Jauch in der Sendung …

SCHORLEMMER: Aber nicht bei »Wer wird Millionär?«.

GYSI: Nein, in der besagten Sendung ging es um diejenigen, die schon Millionäre sind. Die ARD-Korrespondentin an der Börse sagte zu mir, ich solle mir vorstellen, ich sei Bundeskanzler und die Deutsche Bank müsse Insolvenz anmelden – da sei ich auch als Linker verpflichtet, diese Bank zu retten, denn sonst bräche das gesamte Finanzsystem in Deutschland zusammen. Ich erklärte ihr zunächst, dass meine Phantasie nicht ausreiche, mir mich als Bundeskanzler vorzustellen. Aber wenn ich es denn doch wäre, würde ich die Deutsche Bank wohl tatsächlich retten müssen. Und um so eine Situation zu verhindern, habe ich gesagt, ist doch die Forderung berechtigt, die großen privaten Banken zu verkleinern und sie öffentlich-rechtlich zu gestalten wie die Sparkassen und damit endgültig zu blockieren, dass diese Giganten weiter so entscheidende politische Machtfaktoren bleiben. Sie dürfen keine Position haben, in der sie eine Kanzlerin in die Enge treiben können. Wer hilft denn einem Bäckermeister, der vor der Pleite steht? Kein Mensch. Noch nimmt der Zeitgeist die großen Banken in Schutz, noch. Es ist ein langer Weg, da etwas zu ändern. Da braucht man Geduld.

SCHORLEMMER: Neulich im Herausgeberkreis der »Blätter für deutsche und internationale Politik« sagte ein Gewerkschaftsfunktionär: »Wir müssen endlich wieder über Kapitalismuskritik reden, ohne dass wir uns schämen.« Das ist vielleicht auch ein wenig Arbeit gegen den Zeitgeist: Gewerkschaften betreiben wieder offen Kapitalismuskritik. Zurück zu den Ursprüngen! – weil es so nötig geworden ist.

SCHÜTT: Ich lese Ihnen etwas vor: »Aus meiner frühen Jugend habe ich das Verlangen mitgebracht, dass die vielen, und nicht nur die wenigen, am Tisch der Gesellschaft Platz haben müssen. Es bleibt die Aufgabe, die Demokratie sozial, wirtschaftlich und kulturell auszudehnen. Es bleibt der Kern allen sozialistischen Strebens die Idee einer klassenlosen Gesellschaft, die ökonomische und politische Unterdrückung hinter sich gelassen hat.« Willy Brandt.

SCHORLEMMER: Wunderbar. In dessen Partei bin ich Mitglied.

SCHÜTT: Weiß die SPD noch, wie utopisch sie begründet wurde?

GYSI: Der Herr Gabriel hat gesagt, er fühle sich als Nachfolger von Gerhard Schröder. Das stimmt. Denn an Willy Brandt erinnert er nicht.

SCHORLEMMER: Mit der Partei insgesamt mag es momentan schwierig sein, wie es in der Kirche mit herausragenden Führungspersönlichkeiten auch hapert. Es gibt trotzdem Gute und weniger Gute. Und die »Guten« wissen das und tun das Ihrige.

GYSI: Die Idee der klassenlosen Gesellschaft ist doch wirklich sehr schön.

SCHORLEMMER: Ein Traumbild gegen eine Gesellschaft, in der Strukturen so verfestigt sind, dass es Klassen gibt, die nur für sich kämpfen und immer siegen. Weil sie die Macht haben. Weil sie das Geld haben. Weil sie den Einfluss haben. Und weil sie die Rüstungsindustrie hinter sich haben.

GYSI: Und weil sie die Medien haben.

SCHÜTT: Das Gegenteil der Radikalität ist die Kompromissbereitschaft. Davon lebt das Parteiensystem. Ist das eine Gefahr für den Charakter?

GYSI: Man muss als Partei unverkäufliche Prinzipien haben, aber zugleich dafür sorgen, dass man andere nicht dominiert. Jeder will doch kenntlich bleiben, also muss jeder im Vorwärtsgehen auch zurückstecken können. Das ist das Kunststück. Die Richtung des Schrittes muss stimmen, bei der Länge des Schrittes kann man, muss man Kompromisse machen. Es ist wie bei der Ehe: Die ist nicht in Gefahr, wenn man sich streitet, aber sie ist in Gefahr, wenn einer von beiden den Gedanken nicht mehr loskriegt, siegen zu wollen.

SCHORLEMMER: Ich habe den Eindruck, es gibt derzeit gesellschaftlich eine extreme Müdigkeit und eine bodenlose Unlust am Bestehenden, aber gleichzeitig ein großes Einverständnis zwischen dem Angstkonservatismus breiterer Schichten und dem neoliberalen Härteprinzip der Vermögenselite. Die Verfeindung der einen mit dem real existierenden Kapitalismus wird nicht zum politischen Impuls, solange viele andere, sehr viele andere bereit bleiben, im herrschenden System immerhin noch einen Garanten ihrer eigenen, wenn auch kleinen Freiheit zu sehen. Politisch existieren derzeit keine orientierungsmächtigen Szenarien, die den Unzufriedenen aller Couleur einen alternativ vitalen Platz im Geschehen zuweisen könnten.

GYSI: Na ja, wenn wir uns auf Deutschland beschränken: Die Linkspartei darf man hier schon ins Gespräch bringen. Sie nimmt praktisch die einstige Sozialfriedensposition der sich inzwischen sonst wohin verirrten Sozialdemokratie ein. Die den ehrenwerten Höhepunkt ihrer Karriere hatte, als sie den Geschäftsführern des konservativen Kapitalismus gehörige Zugeständnisse bei der Umverteilung des Reichtums und beim Ausbau sozialer Netze abrang. Was immerhin mehreren Generationen das bundesdeutsche Wohlleben bescherte. Deren Kinder aber, hineingestoßen in die Zeit neoliberaler Neuberechnung aller Kosten, sollen nun dafür büßen. Was mich mächtig ärgert, ist dieser sich steigernde abfällige Ton gegen den Sozialstaat. Das ist so eine arrogante Wohlstandsklugheit, deren Kritik sich gewiss auch mal gegen ausufernde Gewinner richtet, nie aber gegen die Spielregeln. Und man ist in der politischen Klasse natürlich nicht der Ansicht, dass man selber überbelohnt sei – man darf ja schließlich aus guten Gründen unberührt bleiben von größeren Gefahren eigener Einbußen. Noch, sage ich da, noch!

SCHÜTT: Noch. Eine Drohung? Jede Generation belebt auf ihre Weise auch den Begriff des Revolutionärs, und ein Gespür für Unrecht lässt uns jedes Mal mitfiebern, wenn andere woanders sich erheben; der anarchische Schauder gehört zu unserer emotionalen Grundausstattung.

GYSI: Aber die Tragik des Revolutionärs, nach den vorliegenden Erfahrungen, ist sein Trieb zur Permanenz. Er kann nicht aufhören mit dem Revolutionieren. Er kann nicht verwalten, er muss verwandeln. Der Revolutionär ist ohne Umsturz nicht er selber, und der Umsturz kommt ihm nie an ein Ende. Im Namen der Utopie setzt er, nach bisheriger geschichtlicher Erfahrung, Freiheit für alle höher an als die Freiheitssehnsüchte des Einzelnen. Aber der Einzelne will am wenigsten eine Zukunftsgestalt sein – es ist nun mal der »letzte Wille« des Menschen, so sagt es Ernst Bloch, »wahrhaft gegenwärtig zu sein, der Mensch will ohne Aufschub und Ferne in sein volles Leben«.

SCHORLEMMER: Wir werden nicht mehr viel vor uns haben,

wenn wir nicht endlich etwas Neues vorhaben mit uns selber. Es müsste wieder ein vorsichtiges Pathos aufkommen, das mit beseelter Neugier jenes Vergangene und Verwehte an gierfremder Ethik aufruft, das wir verspielt und verzockt haben. Der wahre Demokrat will nicht Faust sein, nicht Che Guevara. Zum Mut, zu dem er aufruft, will er vorher immer wissen, ob er ihn auch selber hätte. Oder schon mal hatte. Es geht ihm also darum, jene Konsequenzen unseres feurigen Verstandes, der immer genau zu wissen meint, was Sache ist, wer Freund und Feind, immer auch ein Gutteil zu fürchten. Keine Vernunft ohne Trauer, keine Wissenschaft ohne Demut, keine Erkenntnis ohne Betroffensein. Keine Idee ohne Hilflosigkeit. Weil wir uns nicht ändern werden, müssen wir eine so gelassene wie exakt vorgehende Praxis entwickeln, welche die große Katastrophe verhindert, ohne an die Grundsubstanz des menschlichen Irrstrebens gehen zu wollen. Das ist, schlicht heruntergerechnet, der Stand. Der Demokrat will von Politik alles Regelbare verhandelt sehen, natürlich, aber doch ohne jene Selbstherrlichkeit, die zu sehr an erfolgreiche Bewusstseinsoperationen glaubt. Augenmaß, Selbstprüfung und Demut flankieren die Utopie, oder sie degeneriert wiederum in mehr oder weniger subtilen Terror.

GYSI: Der Demokrat ist im Grunde ein inspirierter Realist.

SCHORLEMMER: Also: Die Bündnisse der Zukunft sind tatsächlich die von Grün und Schwarz, von Linkspartei und SPD?

GYSI: Sagen wir so: voneinander lernen. Freundlich bleiben bei Schuldzuweisungen, denn es könnten die Listen der eigenen Schuld verlesen werden. Das rebellische Gefühl, dass diese Gesellschaft verändert werden muss, ist längst kein linkes Privileg mehr. Den oppositionellen Auftrag teilen sich in der Demokratie viele Geisteswelten. Ich muss, gerade als Linker, im Parlamentarismus akzeptieren, dass dauernd Leute, deren Meinung ich nicht teile, die Mehrheit kriegen.

SCHORLEMMER: Konsequenz muss aber sein, dafür zu kämpfen, dass andere als die jetzt herrschenden Ideen eine Mehrheit bekommen. Und wenn ich Sozialdemokrat bin, und das bin ich aus Überzeugung …

SCHÜTT: Was heißt das?

SCHORLEMMER: Dass ich nicht schlechthin Mitglied der sozialdemokratischen Partei bin, sondern eben: Sozialdemokrat. So wie ich zuerst Protestant bin und nicht Mitglied einer evangelischen Kirche. Also: Wenn ich Sozialdemokrat bin, dann bin ich es auch in Institutionen, die, um biblisch zu reden, Salz der Erde sein müssen. Und es muss ein Licht der Hoffnung geben, dass das Wirkliche, das Nötige und das Mögliche erkennbar und erlebbar zusammenkommen. Das ist der Kern des Grundgesetzes mit parlamentarischer Demokratie – mit Programmparteien. Wobei ich gleichzeitig grob hinzufügen möchte: Keine der Parteien, auch meine eigene nicht, möchte ich geschenkt haben.

SCHÜTT: Was trennt Sie von der Linkspartei?

SCHORLEMMER: (Lange Pause.)

GYSI: Das ist schon eine deutliche Antwort.

SCHORLEMMER: Ich kann nur eine ausweichende Antwort geben, aber es ist eine Antwort: Es war ein Fehler, dass wir Anfang 1990 nicht in der Lage waren, gemeinsam eine große linke, demokratische Kraft zu bilden.

GYSI: Oh, die nächste Zwangsvereinigung, diesmal auf Initiative der SPD?

SCHORLEMMER: Quatsch! Aber wenn Sie die Sozialdemokratie schon ansprechen: Ja, wir haben nach dem Ende der DDR, aus historisch begründbarer Berührungsangst, auf viel geistige, gestaltungswillige Kompetenz verzichtet – auf Linke, die doch mit uns gemeinsam froh waren, dass dieses Prokrustesbett einer bolschewistisch-tschekistischen Partei auf den Sperrmüll geworfen wurde. Wir haben Kommunisten denunziert. Wir haben nicht respektiert, dass Menschen sich ändern können. Wir erstarrten in der Pose der Dauerschuldzuweisung. Sie ist noch nach so vielen Jahren Mauerdurchbruch öde Praxis, und sie ist unwürdig.

GYSI: Wir sind berechtigt froh, dass dieser Kalte Krieg vorbei ist und das atomare Gleichgewicht des Schreckens gehalten hat. Aber jetzt ist der Frieden doch nicht stabiler geworden. Alle bösen Kräfte dieser Welt flottieren frei, und der UNO fehlt eine grundsätzliche demokratische Reform. Kurzum: Diejenigen, die den Kalten Krieg gewonnen haben, sind ihrer Verantwortung nicht gerecht geworden, danach eine friedenschaffende Struktur aufzubauen. Dauernd fordern Völkerrechtsverletzer einen anderen Völkerrechtsverletzer auf, endlich das Völkerrecht einzuhalten. Das ist doch absurdes Theater. – Aber noch einmal zu den Sozialdemokraten, und ich verzichte jetzt bewusst nicht auf Ironie: Dass die SPD sich so verhielt, wie Schorlemmer das beschreibt: Es hat uns in der PDS damals nicht wenige Mitglieder erhalten.

SCHORLEMMER: Was mich von der Linkspartei trennt … Darauf muss ich natürlich auch ehrlich antworten: dieser Parteianteil an sturen, freudlosen westdeutschen Klassenkämpfern, die noch wie der Kommunistische Bund wirken. Da hat man immer den Eindruck: Demokratie ist das Trojanische Pferd, Bündnisse sind wie Zwangsadoptionen, Deutschland ist Feindesland, Lebensfreude ist Feindberührung.

SCHÜTT: Herr Schorlemmer, warum sind denn eigentlich Sie nicht in die Politik gegangen? Schon dass Sie in eine Partei eintraten, wurde von einem Ihrer Freunde kritisch angemerkt. In Volker Brauns Tagebuch »Werktage« kommen Sie gleich auf der ersten Seite vor, in der Notiz vom 2. Januar 1990: »die zeit ist da, auf die wir hingearbeitet haben. nun verlangt sie konsequenz. nicht parteien werden die volkssouveränität, die verfügung über den gesellschaftlichen lebensprozess garantieren. kritik der organisation durch zugehörigkeit, den job überlasse ich nun schorlemmer, der in die spd will. aber wozu einlassen in verbindungen, deren zeit auf dem kontinent vorüber ist.« warum also keine parteikarriere?

Gysi: Darf ich für ihn antworten? Er hat doch in dem, was er als Prediger und Essayist tut, eine viel größere Wirkung. Machen Sie einen wie Schorlemmer zum Minister, und seine Kraft wird domestiziert. Er ist doch nicht der Typ, im Bundestag nur ein paar Minuten sprechen zu dürfen.

Schorlemmer: Sie aber sind der Typ?

Gysi: Weiß ich nicht. Ein Talent für Politik schließt das Einverständnis mit einer gewissen Oberflächlichkeit ein – ohne dass ich dies als Kumpelei mit der Geistlosigkeit durchgehen ließe. Politiker sind keine Philosophen, das weiß ich. Vielleicht sollten sie aus diesem Grunde die Nähe von Menschen suchen, denen die Fragen wichtiger sind als die Antworten.

Schütt: Damit Politiker das Fragen nicht verlernen?

Gysi: Damit sie nicht dauernd Antworten versuchen, ohne vorher überhaupt eine Frage gehabt zu haben.

Schorlemmer: Dass sich Künstler über Politik kritisch äußern, ist unbedingt nötig. Bloß: Man muss nicht allem und allen folgen, auch Volker Braun nicht. Was die Partei betrifft: Wenn Menschen die Beziehungen zueinander organisieren wollen, brauchen Sie Personen, die das »wirklich Gewollte«, wie Volker Braun mal schrieb, repräsentieren. Es muss einen Weg geben, auf dem Ideen zu Gesetzen werden. Und es muss Institutionen geben, die das Gesetzeswerk schützen und erhalten. Hans-Dietrich Genscher hat mir mal gesagt: »Nichts wird ohne Personen. Nichts bleibt ohne Institutionen.« Demokratie braucht Grundsätze – und braucht Menschen, die sich dafür einsetzen, dass diese Grundsätze erfahrbare Wirklichkeit werden. Wissend, dass ein Goldenes Zeitalter nie erreicht werden kann. Also gilt es, fleißig Kompromisse ohne Selbstaufgabe zu suchen. Die parlamentarische Demokratie garantiert nicht die unumkehrbare Lösung der Probleme, aber man zeige mir bei aller Unzufriedenheit, Enttäuschung, ja sogar Verzweiflung die bessere Gesellschaftsform! Das Schicksal jeder Revolution, ob historisch oder gegenwärtig, verweist auf die Dringlichkeit, alles Erhabene zu relativieren und keinen Anspruch an eine Gesellschaft über das Menschenmaß hinaus zu schrauben, das ein brüchiges, ambivalentes Maß bleibt.

SCHÜTT: Also: Partei ja – Politiker nein.

SCHORLEMMER: Ich habe mich nie als möglicher Politiker verstanden. Ich war, bin, bleibe Pfarrer, und ich will, dass die prophetischen Zeugnisse unserer Kirche auch in der Demokratie zur Geltung kommen – und ein Sprachrohr haben. In der DDR gab es keine unabhängige Öffentlichkeit. Menschen, die kein Amt hatten, aber eine eigensinnige Meinung, wurde es sehr schwer gemacht. Beherrscht wurde der Staat von Leuten, die ein Amt hatten und deshalb keine Meinung. Und ich kenn mich doch – wenn ich Minister wäre, und man würde mir meine Tasche tragen, und ich ließe es zu, dann wäre ich alsbald verändert und also nicht mehr ich selber. Außerdem könnte ich vor Überforderungsgefühlen, Versagensangst, Sorgen nicht mehr schlafen; ich glaube, ich käme mit der Geringfügigkeit meines Einflusses, mit meiner Handlungsohnmacht bei gleichzeitigem Zwang, ständig unter diesen Einschränkungen aller Art zu arbeiten, nicht klar. Ich bete lieber für Politiker, als dass ich einer bin. Ich wäre auch zu stolz gewesen, um mich dauernd von Leuten beraten zu lassen und damit zugeben zu müssen, dass ich mich selber nicht genügend kundig machen kann.

GYSI: Lieber Friedrich Schorlemmer, Sie missachten die kleinen Freuden des Alters. Wenn Ihnen jemand die Tasche trägt, müssen Sie sagen: »Junger Mann, das ist sehr nett, und da drüben steht übrigens noch 'n Koffer!« Das müssen Sie noch lernen, Herr Schorlemmer!

SCHORLEMMER: Ich frage mich, wie es Gregor Gysi mit seinem Talent für Öffentlichkeit in der DDR ausgehalten hat.

XI.

Ohne Himmel herrscht Elend
»Ihr wart doch Götzendiener!«
Vorsicht vor Weltrettern
Gab es Gagarin wirklich?

Gysi: Sie glauben an Gott.
Schorlemmer: Nein, ich glaube ihm.

SCHÜTT: Kann man mit Ihnen über Gott reden, Herr Gysi?

GYSI: Unbedingt. In Fjodor Dostojewskis Roman »Die Brüder Karamasow« kehrt ein Satz immer wieder: Wenn es Gott nicht gäbe, wäre alles erlaubt.

SCHORLEMMER: Ja, dann wäre unser gesamtes Menschsein nicht mehr bestimmbar. Leben ist ein Entgrenzungsangebot – gegen das die Religion Begrenzungsgebote setzt.

GYSI: Ja, und deshalb denke ich, dass eine gottlose Gesellschaft verhängnisvoll wäre.

SCHORLEMMER: Der Marxismus verstand sich letztlich auch als Religion, und man sollte da nicht bloß gläubig sein, sondern im Geist der Dogmen – rechtgläubig. Immer auf der vorgegebenen Linie entlang »Bewusstsein haben« und Parteidisziplin üben. Und immer dieses eine Schlag-Wort: Dialektik. Die SED handhabte die Dialektik nicht für die Wahrheitssuche, sondern meist nur, um in Widersprüchen Schmerzfreiheit zugunsten der eigenen Ideologie herzustellen. Wenn du unbequem bliebst in deinen Ansichten, dann wurdest du forsch oder hochnäsig oder mitleidig zurechtgewiesen: »Das müssen Sie dialektisch sehen.«

SCHÜTT: Zu jeder Sache gab es zwei Ansichten – unsere und die falsche. In marxistisch-leninistischen Köpfen war die Dialektik die unantastbare Lehre von der immerwährenden Schuld der anderen.

GYSI: Ethik lässt sich nach dem Niedergang des ersten Sozialismusversuches nicht mehr uneingeschränkt mit sozialistischen Ideen begründen. Es bleiben da für viele Menschen nur die Religionen, in denen übrigens auch die Menschenrechte ihre Wurzeln haben. Einzig die katholische und die evangelische Kirche sind in Deutschland in der Lage, einen Moralkodex aufzustellen und aufrechtzuerhalten, der die Mehrheit der Gesellschaft auch erreicht. Die Politik kann das nicht.

SCHÜTT: Aber Sie selber sind nicht religiös.

GYSI: Stimmt. Aber Nichtreligiosität verlangt keinen Kampf gegen die Religionen, wie das in der DDR zeitweise der Fall war. Nichtreligiosität kann den Wert der Religion für die Gesellschaft durchaus anerkennen. Es gibt Menschen, und ich zähle mich dazu, die sind ungläubig, aber deswegen nicht geschichtslos. Ich weiß doch zum Beispiel um den Wert meiner kulturellen, jüdisch-christlichen Prägung für mein Leben. Existenz in politischen Gemeinschaften kann nicht als profaner Bezirk abgegrenzt werden, in dem wir es nur mit Fragen der Rechts- und Machtorganisation zu tun haben. Die Gemeinschaft ist immer auch ein Bereich religiöser Ordnung. Ich finde, die religiösen Kräfte, die es in einer Gesellschaft gibt, dürfen nicht missachtet werden. Eins ist in der DDR gründlich gelungen: die Entkirchlichung der Gesellschaft.

Lothar de Maizière hat immer zu mir gesagt: »Gregor, es gibt doch irgendwas außerhalb von uns«. Ja, der Mensch endet im Elend, wenn er alle Himmel über sich einreißt und nur noch sich selber als Gott feiert. Deshalb möchte ich keine Entkirchlichung der Gesellschaft. Ich möchte allerdings auch nicht, dass Religionen den Staat, die Politik bestimmen oder dass man mich missioniert. Weder religiös noch politisch.

SCHÜTT: Herr Gysi, Sie sagen, Sie seien nicht gläubig. Sie haben eine schwere Operation hinter sich …

GYSI: Man darf das deutlicher formulieren: Ich lag schon

mal im Sterben. Viele sagen ja, spätestens in solchen Stunden beginnst du an Gott zu glauben. Bei mir blieb das aus.

SCHÜTT: Glauben Sie nicht dennoch – etwa an eine wissenschaftliche Weltanschauung?

SCHORLEMMER: So was ist ja nun der Grundirrtum allen ideologischen Geländer-Denkens!

GYSI: Eine Weltanschauung kann zumindest nicht nur aus wissenschaftlichen Elementen bestehen. Aber die Aufklärung – und damit auch das Weltbild, das ihr entsprang – ist ohne Wissenschaft nicht zu denken.

SCHORLEMMER: Wissenschaftliche Weltanschauung! Wissenschaftlicher Kommunismus! So eine Schimäre habt ihr in der DDR mitgemacht, obwohl ihr Abitur hattet. Diesen geistigen Götzendienst konnte ich nie begreifen. Ernst Bloch, ein Marxist, zitierte die Bibel: »Es ist noch nicht erschienen, was wir sein werden.« Das war sein Bekenntnis zur Transzendenz. Die Welt, die wir erforschen können, sollten wir erforschen – und gleichzeitig nach Kriterien fragen, sie sinnstiftend zu nutzen. Aber es gibt auch die Welt, vor der wir staunend stehen sollten, ohne ihre Geheimnisse zu zerstören. Es geht immer um das friedliche Verhältnis von Drang und Demut. Fassungslosigkeit gehört zur Anschauung der Welt, im schönen wie im aufschreckenden Sinne.

GYSI: Im Augenblick hat die Finanzwirtschaft mehr Einfluss auf unser Leben als Gott. Das ist die Tragik.

SCHÜTT: Gott ist ein »unaussprechlich Wesen«, sagt Luther. Wie erfährt man Gott?

SCHORLEMMER: Mein Vater betete abends für uns Kinder, wir lagen bereits in den Betten, er wirkte groß und stark, er war groß und stark, und er faltete die Hände, und wir sangen dann in die Nacht hinein ein Lied von Paul Gerhardt. »Will Satan mich verschlingen, / so lass die Englein singen: ›Dies Kind soll unverletzet sein.‹« Bei diesem Gesang fühlte ich immer: Ich bin gemeint. Das Lied nimmt meine Ängste ernst, und es gibt etwas, was mir hilft, mich tröstet, mir gut zuredet. Gut zusprechen, das ist es doch.

SCHÜTT: Sie haben mal gesagt, Herr Schorlemmer, Ihr Beruf des Predigers sei im Grunde eine Anmaßung. Also, was maßen Sie sich eigentlich an?

SCHORLEMMER: Die Anmaßung besteht darin, dass ich, um über Gott reden zu dürfen, kein Berufungserlebnis vorweisen kann. Und vom Unnennbaren so rede, als hätte ich gestern eine persönliche Audienz bei IHM gehabt.

GYSI: Kann ein Politiker auch nicht. Genau genommen kennt er das Ziel, für das er redet, wenn er denn programmatisch redet, auch nicht.

SCHÜTT: Woraus schöpfen Sie denn?

SCHORLEMMER: Ich schöpfe aus einem Leben, das sich durch sich selber bezeugt, das sich auf biblische Texte konzentriert, das Poesie wahrnimmt und dubezogen bleibt, ein Leben also, das im Reden von Gott hoffentlich immer ein menschliches, ein menschenbezogenes Reden ist. Wie sagt Heinrich Böll in seinen »Ansichten eines Clowns« so wunderbar: Die Katholiken mag er nicht, weil die so falsch sind; die Protestanten mag er nicht, wegen ihrer dauernden Gewissensfummelei; und die Atheisten mag er nicht, weil die ihm zu viel von Gott reden. Wir sollen als Theologen von Gott reden, wir sind aber Menschen und können als solche nicht von Gott reden. Wir sollen beides: um unser Sollen wissen wie auch um unser Nichtkönnen – und eben damit Gott die Ehre geben. So etwa sagte es Karl Barth.

SCHÜTT: Was heißt Erlösung?

SCHORLEMMER: Das ist der Kern einer anthropologisch-ethisch begründeten Nachhaltigkeit. Es geht um ein gelöstes Leben – ohne Überhebung oder Beweisnot, sondern in jenem erwähnten Bewusstsein: Ich bin begnadet, weil es mich gibt. Ich bin ein geliebtes Wesen. Ich bin wertvoll. Luther fragt nicht nur, wie wir mit dem Leben gut zurechtkommen, er fragt, wie kommen wir zu einem geheilten Leben.

Schütt: Heil statt Wohl-Stand.

Gysi: Das Heil nicht ohne Wohl, Gott nicht ohne Brot.

Schorlemmer: Leben aus Vertrauen: Ich gebe mich mit allem hin, was mir gegeben ist – und gewinne so Kraft, etwas zu tun, was dieser Welt guttun möge. Aber ich muss die Welt nicht retten. Ich kann sie auch nicht retten. Ich bleibe der Gnade bedürftig und bin der Gnade gewürdigt.

Schütt: Es gibt ein Foto, Schorlemmer unter einem Luther-Wandspruch: »Niemand lasse den Glauben daran fahren, dass Gott an ihm eine große Tat will.«

Gysi: Das ist ja eigentlich unser Grundgesetz, nur anders formuliert: Die Würde des Menschen ist unantastbar, sie ist unbedingt zu schützen. Der Indikativ geht dem Imperativ voraus.

Schütt: Sie sprechen vom Glauben in das Voraussetzungslose unserer Existenz. Was nützt dies aber in einer Welt, in der wir von Interessen und Kalkülen geradezu verätzt sind?

Schorlemmer: Wenn ich das nur beantworten könnte. Herder sagt, wir seien die Lieblingsidee Gottes, die ersten Freigelassenen der Schöpfung. Ich füge despektierlich hinzu: Gott hat bei der Erschaffung Adams noch geübt. Da ist manches schiefgelaufen, angefangen vom Kampf zwischen der nomadischen und der sesshaften Existenz. Beides kennzeichnet ein grundverschiedenes Verhältnis zu Besitz und Natur. Gesiegt hat die besitzergreifende sesshafte Welt, auch das könnte die Erde kaputtmachen.

Schütt: Die Alternative?

Schorlemmer: Wir sprachen sie doch an! Keinem gehört, was allen gehören muß, weil alle davon leben; aber alle fühlen sich für alles verantwortlich. Das wäre nomadisch.

Schütt: Dostojewski fragt, wie man eigentlich an einem Baum vorbeigehen könne, ohne glücklich zu sein!

SCHORLEMMER: Schön! Heute eine gelungene Zeile von Goethe lesen, ein paar Bagatellen Beethovens hören, Cellokonzerte mit Casals. Davon noch einen Tag und noch einen Tag! Die Tage werden nicht reichen! Natürlich gibt es Stunden, da erreicht mich nichts. Aber auch dann weiß ich, dass ich über einen Resonanzraum in mir verfüge, den die Sorgen nicht zubetonieren können.

SCHÜTT: Es ist schwer, sich so gar nicht von einer Sintflut-Mentalität oder aber einer Mentalität des fortwährenden Agierens und der Agilität für noch bessere Effektivität anstecken zu lassen.

GYSI: Längerfristige Probleme brauchen zu deren Lösung längerfristiges Engagement. Längerfristiges Engagement jedoch ist nicht lusterfüllt, sondern unglaublich mühsam. Dazu gehören Durststrecken, also ein Bedarf an täglichem Niederlage-Training. Mitunter wird einen das Gefühl der Sinnlosigkeit überkommen, der Zweifel wird nagen, klar.

SCHORLEMMER: Du sagst dir dann, und Sie, Gysi, kennen das sicher auch: Während andere ins Theater oder gut essen gehen, rennst du fortwährend und ohne messbaren Erfolg auf Aktionstagen oder anderen thematischen Veranstaltungen zu Beförderung und Wahrung der Schöpfung herum. Manchmal sage ich mir, du hast dich Jahrzehnte mitgemüht, hast die Ohnmächtigkeit durchgestanden bis in die letzten Fasern deiner Kraft – nun sind die Jüngeren dran …

SCHÜTT: Aber?

SCHORLEMMER: Ich kann auf Dauer so nicht denken. Mir tut sie weh, diese häufig anzutreffende Kurzlebigkeit der Zivilcourage. Durch meine Beschäftigung mit Albert Schweitzer bin ich auf einen Gedanken gestoßen, der mich neuerdings regelrecht verfolgt. Es geht darum, den Impuls zur Veränderung der Dinge, etwa beim Schutz der Natur, nach wie vor aus dem Staunen über das Wunderbare, aus der Dankbarkeit heraus zu beziehen, nicht primär aus der Sorge. Nicht weil etwas gefährdet ist, sondern weil etwas so schön ist, kann der Verlust nicht tatenlos hingenommen werden. Das Aufbringen von Gegenkraft darf uns nicht die Sinne dafür töten, warum wir sie in uns aufrufen, diese Kraft. Ich rede einer Umkehr der Empfindungen das Wort, dem Überschwang, der Grundbegeisterung, etwas nicht fassen zu können und deshalb Sorge zu tragen, dass es nicht angegriffen, zerstört wird. Zuerst Loblieder singen.

GYSI: Was nach dem Zusammenbruch des sowjetischen Modells als neue Qualität des Miteinanders gedacht war, hat nunmehr ein anderes furchtbares Gesicht. Was als Aufbruch zu neuen Ufern gefeiert wurde, gilt heute als merkwürdige Verirrung des Geistes und hat mit dem 11. September 2001 endgültig seine Versprechenskraft verloren. Die Mischung aus Marktwirtschaft und Demokratie, aus Rechts- und Sozialstaat, kurz: die westliche Lebens- und Wirtschaftsform hat weltweit Desintegration und Ungleichheit hervorgebracht. Plötzlich wurden der Terrorismus gegen den Westen und der westliche Kampf gegen diesen Terrorismus zur Nachfolgefront des Kalten Krieges. Der Westen führt im Grunde Krieg mit sich selbst. Er schleift nämlich per Globalisierung just das, was ihn einigermaßen friedlich hält – Moderation durch den Wohlfahrtsstaat und Verzicht darauf, Freiheit und Demokratie zum Imperialismus zu erheben –, und damit produziert er immer neue Terroristen. Und: Innerhalb der westlichen Grenzen produziert er Unmut und Protest, die irgendwann ebenfalls die Verankerung im Gemäßigten sprengen könnten.

SCHORLEMMER: Weil das Wünschen nicht mehr hilft. Weil die Versprechen ausgehen. Weil alles so organisiert wird, dass die Gelder weiter auf die eine Seite, die Härten aber nur auf die andere Seite verteilt werden.

GYSI: Das Gewaltmonopol der westlichen Ökonomie, das den Menschen erbarmungslos aus seiner sicheren Erwartung auf Arbeit jagt, wird in anderen Teilen der Welt begleitet von einem Schreckensmonopol, das diejenigen an sich gerissen haben, die offenbar gar nichts mehr erwarten – und die genau diese Erschütterung in kriegerische Religion oder rächendes Nationalgefühl umsetzen, in einen zerstörerischen Stolz jedenfalls, mit dem immer stärker an immer neuen Tatorten zu rechnen sein wird.

SCHORLEMMER: Die Diplomatie findet nicht länger auf dem Parkett statt, und sie ist kein gepflegtes Geschäft der Hinterzimmer mehr, vielmehr wurde sie zum Nervenkrieg zwischen Verschanzten und Spezialeinheiten; wo Annäherung geschieht, ist es in zunehmendem Maße eine auf Schussweite.

SCHÜTT: Könnte man erklären, wer Gott ist?

SCHORLEMMER: Nein. Den will ich auch nicht erklären. Er erklärt mich. Aber diese Fragen zu Gott bringen mich wieder auf meine Schulsituation: Als Juri Gagarin ins All flog, stand nach seiner Rückkehr in irgendwelchen Agitationsheften: »Gagarin war im Weltall. Er hat keinen Gott gesehen.«

SCHÜTT: Heiner Müller lässt seinen Gagarin in »Germania 3« sagen: »Dunkel, Genossen, ist der Weltraum, sehr dunkel.«

GYSI: Ich hatte in der Gesprächsreihe am Deutschen Theater Sigmund Jähn zu Gast.

SCHÜTT: Der erste Deutsche im All – immerhin: ein DDR-Bürger.

GYSI: Wir lagen eben nicht überall nur hinterm Mond. Ich habe Jähn gefragt, was für ihn das Schönste gewesen sei da oben. Das größte Wunder war für ihn, dass er aufgrund der Fluggeschwindigkeit jede Stunde einen Sonnenaufgang und einen Sonnenuntergang erlebte.

SCHORLEMMER: Aber Gott hat er bestimmt auch nicht gesehen.

GYSI: Ich kann mich an einen sowjetischen Film erinnern, in dem zumindest ein einziger witziger Dialog vorkam. Ein gläubiger junger Mann trifft auf einen Atheisten, und der haut ihn an: »Was du immer für einen Quatsch erzählst, von wegen Gott! Gagarin war oben und hat Gott nicht gesehen.« Fragt der andere: »Hast du Gagarin schon gesehen?« – »Nein.« – »Na, dann gibt's den auch nicht.«

SCHORLEMMER: Mir wurde in der Schule dieser blöde Spruch, Gagarin habe Gott nicht gesehen, natürlich genüsslich hingehalten. Ein Beweis meiner Idiotie, meiner abergläubischen Verwirrung. Ich befand mich wieder in Erklärungs- und Rechtfertigungsnot. Wie immer. Wenn im Geschichtsunterricht die Verbrechen der Kirche behandelt wurden, die Kreuzzüge, die Hexenverbrennungen, dann drehte man sich nach mir um, als hätte ich damals höchstpersönlich die Fackel ans Stroh gehalten und als sei die Mitgliedschaft in der Kirche nach wie vor Parteigängerschaft in einer kriminellen Vereinigung. Ich sah mich als derjenige, der Thomas Müntzer enthauptete, seinen Kopf in Mühlhausen aufgespießt und seine schwangere Frau erstochen hat. Und der Ratsvorsitzende der Evangelischen Kirche in Deutschland, ein gewisser Otto Dibelius, der hätte doch gesagt, Atombomben seien nicht so schlimm, weil somit auf einen Schlag viele Millionen Menschen in den Himmel kämen – tja, was sagt denn Friedrich Schorlemmer dazu? Dieser ständige Spießrutenlauf, dann dieses hämische, fettige Lachen über das Unwissenschaftliche an der Religion. Es war, als schlüge man mir fortwährend mit dem Gegendokument der Bibel, dem Jugendweihe-Buch »Weltall – Erde – Mensch« auf den Kopf. Das Vorwort zur Ausgabe von 1959 schrieb übrigens – Robert Havemann.

GYSI: Ist sehr lange her.

SCHORLEMMER: Zeigt aber auch, dass Menschen sehr radikal die Seiten wechseln können, und zwar glaubwürdig.

GYSI: Vielleicht kommt es auf den Zeitpunkt an, wann es geschieht.

SCHORLEMMER: Sie meinen, es sei wenig heldenhaft, sich erst hinter den fahrenden Zug zu werfen.

GYSI: Na ja, es ist immer die Frage, ob man einsteigt in den Zug der Zeit, wie weit man mitfährt, ob man drin die Gardinen zuzieht, ob man sich traut, die Notbremse zu ziehen.

SCHÜTT: Ich merke schon, eine höchst einträgliche Metapher, der Zug.

GYSI: Es geht, da Schorlemmer Robert Havemann ansprach, um den Typus des Renegaten. Der Genosse wird Renegat, weil er eines Tages fühlt, dass ideologische Festlegungen seine Erfahrungen belügen wollen.

SCHORLEMMER: Er empfindet unterm Himmel, den dogmatische Parolen vergittern, eine »transzendentale Obdachlosigkeit«, wie es Czesław Miłosz formulierte. Der Renegat denkt und fühlt zwischen Aufklärung und Wiederverzauberung. Er hat, aus Treue zu sich selbst, eine Lehre verraten – aber aus Treue zu sich selbst und zur Idee der Freiheit.

GYSI: Es ist absurd, zu welchen Selbstverrenkungen Kommunisten bereit waren, nur um nicht als Verräter dazustehen. Sie akzeptierten die höhere Gerichtsbarkeit der Partei, die geschlossene Reihen forderte. Ich kenne das von meinem Vater. Es hat auch etwas verdammt Ehrenwertes. Sie haben sich ihr Schicksal nicht ausgesucht. Es gehört freilich zu den üblen Kapiteln Dogmengeschichte: diese ständige Furchteinflößung, man sei ein Abweichler. Wenn mein Vater seinen Geburtstag feierte, kamen Künstler, Wissenschaftler, Intellektuelle – aber nie Politiker oder gar jemand aus dem ZK. Als ich danach fragte, wurde er, wie fast immer, ironisch und meinte nur: »Na, das fehlte mir noch, an einem Tag, der mir gehört.« Der ernsthafte Hintergrund aber: Es war die eingefleischte Furcht vor dem Verdacht auf Fraktionsbildung. Man musste sich bei bestimmten Kreisen genau überlegen, wen man regelmäßig einlud – oder eben lieber nicht.

SCHORLEMMER: Stephan Hermlin bezeichnete diese Bereitschaft zur Selbstdemütigung als logische Konsequenz aus dem Leben in barbarischen Zeiten, in denen es unmoralisch sei, »unbeschädigt davonkommen zu wollen«.

SCHÜTT: Nicht unbeschädigt davonkommen zu wollen. Höchst ehrenwert, ja. Vielleicht aber ist so ein Vorsatz schon die schlimmste Beschädigung.

GYSI: Leicht gesagt in Zeiten von Dosenpfand und Kilometerpauschale.

SCHORLEMMER: Wobei die Kommunisten ihrerseits auch nichts gegen Verräter haben, wenn sie ihnen nützlich sein können. Der Direktor in der Mittelschule, der kam mal während der Schularbeiten nachmittags an meinen Tisch und lächelte. Er tat ganz vertraulich. Er sagte, Mensch, Friedrich, und schlug mir dabei auf die Schulter. Dann: Ich sei doch nicht dumm, ich könne doch nichts dafür, dass mein Vater Pfarrer sei, ich solle diesen ganzen Ballast abwerfen, mit dem ich da geschlagen sei. In diesem Moment durchströmte mich eine Hingegebenheit an meine Eltern und meine Herkunft, die ist unbeschreibbar. So geborgen und getragen hatte ich mich bis dahin in meiner Herkunft noch nie gefühlt. Wenn ich heute an diese Szene zurückdenke, wünschte ich mir, ich hätte damals gegen dieses fiese Lächeln zurückgelächelt. Natürlich war mir nicht zum Lächeln zumute. Soll ich Ihnen sagen, das war ein wesentlicher Grund, warum ich Theologie studierte – ich, der Angegriffene, wollte begreifen und angreifen können. Ich wollte wissen, was wirklich dran ist am Christentum und seiner Geschichte. Und ich wollte auch wissen, wofür Kirche verantwortlich war in den leidvollen Zeitläufen der Menschheit. Ich wollte Christsein begreifen als zuversichtliches Eingreifen ins Akute, und so interessierte mich die Geschichte des Christentums hauptsächlich als Anleitung zum gegenwärtigen Handeln, nicht als historisierende Wissensanhäufung.

GYSI: Anleitung zum Handeln, so heißt das beim Marxismus auch. Nur als Anleitung zum kritischen Handeln sollte es früher auf keinen Fall missverstanden werden. Marx' Grundsatz, an allem sei zu zweifeln, durfte im Grunde nur zitiert werden, wenn man damit meinte, alles am und im Kapitalismus.

SCHORLEMMER: So ein Trockenfutter, zwar auf andere Weise, war mein Theologiestudium leider ebenfalls. Ich wollte mich auseinandersetzen, aber wir sollten uns nur immer hinsetzen – und büffeln. Die Professoren waren menschlich alle in Ordnung, aber meine Erwartungen ins Studium erfüllten sie nicht. Diese Leute dachten darüber nach, wo denn das Paradies zu verorten sei, und wenn da die Rede gehe von zwei Ur-Flüssen – waren das vielleicht Euphrat und Tigris? Das Studium gab mir nicht wirklich das Rüstzeug gegen eine so antichristlich gefügte Welt, wie sie die DDR war. Ich litt. Mein Glück war die evangelische Studentengemeinde in Halle – dort endlich erlebte ich Theologie, wie ich sie mir gewünscht hatte, ich erlebte, wie man in Geschichten taucht und aus ihnen heutige Erkenntnisse gewinnt und sich aufgehoben fühlen kann in der ewigen Spannung der Dinge und Deutungen.

GYSI: Mein Vater mochte solche Spannung auch. Er sprach zum Beispiel über das Frauenbild in der katholischen Kirche, erzählte über Maria und darüber, wie dieses Frauenbild zur Folge habe, dass in katholischen Ländern die Mutter als häusliches, familienbindendes Wesen gleichsam geheiligt sei. Dann sagte er: »Und was machen wir? Wir sorgen dafür, dass die Mütter gleichberechtigt arbeiten können. Wo liegt der Wert der Mutter? Welche Gesellschaft betont welche Funktion? Und kann irgendeine Bewertung von sich behaupten, nur sie sei wahr und richtig?« Fand ich bedenkenswert. Du spürtest in solchen Äußerungen, dass er zu alten, zu scheinbar überholten sozialen Auffassungen nicht zurückwollte, aber doch sehr genau wusste, dass in jedem Fortschritt immer auch ein Verlust enthalten ist, eine bleibende Frage.

SCHÜTT: Hatten Sie eigentlich als Student einen Zusatzjob?

GYSI: Ich? Nee.

SCHORLEMMER: Ich schon. Ich habe sogar sehr viel gearbeitet. Meine Eltern konnten mir zum Stipendium nichts dazugeben. So habe ich die Arbeiterklasse kennengelernt. Zum »Tag der Republik« und zum 1. Mai arbeitete ich auf dem Güterbahnhof von Halle, jeweils die Nacht durch. Oder verdingte mich im Kaffeewerk. Habe mir da immer heimlich die Taschen vollgestopft mit dem grünen Zeug, und zu Hause in der Pfanne wurde dann geröstet.

GYSI: Grünes Zeug? Was für grünes Zeug?

SCHORLEMMER: Na, die Kaffeebohnen! Die wurden grün angeliefert.

SCHÜTT: Die Arbeiterklasse kennenlernen … Was hieß das?

SCHORLEMMER: Ach, winzige Episoden, aber ich habe sie nie vergessen. Wie die Brigade fluchte, Mann, Scheiße, der Herbert schafft die Norm nicht, dem sind die Säcke zu schwer, der drückt unsere Leistung – und was machen sie? Sie schleppen die Säcke vom Herbert mit, und derjenige mit dem größten Zuspruch für diesen Herbert, das ist der Parteisekretär, und der kommt eines Tages zu mir und flüstert mir zu: Ich sei zwar Theologiestudent, aber er wolle es mir trotzdem sagen – er sei ein Stefan-Heym-Leser. Das war ein Kassiberton, der mich tief traf. Und einmal ging ich mit Papieren der Studentengemeinde in eine Druckerei in Merseburg, der Drucker sah hinein, sah auf und sagte nur, damit müsse er zum Chef gehen. Ich sah mich bereits zurückgewiesen, der Chef blätterte, blickte auch auf, blätterte wieder – und nahm den Auftrag an. Das gab es! Es waren nicht alle feige. Es handelte sich um Texte, die mir und den jungen Leuten, für die sie gedacht waren, beim aufrechten Leben sehr halfen. Sätze aus der Heiligen Schrift, von Dichtern wie Günter Eich: »Schlaft nicht, während die Ordner der Welt geschäftig sind. Seid misstrauisch gegen ihre Macht – die sie vorgeben, für Euch erwerben zu müssen. Wacht darüber, dass Eure Herzen nicht leer sind, wenn mit der Leere Eurer Herzen gerechnet wird. Tut das Unnütze. Singt die Lieder, die man aus Eurem Mund nicht erwartet. Seid unbequem! Seid Sand, nicht das Öl im Getriebe der Welt!«

GYSI: Haben Sie als Student auch gekellnert?

SCHORLEMMER: Ja. Da staunen Sie, Gregor Gysi, was?

GYSI: Nö, haben doch viele gemacht.

SCHORLEMMER: Von den Arbeitern bekam ich das meiste Trinkgeld, von den Handwerkern das wenigste. In der Kneipe in Halle, wo ich den Schnaps servierte, gab es auch mal eine Veranstaltung der Stasi. Oder vom Zoll. Der Wirt hat sie vorher instruiert: »Hört zu: Der euch heute bedient, das is 'n Theologiestudent.« Jedes Mal, wenn ich den Raum im hinteren Teil der Gaststätte betrat, trat augenblicklich Ruhe ein. Da dachte ich: Mensch, Friedrich, hast du eine Macht!

XII.

Wohin mit Karl Liebknecht?
Schwarzmalerei und Regenbogen
Brahms, aber nicht im Mai
Der Utopie-Satz der Tante

Gysi: Für und Wider.
Schorlemmer: Pro und Kontra.
Schütt: Na toll.

SCHÜTT: Gregor Gysi, wie gehen Sie mit Einsamkeit um?

GYSI: Die kenne ich bislang nicht.

SCHÜTT: Fürchten Sie denn die Einsamkeit?

GYSI: Ein bisschen. Ich möchte nicht erleben, dass ich mich mit mir langweile. Es ist eine große Kunst, von der Überzeugung abzulassen, die eigene Meinung sei der Welt unbedingt mitzuteilen.

SCHÜTT: Wann hören Sie auf in der praktischen Politik?

GYSI: Sage ich nicht. Denn wenn ich das Enddatum verrate, werde ich schon jetzt nicht mehr ernst genommen. Ich weiß, dass Breshnew zum Schluss getragen werden musste. Das jedenfalls passiert mir nicht.

SCHORLEMMER: Sie fänden wahrscheinlich keinen, der Sie trägt.

GYSI: Stimmt. Bei uns herrscht nicht mehr die damalige Disziplin.

SCHORLEMMER: Ich meinte das anders: Eine Partei der Jugend, die Kraft hat, einen Gysi zu schultern, ist die Linke nicht gerade.

GYSI: Junge Leute organisieren sich nicht mehr so gern in Parteien. Parteistrukturen sind für sie langweilig. Aber leider ist auch mir bislang nichts Besseres eingefallen, um Politik zu betreiben. Wie soll man denn anders als hauptsächlich in Parteien den politischen Willen auf eine Weise artikulieren, die öffentlich wirklich wahrgenommen wird und Einfluss nehmen kann? Aber wir verfügen über zu wenig Rebellion, Ideenüberschuss, Ungenügsamkeit – all das, was Jugend hat und will. Ich sage das jetzt ein bisschen brutal: Kommen junge Leute in manche Basisgruppe bei uns, sagen sie, na ja, ein Altersheim wollte ich erst viel später betreuen. Wir benötigen also Strukturen, die zeitgemäß sind. Was mich freilich tröstet, trotz unserer Probleme: Die linke Idee ist kräftiger, wir haben darüber gesprochen, sie ist größer und umfassender und in der Welt auch wirksamer, als eine einzelne Partei es ausdrücken kann, sie geht nicht unter, diese Idee, sie wird auch künftige Generationen erreichen.

SCHÜTT: Redet man so an der Schwelle zum Alterswerk?

SCHORLEMMER: Wenn man älter wird, spürst du, wie dir die Kraft für Träume schwindet. Aber zugleich fallen Begehrlichkeiten ab.

GYSI: Das könnte für Träume die ungezwungenste Zeit sein.

SCHÜTT: Könnte?

GYSI: Weil das Erfüllbare nicht mehr das Erstrebenswerte ist, könnte das Träumen unbelasteter sein. Aber du guckst weiter, wie immer, nur auf die Uhr.

SCHÜTT: Was träumen Sie politisch?

SCHORLEMMER: Träumen, politisch ... Es müssten zwei Wahrheiten zusammenfinden: dass die Ideale nicht zu Ende sind, davon erzählen die einen; dass die tägliche Entzauberung der Ideale ebenfalls weitergeht, davon erzählen die anderen – und jedes Wissen interessiert jeden.

GYSI: Träumen, politisch ... Der Blick derer, die nur immer und leidenschaftlich Zukunft schauen, müsste sich mit dem Blick derer kreuzen, die leider schon zu viel gesehen haben.

SCHÜTT: Wenn Sie etwas weitergeben könnten, was wäre es?

SCHORLEMMER: Wir leben einerseits in ewig fortlaufender Zeit, in der also stets Neues, Unerwartetes geschieht, und andererseits leben wir in der ewigen Wiederkehr des Gleichen. Man darf das nicht zu einem puren Gegensatz machen. Wenn ich ein Vermächtnis an die nächste Generation hätte und dabei vom Politischen runterrechne aufs profan Existenzielle, dann dies: Nutzt das, was im Jahreskreis passiert; lebt bewusst die ewige Wiederkehr des Gleichen. Tut es euch unbedingt an, im November Brahms' »Requiem« zu hören und nicht im Mai. Im Mai ist was anderes dran. Zeit ist Zyklus. Du bist ein armer Hund, aber auch die Krone der Schöpfung. Du hast manchmal die Wahl, und manchmal geschieht einfach nur Schicksal. Es gibt Verantwortung und Geworfensein. Es gibt unverdientes Glück, und es gibt verdientes Glück. Diese Spannung durchzuhalten und zu durchleben, das ist es. Diese Welt geht nicht schlechthin am Menschen kaputt, sondern daran, dass die Mehrheit der Menschen unter ihren Möglichkeiten bleibt.

GYSI: Aber doch auch daran krankt diese Welt, dass heutzutage jeder mehr und mehr darauf geeicht ist, sich in Möglichkeiten beweisen zu sollen, die gar nicht die seinen sind. Du bist ständig aufgerufen, die letzte Hundertstelsekunde zu packen, und du schaffst es nur mit Doping.

SCHORLEMMER: Jeder, der in dieser Gesellschaft irgendwie nach oben kommt, muss sehr, sehr aufpassen, dass er noch atmen kann. Ja, das ist krank, das ist lebensgefährlich. Das ist Unmoral.

GYSI: In meiner Gesprächsreihe am Deutschen Theater war der Bundesliga-Fußballtrainer Hans Meyer zu Gast, einst legendärer Trainer beim FC Carl Zeiss Jena. Und er sagte: »Man kann uns glücklich aus dem Schein-Sozialismus Herübergeretteten alles Mögliche vorwerfen. Dass wir ökonomisch versagt haben. Dass wir eine blöde, verspießerte Führung hatten. Dass wir, offenbar genauso verblödet und verspießert, dieser Führung hinterhergelaufen sind. Dass wir keine Leistungsgesellschaft waren. Dass wir undemokratisch gewesen sind. Das und noch mehr muss man uns unbedingt vorwerfen. Und deshalb ist dieser Sozialismus zu Recht weggeblasen worden. Nur über eines darf die Welt, die übrig geblieben ist, mit mir, bitte schön, nicht diskutieren, als wäre es Staatsräson: über Moral.«

SCHÜTT: Viel geht derzeit die Rede von der Nachhaltigkeit: des Wirtschaftens, des Bauens, überhaupt der Einrichtung einer Welt, die eine sichere Zukunft garantieren soll.

SCHORLEMMER: Nachhaltigkeit zielt, wenn sie ehrlich gemeint ist, auf Ethos. Nicht ingenieurtechnisches Können baut ja die sturmfestesten Schiffe, sondern, bekanntlich, die Sehnsucht nach dem Meer.

GYSI: Na ja, ein paar Handwerker, ein paar Spezialisten, ein paar Wissende sollten neben den Träumern schon mitbauen an diesen Schiffen. Das Wasser, wie man weiß, liefert die Balken nicht.

SCHORLEMMER: Aber auch Gier baut an der Welt, Effizienz meißelt in Stein, Profit wuchtet hoch, errichtet Festungen aus Glas und gleißendem Glanz. Alles ist auf Überbietung ausgerichtet. Wir wissen gar nicht, wie bitter wahr das Wort vom »Endverbraucher« ist – wer heute Fleisch kauft, kauft Schuldfleisch, Fleisch voller Schuld an der Kreatur. Die Menschheit frisst auf, wovon sie lebt. Wir sägen mit immer schärferen Sägen an allen Ästen, auf denen wir sitzen. Wenn es so weitergeht, ist unsere Zukunft nur noch der freie Fall ins Nichts. Die Schwarzmalerei macht Jagd auf jeden Regenbogen, und wer wollte behaupten, diese apokalyptischen Menetekel an allen Wänden seien übertrieben? Böseste Vorahnungen über das weitere Werden der Erde sind im bittersten Sinne des Wortes aus jener Luft gegriffen, in der uns Atmen immer schwererfällt. In seiner »Anekdote zur Senkung der Arbeitsmoral« erzählt Heinrich Böll, wie ein Tourist einem am Strande sitzenden Fischer einzureden versucht, er solle doch seine Fangquote immer weiter erhöhen – bis er schließlich Besitzer einer ganzen Fischfangflotte sei. »Dann«, sagt der Fremde mit stiller Begeisterung, »könnten Sie beruhigt hier im Hafen sitzen, in der Sonne dösen – und auf das herrliche Meer blicken.« – »Aber das tue ich ja schon jetzt«, sagt der Fischer, »ich sitze beruhigt am Hafen und döse, nur Ihr Klicken hat mich dabei gestört.« Der solcherart belehrte Tourist zog nachdenklich von dannen; früher hatte er auch einmal geglaubt, er arbeite, um eines Tages einmal nicht mehr arbeiten zu müssen, und nun blieb keine Spur von Mitleid mit dem ärmlich gekleideten Fischer in ihm zurück, nur ein wenig Neid.

GYSI: Wenn ich zum Träumen aufgefordert bin: Ich wünsche mir natürlich diese andere, stilvollere, tolerantere politische Kultur. Wenn ich in irgendeiner Stadt zu einer linken Mehrheit gehörte, und ich schlüge die Benennung einer Straße nach Bismarck vor, würden meine Parteifreunde auf die Barrikade gehen und eine geharnischte Liste mit Beispielen vorlegen, die Bismarck als Reaktionär entlarven. Also: Linke lehnen eine Bismarck-Straße klar ab. Was ich für falsch halte. Denn er ist und bleibt eine herausragende Persönlichkeit der deutschen Geschichte. Aber diese Enge ist in Deutschland – Ausnahmen bestätigen die Regel – parteiübergreifend. Denn käme ich in eine Stadt mit konservativer Mehrheit und schlüge vor, eine Straße nach Clara Zetkin zu benennen, wäre ich ebenfalls chancenlos. Eine Frau, die sich für die Gleichstellung einsetzte, die im November 1932 als Alterspräsidentin im Reichstag eine Rede hielt gegen die Nazis – da saßen die alle schon als Abgeordnete im Saal, Hitler, Himmler, Goebbels, in voller Montur. Dann ging sie in die Sowjetunion, 1933, wurde isoliert, starb nach wenigen Monaten. Sie ist an der Kremlmauer beerdigt. Noch nie war ein Kanzler oder die Kanzlerin da und legte eine kleine Blume nieder. Sehen

Sie, und das wäre in Frankreich anders. Selbst der konservativste Präsident würde, wo es ihm möglich wäre, die Ganzheitlichkeit von Geschichte und Kultur präsentieren. Ich habe den Antrag gestellt für eine Plakette zu Ehren Karl Liebknechts, des einzigen sozialdemokratischen Abgeordneten, der 1914 gegen die Kriegskredite stimmte – irgendwo im Reichstag fände sich doch eine Stelle für so ein kleines Ehrenmal. Keine Chance. Wir haben keine offene politische Kultur, das sage ich gegen die Konservativen, aber auch gegen uns Linke. Ich habe Frankreich erwähnt. Die Franzosen lieben Jeanne d'Arc ebenso wie Napoleon. Wir aber sind verstockt und verklemmt und verbiestert. Möglicherweise hat uns die Erfahrung der Nazizeit verdorben, es gibt zu tiefe Gräben zwischen den politischen Lagern, es wird immer nur gegeneinander gekämpft. So, jetzt muss ich mal sagen: Bisher hat fast nur Schorlemmer von Karl Marx gesprochen, zu dem unbedingt auch Friedrich Engels gehört – also, das geht ja nun überhaupt nicht. Deswegen muss endlich auch ich etwas zu den beiden sagen. Es hat mit dieser Kulturfrage zu tun: Warum ist die herrschende Politik nicht stolz auf Marx und Engels? Das waren doch die Vorreiter eines geradezu unsterblichen Freiheitsbegriffes. Im »Kommunistischen Manifest« steht, dass eine freie Gesellschaft angestrebt werden möge, in der die Freiheit des Einzelnen die Voraussetzung der Freiheit aller ist.

SCHORLEMMER: In der DDR wurde das immer bewusst falsch zitiert: Die Freiheit aller sei die Voraussetzung der Freiheit des Einzelnen. Also konnte die Partei sagen: Da noch nicht alle frei sind, muss der Einzelne eben noch warten. So begründete man Unfreiheit, und niemand hat im Original nachgeschaut. Erst Stephan Hermlin in seiner Erzählung »Abendlicht«, Anfang der achtziger Jahre, hat den Irrtum, die Täuschung öffentlich gemacht.

Gysi: Das hat uns alle schockiert. Ich fühlte mich betrogen – aber es warf eben auch ein bezeichnendes Licht darauf, wie man Marx und Engels las, nämlich gar nicht oder zu oberflächlich.

Schorlemmer: Im »Kommunistischen Manifest« heißt es: »An die Stelle der alten, bürgerlichen Gesellschaft mit ihren Klassen und Klassengegensätzen« – jetzt kommt's: – »tritt eine Assoziation, worin die freie Entwicklung eines jeden die Bedingung für die freie Entwicklung aller ist.« Es geht also nicht nur um die *Freiheit* des Einzelnen, sondern auch um seine *freie* Entwicklung. Das ist noch mal ein gewaltiger konzeptioneller Unterschied.

Schütt: Fazit also: viel zerstobene Hoffnung, und Zukunft heißt, dass es wohl nur noch schwieriger werden wird, das Leben. Auch ideenloser?

Gysi: Die Schwierigkeiten haben Gründe: Zum einen die Megaverbrechen des zwanzigsten Jahrhunderts, der einschüchternde, energieabsaugende Nachhall der Systemkämpfe. Zum anderen sind da die enormen Probleme des Kapitalismus, die einst so nicht sichtbar waren, als er für viele noch ein lockendes soziales Modell war. Und schließlich ist seit den Umbrüchen 1989 die westliche Gesellschaft in einer Art und Weise nur noch von Gegenwart besetzt, als sei jede kritische Überlegung, jede Idee zur Veränderung ein Verstoß gegen die Naturgegebenheit der kapitalistischen Dinge.

Schütt: Nirgends lockt ein mitreißender Entwurf. Kommunismus, Marxismus, das findet in Teilaspekten Gehör, hat aber wahrscheinlich keine wirkliche Chance der Revitalisierung. Unsere Krise besteht im Fehlen einer alternativen Welterzählung. Wir leben im drögen Danach – der glaubwürdigen Utopien, der feurigen Aufstände, der zornigen Massenbewegungen, der geistigen Streitkulturen. Also, was tun?!

SCHORLEMMER: Den Mainstream meiden. Der Mainstream ist der Raum für die weniger Begabten. Also: weiter gegen das revoltieren, was nur immer effizient und berechenbar sein will. Der Mensch möge sich nicht fraglos, körperlos auflösen in den Gegebenheiten, sondern Handlungen anstreben, die ihm zurechenbar sind, die ihn kenntlich halten. Also: Eigensinnpflege betreiben, eine Kultur der Unterscheidungsmerkmale.

GYSI: Ich bleibe Grundoptimist. Ich glaube, dass die Vernunft im Menschen siegt. Warum ich das glaube, kann ich gar nicht sagen, und das, was Menschen tun, spricht auch immer wieder gegen diesen Glauben. Aber Schorlemmer glaubt ja auch an etwas, trotz des klaren Blicks auf die Welt.

SCHORLEMMER: Wenn Sie das theologisch meinen, so glaube ich nicht an etwas, ich glaube jemandem. Das ist ein Unterschied. Ich glaube nicht an Gott, aber ihm.

SCHÜTT: Darüber ließe sich jetzt wieder lange reden.

GYSI: Also mach ich's kurz. Ich sehe die heranwachsenden Generationen mit Sorge, aber ich denke, auf irgendeine Art werden auch die sich befreien und ihr Geschick in die Hand nehmen. Wir sind unvollkommene, ungeschickte, unbefestigte Bauer unserer eigenen Zeit, wir sind nur in sehr beschränktem Maße lehrfähig für die, die nach uns ihre eigenen Erfahrungen machen werden. Die Menschheit stolpert seit Jahrtausenden. Dass sie nur immer stolpert, spricht gegen sie, wenn man ihre denkerischen Fähigkeiten betrachtet – aber dass sie sich bewegt, macht immer wieder Zuversicht.

SCHORLEMMER: Mir bereitet diese Entpolitisierung unter den heutigen Verhältnissen größere Sorge als die Ideologisierung in der DDR. Da wusste man genau, wogegen man sein kann und auch sein muss, und die geistigen Anstrengungen hatten einen Sinn, der so viele Fäden knüpfte zu so vielen Gedanken anderer. Man lebte in gewisser Weise verbunden mit dem Geist der Vergangenheiten und dem Geist der Träumer. Heute sitzen die Menschen einsam, verschlossen vor ihren Displays. Wenn man diese vielen Menschen überall vor ihren Bildschirmen sieht, dann ist das für mich ein seltsames Bild: lauter Kurzsichtige, es sieht aus, als ob die sich duckten. Vielleicht ducken sie sich wirklich – vor der verdammten Pflicht und Schuldigkeit, über ihren Anteil am Werden dieser Welt nachzudenken und für sich etwas zu finden, was auf praktische Weise Frieden erhält oder schafft. Engagement ist kein hohler, altmodischer Begriff. Man muss sich einsetzen, es darf gerade jungen Leuten nicht genügen, sich mit dem resignativen Befund über die Dinge einfach nur schulterzuckend hinzusetzen und zu sagen, man könne nichts tun.

Selbstvertrauen aus Gottvertrauen führt mich ins Weltvertrauen, in ein herzhaftig-gelassenes Vertrauen: Du kannst dein, du kannst das Leben ändern.

GYSI: Was mich zum Verteidiger dieser nachfolgenden Generationen macht …

SCHORLEMMER: Der Beruf kommt bei Ihnen eben immer wieder durch.

GYSI: Wollen ausgerechnet Sie mir Milde vorwerfen?

SCHORLEMMER: Nein, nein … Differenzierung ist eben doch etwas, was man auch selber aushalten muss – gerade dort, wo man streng fordernd sein möchte.

GYSI: Ich verstehe doch absolut, worüber Sie sich ärgern: diese Beschränkungen auf den eigenen kleinen Horizont, diese kleinen Fluchten ins Egoistische, diese kühlen Abwägungen von Aufwand und Kosten. Aber wir dürfen nie vergessen, dass diese Entwurfsfaulheit, diese Utopiescheu, dieses grundsätzliche Misstrauen junger Leute in größere Ideen sehr konkrete Ursachen hat. Wir werfen ihnen eine Haltung vor, die auch in uns ihre Begründung hat. Wohlgemerkt: Ich rede über das SED-Erbe. Die Idee der besseren Gesellschaft ist doch nicht von ihnen vermasselt worden, sondern von allen, die nun das Abwarten und den Rückzug und die Skepsis und die Unlust und den Individualismus beklagen und anklagen. Denn wie war das denn? Einer hatte im Schnitt dieser DDR-Realität Eltern, die waren in der SED, die haben ihm immer erklärt, dass Honecker der Beste ist, plötzlich haben die ihm erklärt, dass sie immer schon Kohl am besten fanden. Wie sollen Kinder damit umgehen?

SCHORLEMMER: Du kannst dich nicht dein Leben lang auf deine Eltern rausreden.

SCHÜTT: Braucht man denn überhaupt Utopien zum Leben?

SCHORLEMMER: Wenn es keine Utopien mehr gibt, gibt es auch keine Reibungen mit dem Bestehenden mehr.

SCHÜTT: Herr Gysi, der Bruder Ihrer Mutter, Gottfried Lessing, hat die Kommunistische Partei Südrhodesiens gegründet. Später war er DDR-Botschafter in Uganda und wurde mit seiner dritten Frau erschossen, im Bürgerkrieg, Ende der siebziger Jahre. Die erste Frau, die er geheiratet hatte, war die Schriftstellerin Doris Lessing – und Ihre Tante hat den Satz gesagt: »Utopien enden meistens in Konzentrationslagern.«

GYSI: Das ist eine Erfahrung des zwanzigsten Jahrhunderts.

SCHÜTT: Die doch auch das Denken im 21. Jahrhundert noch belastet.

GYSI: Ja. Aber Enttäuschung verhindert letztlich keine neuen Träume. Unsere Sehnsüchte lassen sich nicht domestizieren. Ich kann mich also trotz meines Wissens nicht gegen meine Träume wehren. Ich kann das nicht, und ich möchte das auch nicht. Und natürlich sehe ich sofort all diese überklugen Gesichter vor mir, wie sie mich aus ihrer wohlbegründeten Überlegenheit niederlächeln.

SCHORLEMMER: Dieses Wort von der Utopie wird heutzutage arg geschunden und lächerlich gemacht, sein Sinn wird von Zynikern zertrampelt. Utopus ist das, was *noch* keinen Ort hat, aber doch einen Ort erhalten soll, einen Ort erhalten könnte. In meinen Gedanken lebt diese Möglichkeit. Die Utopie ist wie ein Spiegel, der mir meine Unzulänglichkeit zeigt, aber hinter mir ist, wenn ich in diesen Spiegel schaue, auch ein fernes Leuchten. Das ist meine Wahrnehmung, für die ich mich gern bespötteln lasse. Wir nehmen nicht nur wahr, was wir draußen sehen, sondern auch das, was wir in uns schauen. Auch unsere Einbildungskraft ist wahr. Als Pfarrer begann ich jeden Gottesdienst mit dem Satz: »Ich bitte um Vergebung.« Das ist der nötige Realismus, um etwas Neues wagen zu können. Mir möge an jedem Abend vergeben werden, da ich an diesem Tag erneut irrte, da ich wieder mal nicht die Diskrepanz zwischen Tat und Traum, zwischen Soll und realem Handeln schließen, beseitigen konnte. Es wird mir nie gelingen – aber indem ich um Vergebung bitte, erkenne und anerkenne ich dieses Missverhältnis, ohne mich in ihm auszuruhen. Und nun kann ich zu einem weiteren Schritt ansetzen.

SCHÜTT: Demokratischer Sozialismus als Utopie – was genau ist das?

GYSI: Hoffentlich gibt es dafür nie eine Definition. Man begibt sich auf einen Weg. Jeder Schritt baut mit am Weg – und verändert ihn. Auf einem Weg werden Entscheidungen getroffen, jede Option ist ein Beschluss gegen viele andere Optionen – also sind Entscheidungen Freiheit und zugleich Fessel. So gerät man mit jeder Entscheidung und Wahl immer auch wieder ins Fremde, wo dann neue Beschlüsse fällig sind. Alles ist möglich, nur eben keine feste Definition des Ziels. Das schon gar nicht mit Sprüngen und Sprengungen des Bestehenden erreicht werden kann.

Man weiß ja nur immer, was man überwinden möchte. Das ist ein altes Motiv der Philosophie: Wir wissen, was wir nicht wollen, und das ist schon viel.

SCHORLEMMER: Ich weiß doch nicht wirklich, wie Zukunft aussehen soll. Nur dass sie so wie das Gehabte nicht sein möge, das weiß ich. Es ist wenig genug, was ich tun kann, geschweige denn: was ich anders, besser tun kann. Wer mich aber durch höhere utopische Norm dirigieren will, der will mich dressieren, auch wenn er mich zum besseren Menschen machen möchte.

SCHÜTT: Ihre Utopie?

SCHORLEMMER: Es gibt ein wunderbares Gedicht von Brecht, das für mich geradezu beseelend die Utopie mit der Wirklichkeit versöhnt. »Nimm Platz am Tisch, du hast ihn doch gedeckt. / Von heute ab wird auch die das Kleid tragen, die es genäht hat. / Heute Mittag um zwölf Uhr / Beginnt das Goldene Zeitalter. / Wir fangen es an aus der Erwägung heraus / Daß Ihr müd seid, Häuser zu bauen und / Nicht darin zu wohnen. Wir glauben / Ihr wollt jetzt das Brot essen, das ihr gebacken habt. / Mutter, dein Sohn soll essen. / Der Krieg ist abgesagt worden. Wir dachten, so sei es dir Recht. Warum, fragten wir uns / Das Goldene Zeitalter noch aufschieben? / Wir leben nicht ewig.« Also, wenn ich die Macht hätte, das wären in der Verfassung die Schluss- oder Anfangssätze. Diese Verse haben eine Güte und eine Kraft, eine Kraft der Güte – wie Finalworte der Heiligen Schrift.

SCHÜTT: Was also wird bleiben?

GYSI: Für und Wider.

SCHORLEMMER: Pro und Kontra.

SCHÜTT: Toll.

GYSI: Wo wir herkommen, wollen wir nicht wieder hin. Aber was wir hinter uns haben, haben wir immer wieder auch vor uns. Wo wir jetzt stehen, bewegt sich zu wenig.

SCHÜTT: Was möge man Ihnen denn nachsagen?

SCHORLEMMER: Ganz am Ende?

GYSI: Nee, ich glaub, schlimmer – Schütt meint: *nach* Ihrem Ende?

SCHORLEMMER: Was man über mich sagen möge? Oh. Er hat sich mit vielen anderen darum bemüht, dass Gerechtigkeit und Freiheit eines Tages zu einem Geschwisterpaar werden. Und vielleicht noch: Er konnte ohne Feindbild leben. Schön, wenn dieser Eindruck von mir bliebe. Für diese gewisse Zeit, die ein Mensch dann noch im Gedächtnis anderer hat. Diese Zeit hat ja auch ihre Frist, wie das Leben selbst.

GYSI: Dem Pastor das Schlusswort. Was soll ich da noch sagen. Wie möchten Sie denn eigentlich Abschied nehmen?

SCHORLEMMER: Von allem? Das ändert sich je nach Stimmungslage. Jetzt sage ich: Mit einem Blinzeln. Aber Sie drücken sich vor Ihrer Antwort.

GYSI: Was von mir bleiben soll?

SCHORLEMMER: Ja.

GYSI: Ach, wissen Sie was? Ich blinzle einfach.

Personenregister

Leseprobe aus

DIETER MANN

Schöne Vorstellung

Eine Autobiographie
in Gesprächen mit Hans-Dieter Schütt

ISBN 978-3-351-03637-9

Also ein Teil Ihrer Lebensfreude nach dem Mauerfall: die offenen Meere. Wasser hatte nun keine Schlagbäume mehr – gibt es atmosphärische Schwingungen, wenn man in Berlin den Odysseus spielen wird, vorher aber im Griechischen segelt?

Ja, und da fällt mir Benno Besson ein, der bei der Probe zu »Ödipus« die Käthe Reichel manchmal anfuhr: »Überlegen Sie, was Sie tun, werden Sie nicht metaphysisch!« Doch, mitunter muss man metaphysisch werden. Ich war es bei fast jedem Segeltörn. Es gibt zwischen Korfu und Albanien eine sehr schmale Durchfahrt, die ist höchstens zwei oder drei Meter breit. Es wimmelt von Steinen, man muss nautisch gut Bescheid wissen, um heil da durchzukommen. Ich bin für solche Situationen nicht besonders geeignet, und der Freund, mit dem wir gemeinsam auf dessen Yacht segelten, sagte: »Dieter, jetzt sind wir mal ganz still, jetzt müssen wir genau Kurs halten.« Wenn man vom Wasser aus diese Inseln sieht, gleichsam von der Nullebene aus, man schaut also immer auf zu den Felsen – das ist ein erhebendes Erlebnis. Wenn in solcher Landschaft eine Stunde auf dem Wasser vorbei ist, ist nichts passiert, als dass eine Stunde vorbei ist. Du schaust dem Wetter zu, siehst, was dem Meer und dem Himmel für ihre Farbspiele so alles zur Verfügung steht. In meiner Kindheit erschien mir selbst eine halbe Stunde Warten endlos lang. Auf dem Wasser aber, beim Segeln, hast du nichts dagegen, dass die Zeit scheinbar stehenbleibt.

In dieser Minute, jetzt, lebe ich …

Ja, und das ist doch mehr als nichts, das ist doch das, was zählt, etwas anderes nicht unbedingt. Man ist nicht wichtig, aber geduldet, und schon kommt man sich ein wenig gerechtfertigter vor. Mich ernährt so etwas an der Seele.

Mit was für einem Bootstyp segelten Sie?

Königsklasse. Fünfzehner Jollenkreuzer.

Aha.

Sie kennen sich aus?

Ach was! Keine Ahnung … Der Dieter Mann nach dem Ende der DDR – das war für viele Fernsehzuschauer der Leiter des Institutes für Gerichtsmedizin, Prof. Dr. Sigmar Bondzio, in der ZDF-Serie »Der letzte Zeuge«.

Ich bin weder Objekt von Schwärmereien noch von fieberhafter Neugier geworden. Auch die Nullen von Geldsummen kullerten nie in Überfülle auf mich zu. Ein Kindertraum ging also nicht in Erfüllung. *(Lacht.)*

Kindertraum?

So etwa als Zehnjähriger, bei irgendeiner Dampferfahrt mit der Schule über Berliner Gewässer, stand ich neben meiner Mutter an der Reling und schaute auf die Grundstücke am Ufer und auf die dazugehörigen Boote und dachte: Das sind die Reichen!

Sie haben ein Grundstück am See, ein Boot …

Mein Reichtum, glauben Sie mir, ist ein anderer … Meine Fernsehrollen jedenfalls konzentrierten sich, grob gesagt, auf sonore Chefs. Arbeit fürs Zubrot. Wogegen nichts zu sagen ist, wenn man sein Handwerk vor der Kamera solide, ehrenwert ausüben darf und mit angenehmen Kollegen dreht. Beides schien mir dort, wo ich eine Rolle übernahm, gegeben zu sein. Und natürlich war »Der letzte Zeuge« mit Uli Mühe, Jörg Gudzuhn, dem Autor Gregor Edelmann und Regisseur Bernhard Stephan eine kleine Ost-Enklave. Bei dieser Serie lautete die Absprache, dass ich in jeder Folge mit zwei, drei Drehtagen drin bin. Sauber geschriebene Szenen, in denen ich mir selber – wenigstens ein bisschen – auffällig werde. Als wir uns im Team mal darüber unterhielten, dass Uli Mühe zum Gott hochgeschrieben würde, nahm man das wohl zum Anlass, mir eine sehr berührende Episode zu schreiben: den Tod meiner Frau, verursacht durch einen Klinikfehler. Aber ansonsten, auf Dauer, nur der Satz: »Ulla, bring mir mal einen Kaffee«, und dann schließe ich wieder die Tür. Als Ulrich Mühe gestorben war, überlegte der Sender, die Serie in irgendeiner Form wieder aufzulegen. Aber für den

Kaffee und das Schließen der Tür wollte ich keine Gage mehr haben. Eine Rolle darf mir auf Dauer nicht peinlich werden, wenn ich sie übernehme. Eine Weile saß ich im Fernsehen nur in dieser Chefetagenscheiße und drehte einzig in dunkelblauen Nadelstreifen. Ich wurde in den Filmen zumeist von einem Chauffeur gefahren und verhielt mich nobel – lieber hätte ich mal einen Taxifahrer mit frecher Schnauze gespielt. Den Laden in Berlins Wilmersdorfer Straße, wo die vom Fernsehen immer die guten Anzüge kauften – ich konnte ihn schon nicht mehr sehen. Auch missfiel mir die Art, wie man als Schauspieler im Film, ja: verwendet wird. Jane Fonda gründete eine eigene Schnittfirma, weil sie für sich entschieden hatte: Ich will mich nicht länger kaputtschneiden lassen. Diese dramaturgisch und produktionstechnisch bedingte Willkür, die man als Schauspieler empfindet, die traf in den letzten Jahren zusammen mit einer unangenehmen Tendenz zum Schnellverfahren. Quotendruck und Zeitdruck vernichten Ideen, weil Ideen Hemmungslosigkeit und Risikofreude voraussetzen – Forschung, die sich nicht irren darf, kommt an kein Ziel. Die Sender begreifen nicht, dass sie vielen Schauspielern so die Gesichter stehlen. Als wir die ersten Folgen von »Der letzte Zeuge« in den Gemäuern der alten Charité drehten, da waren für einen Film vierzehn Tage Zeit, später wurde das auf siebeneinhalb Tage verkürzt. Die Frage, was zählt, ist verdrängt worden von der Frage, wie sich alles rechnet.

Immerhin: Eines Tages bekamen Sie einen Berliner »Tatort«-Kommissar angeboten.

Ich habe über dieses Angebot nachgedacht, und mir wurde auch bereitwillig die Zeit für ein langes Bedenken der Sache eingeräumt. Aber ich lehnte ab. Es hätte ein anderes Leben bedeutet, einen anderen Rhythmus, ungewohnte Abhängigkeiten, ein Aufspalten der Energien. Übrigens sagte ich ab, obwohl ich wusste, dass meine Hoch-Zeit am Deutschen Theater im Grunde vorbei war. Aber gerade das verstärkte meine ablehnende Haltung. Es klingt jetzt mächtig philosophiekitschig …

Philosophiekitschig. Schönes Wort.

Es kam mir so vor, als würde ich meinem Leben untreu. Man denkt in solchen Augenblicken – auch weil es um eine Menge Geld geht – etwas grundsätzlicher über den Beruf nach. Ich weiß nicht, ob ich wirklich ein guter Filmschauspieler gewesen wäre. Mir kommt die Frage immer auch dann in den Sinn, wenn ich einen alten DDR-Film sehe – ich werde ja des Öfteren wiederholt im Spätabendprogramm, und sei es in einem »Polizeiruf«, wo ich dann amüsiert die damaligen Interieurs und die dicken Mitropa-Tassen betrachte. Ich habe bei mir immer den Eindruck, grob gesagt, dass ich beim Spiel aussteige und neben mir stehe und zuschaue, was ich da treibe.

Kino ist die Illusion einer Realität, die einen förmlich aufsaugt, gegen die man keine Chance der Distanz hat. Film vernichtet Abstände. Daher lebt der Film in besonderem Maße von Gestalten, mit denen man sich identifizieren, gleichstellen kann.

Das war mir möglicherweise nie gegeben. Was zum Beispiel Manfred Krug machte, als Schauspieler, das ist mir zu keiner Zeit möglich gewesen. Dieses Urbild von Natürlichkeit. Vielleicht wirkte ich stets zu distanziert, so als stünde ich tatsächlich neben mir und beobachtete, was ich da spiele. Das ist sehr unbeholfen beschrieben und vielleicht auch zu rigoros gedacht. Aber es ist egal, weil es eh vorbei ist.

Gibt es eine andere Kunst, in der Sie sich gern ausgedrückt hätten?

Ich wäre gern Pianist geworden. Vielleicht hängt es mit meinem Defizit an Bildung zusammen, das mich zum Wort drängte, und sei das Wort in fremden Texten. Aber Musik ist doch der Seelenstoff pur. Alles ist in einem besonderen Maße schön, was nicht der Worte bedarf. Wie die bildende Kunst – eine Weile lang träumte ich auch davon, Bildhauer zu sein. Ich bewunderte Hrdlicka, von dem wir schon gesprochen haben. Wenn ich in Paris war, etwa zu einem Gastspiel, rannte ich geradezu in das Haus von Auguste Rodin. Es traf mich zutiefst, was ich da sah. Dieses Äußerste an menschlicher Erfahrung. Diese zitternde Balance zwischen Abgrund und Rettung.

Dieter Mann, sind Sie ein Familienmensch?

Ich bin sehr gern allein, aber nicht immer. Ich bin mitteilsam, aber nicht immer. Mein Auto stand abends vor meiner Wohnung, aber nicht immer.

Dieter Mann, sind Sie ein Familienmensch?

Ich bin sehr gern allein, aber nicht immer. Ich …

Also letztlich doch ein Familienmensch?

Ich bin es über viele Jahre wohl eher nicht gewesen. Ich weiß nicht, ob ich allen Menschen, die sich mit mir nah und näher einließen, je das gegeben habe, was möglich und vielleicht sogar nötig war. Ich weiß es wirklich nicht.

Ihre Eltern leben nicht mehr.

Der Tod meines Vaters, er war Jahrgang 1905, war schnell und wahrscheinlich leicht. Er hatte Krebs. Er starb zehn Jahre vor meiner Mutter, die 1910 geboren wurde. Sie war ein sehr herber Mensch. Nachdem mein Vater gestorben war, ließen mein Bruder und ich ihre Wohnung renovieren, kauften ihr einen Fernseher, ein neues Radio, und natürlich bekam sie regelmäßig Geld von mir. Es ging ihr gut. Zum Ende hin kam sie in ein Pflegeheim in Pankow, sie hatte ein eigenes Zimmer, sie bestand auf Alleinsein. Als das Heim renoviert wurde, besorgte ich ihr einen Heimplatz, ebenfalls in Pankow, am Bürgerpark. Sie war aber unzufrieden, wurde unbeherrscht, dafür mussten irgendwann gar keine Gründe mehr herhalten. Meine Mutter hat sich zu Tode genörgelt.

Haben Sie als junger Mensch viel über den Tod nachgedacht?

Immer. Wir haben schon darüber geredet: Ich bin kein sehr optimistisches Gemüt. Von all meinen Lesungen übrigens hat mich Tucholsky besonders erschüttert: »Wenn tot, werde ich mich melden«, die letzten Briefe. Letztlich kommt das wahre, tiefe Nachdenken über den Tod ganz ohne Philosophie aus, für mich besteht es in dem Satz: So schnell kann's gehen!

Der Satz fordert Konsequenzen für jede Stunde, die man lebt?

Unmöglich. Man zieht solche Konsequenzen nicht wirklich. Man ist dazu gar nicht in der Lage. Man müsste einzig nur konzentriert leben – wie soll einem das gelingen?

Wie sagt der Schauspieler? »Das Sterben fiele einem leichter, wenn das Publikum dabei wäre.«

Na ja ... Der Anekdotenblock ist durch ... Das Leben ist meistens Gewöhnung, Routine, Gleichmaß, und genau dort nistet sich auch der Tod ein.

Willkommen im Teufelskreis.

Tucholsky hat ja auf die Frage »Was würden Sie sagen, wenn Sie heute sterben müssten?« geantwortet: »Das war alles? Und: Ich habe es nicht so richtig verstanden. Und: Es war alles ein bisschen laut.« Erst schmunzelt, dann erschrickt man – wie man eben vor einer Wahrheit erschrickt.